国家社科基金
GUOJIA SHEKE JIJIN HOUQI ZIZHU XIANGMU
后期资助项目

中国城乡收入差距演变机制

The Evolution Mechanism of China's Urban-Rural Income Inequality

孙华臣　著

社会科学文献出版社
SOCIAL SCIENCES ACADEMIC PRESS (CHINA)

国家社科基金后期资助项目
出版说明

后期资助项目是国家社科基金设立的一类重要项目，旨在鼓励广大社科研究者潜心治学，支持基础研究多出优秀成果。它是经过严格评审，从接近完成的科研成果中遴选立项的。为扩大后期资助项目的影响，更好地推动学术发展，促进成果转化，全国哲学社会科学工作办公室按照"统一设计、统一标识、统一版式、形成系列"的总体要求，组织出版国家社科基金后期资助项目成果。

全国哲学社会科学工作办公室

摘　要

　　正如一枚硬币的两面，增长与不平等①相伴而生，一直都是经济学研究的热点难点问题。回顾对增长与不平等关系的研究，最初更多关注的是增长对不平等的影响，其中以库兹涅茨（Kuznets，1955）的研究为代表，核心观点如下：随着经济增长，收入不平等会经历先上升后下降的倒 U 形过程。后来，越来越多的研究开始关注不平等对增长的影响，其中城乡收入差距对经济增长的影响研究具有很好的代表性。

　　改革开放 40 多年来，中国经济取得举世瞩目的伟大成就，平均增速高达 9.5%，堪称"经济奇迹"。与此同时，城乡区域协调发展进程也不断加快，收入分配格局日趋优化，人民群众的获得感、幸福感明显提升。然而，作为收入差距关键组成部分的城乡收入差距仍处于相对高位，城乡收入绝对差距依然较大，与人民群众对美好生活的向往相比，与"两个同步、两个提高"的目标要求相比，与高质量发展的美好蓝图相比，还存在城乡融合发展体制机制不健全、基本公共服务不均等、基础设施建设不完善等多方面问题。因此，如何破除城乡协调发展的体制机制障碍、解决发展中面临的突出问题，如何优化城乡收入分配格局、进一步改善民生，已经成为中国政府面对，并在相当一段时期内都将继续面对的重大现实问题。

　　根据刘易斯（Lewis，1954）二元经济结构理论，城乡二元结构的存在会引致农村剩余劳动力向城镇部门的流动，使得两部门收入趋于均衡，城乡收入差距逐渐缩减。事实上，中国确实出现了劳动力大规模向城镇流动的现象，2018 年农民工总量为 28836 万人，但是城乡人均收入倍差仍高达 2.69②，这还尚未考虑教育、医疗、社会保障等公共服务方面的差距。究其原因，一方面，农村劳动力向城镇部门的流动不是自由的；

---

① 本书提到的"不平等""收入差距"是指同一概念。

② 数据来源：农民工总量数据来源于国家统计局发布的《2018 年农民工监测调查报告》，城乡人均收入倍差数据根据 2019 年《中国统计年鉴》相关数据计算得到。

另一方面，流动的劳动力严格意义上也不算是剩余劳动力，现阶段部分农村出现了以留守老人、留守妇女、留守儿童为主体的现象，农业尚未实现充分就业。中国长期实施的户籍管理制度，使得农村劳动力流动有着明显的门槛，跨越门槛受学历、能力、资本等多种因素影响。随着户籍制度改革的不断深化和资源要素配置的改善，这种状况会得到逐步改善。

在高质量发展的背景下，本书研究高度契合新发展理念和城乡融合发展趋势，突出供给侧结构性改革思维，贯穿新型城镇化主线，采用理论与实证相结合、定性与定量相结合、现实与模拟相结合等研究范式，在分析城乡收入差距演变特征的基础上，重点研究城乡收入差距的演变机制及其对经济增长影响的门限效应。本书主要包括以下研究内容。

（1）城乡收入差距的演变特征。一方面，将城乡收入差距纳入制度经济学的分析框架，采用比较制度分析方法（青木昌彦，2001）透视城乡收入差距的演变特征，进而发现改革日益深化和制度动态变迁背景下城乡收入差距的演变机制；另一方面，分别采用泰尔指数（Theil Index）和城乡收入倍差（城镇居民人均可支配收入/农村居民人均可支配收入）度量城乡收入差距，并以此为基础从全国、分地区（东部、中部、西部及东北）等层面准确判断城乡收入差距的演变趋势，归纳总结不同层面城乡收入差距演变的差异化特点。

（2）制度扭曲与中国城乡收入差距。基于制度扭曲的关键性作用，深度挖掘由完全竞争到不完全竞争这种理想状态再到现实状态的演变机理，尝试构建城乡收入差距演变机制的系统性解释框架，进一步结合全要素生产率（Total Factor Productivity，TFP）测算分析了城乡收入差距的演变特征和地区差异，并基于户籍制度改革进程和新型城镇化发展目标模拟预测了2020年与2030年的城乡收入差距状况。主要贡献在于：一是分析完全竞争和不完全竞争条件下城镇经济系统的运行特征，以及现实状态下"农民—农民工—市民"这种具有明显"半城镇化"特征的人口结构，建立城镇经济系统的均衡条件，给出城乡收入差距的理论测度；二是统筹考虑初次分配和再分配环节，结合完全竞争和不完全竞争两种状态下的城乡收入差距差异，抓住不完全竞争条件下资源要素错配、制度供给不均衡等关键特征和再分配环节政府转移性收入的城乡差别，将城乡收入差距演变机制分解为要素生产力效应、制度扭曲效应和转移再分配效应；三是依托综合分解框架，结合户籍制度改革和新型城镇化发展目标，采用数值模拟技术勾画了 2020 年和 2030 年城乡收入差距演变的情景。研究表明：制度扭曲效应逐渐取代要素生产力效应，成为城乡收入差距的最大贡献者，其贡献度高达 67.8%，这种影响在经济发展相对落后的地区更为明显。中国城乡收入差距呈现显著的倒 U 形特征，但各地区到达倒 U 形曲线波峰的时间存在明显差异，大部分省（区、市）的波峰集中在 2006 年、2007 年和 2009 年三个年份。数值模拟分析发现，若户籍制度改革到位并能实现新型城镇化目标，城乡收入差距会进一步缩小，而此时制度扭曲效应的贡献不断下降，要素生产力效应的贡献更为显著。研究结论能够坚定加强制度供给创新、加快推进城乡融合发展的信心与决心，也进一步印证了当前实施全面深化改革尤其是供给侧结构性改革的政策有效性。

（3）开放条件下的地方政府竞争与中国城乡收入差距。从地方政府竞争的表现形式及影响、城乡收入差距的影响因素、地方政府竞争与城乡收入差距三个方面总结已有相关研究，以此为基础并结合党的十八大以来中央对地方政府政绩考核评价机制的新变化，构建了地方政府“为协调而竞争”的理论模型，在模型中改进中央政府对地方政府的绩效考核评价内容，并充分考虑开放经济条件下的地方政府行为特征，进一步丰富和拓展政治晋升锦标赛下地方干部的竞争与合作分析框架。在理论分析的基础上，首先通过运用 2003~2014 年中国省级面板数据并灵活设定计量模型形式进行回归分析，在贸易开放条件下审视了地方政府竞争对城乡收入差距的影响机制，并基于变换模型形式、考虑国际金融危机冲击、采用工具变量估计进行了稳健性检验；然后，进一步拓展样本研究区间，借助中国加入 WTO 这一准自然实验（Quasi-Natural Experiment），采用双重差分（Difference-in-Difference，DID）方法研究了加入 WTO 所带来的影响，并结合静态面板回归和广义矩估计（Generalized Method of Moments，GMM）进行了计量检验，为有效识别贸易开放促进地方政府“为协调而竞争”提供了经验证据。

主要结论如下。在新的政绩考评机制下，只要给予社会发展绩效一定的权重，且权重不太小，地方干部就有追求社会发展的激励。以 GDP 为政绩评价标准的地方干部晋升锦标赛模型中，推动经济发展成为干部努力的重点，而贸易开放促进地方政府竞争，两者的交互影响会促进经济增长；贸易开放带来经济效应的提升，替代效应上升，干部在经济效应上的努力水平相对降低，提升对社会效应的努力程度，从而交互影响提升社会效应。随着政绩考核机制变迁，贸易对城乡收入差距的影响会发生动态变化。在高速度增长阶段，贸易开放会促进城乡收入差距扩大，在进入高质量发展阶段后，贸易开放有利于缩小城乡收入差距，起到促进地方政府"为协调而竞争"的作用。基于2003~2014年的中国省级面板数据并灵活设定计量模型形式进行回归分析发现，地方政府竞争显著扩大了城乡收入差距，贸易开放有利于缩小城乡收入差距，同时贸易开放具有明显的调节作用，显著弱化了地方政府竞争对城乡收入差距的正向影响；分区域看，地方政府竞争扩大了东部和西部地区城乡收入差距，缩小了中部地区收入差距，贸易开放对地方政府竞争扩大城乡收入差距的阻碍作用中部地区最大、东部地区次之、西部地区最小。基于变换模型形式、考虑国际金融危机冲击、采用工具变量估计的稳健性检验表明，回归结果具有较强的可信度。

　　基于1978~2015年30个省份的面板数据，综合采用DID检验、静态回归检验和动态GMM检验等方式考察贸易开放度、地方政府竞争对城乡收入差距的影响。结果表明：和那些内陆省份比较，沿海发达地区更容易融入全球贸易的进程中，并且沿海发达地区在2001年中国加入WTO之后城乡收入差距显著缩小。但是沿海发达地区在2001年中国加入WTO之后，人均GDP增长率也呈现下降趋势。贸易开放度越高，越能够促进城乡协调发展，通过以农民工收入水平的提升带动农村收入水平的提升，有效降低城乡收入差距。而地方政府竞争行为所带来的效果则是推动城乡收入差距的扩大。贸易开放度和地方政府竞争的交叉项显著为负，说明贸易开放能够缓解、降低地方政府竞争对城乡收入差距的正向作用。动态GMM估计结果显示，滞后一期的城乡收入差距对城乡收入差距存在显著的正向影响，贸易开放度对城乡收入差距的负向影响依然得到验证。

　　（4）碳约束、引致性技术进步与城乡收入差距动态演变。遵循"碳约束—技术进步—城乡收入差距"的逻辑路线，以技术进步为研究视角，从理论构建、政策模拟等维度，深入分析碳约束对城乡收入差距的影响，高度契合十八届五中全会提出的"创新、协调、绿色、开放、共享"五大发展理念，深度吻合新常态下经济增长动力机制和外部条件发生根本变化的典型特征，紧密贴合经济保持中高速增长、迈向中高端水平的发展趋势，对强化创新引领、培育发展新优势，对推进绿色低碳发展、转变经济发展方式，对促进城乡协调发展、加快全面建成小康社会进程，具有全局意义和深远影响。边际贡献体现在以下两点。一是充分考虑劳动力、资本等生产要素回报的城乡异质性，在 RCK（Ramsey-Cass-Koopmans）宏观经济增长模型框架下，刻画城乡制度非均衡供给引致的资源配置扭曲，建立碳约束条件下技术水平提升进而影响城乡收入差距的理论框架，提出碳约束下城乡收入差距演变动态调整的可行集，较好地呼应了"碳约束—技术进步—城乡收入差距"的研究主线，为深入洞察碳约束背景和技术进步视角下城乡收入差距的演变脉络提供了理论基础。二是依托技术进步视角及碳约束条件下城乡收入差距演变的理论框架，区分碳强度、碳总量等约束情景，综合技术进步、新型城镇化水平等多种因素，运用数值模拟技术模拟预测 2016～2030 年不同情景、不同方案下城乡收入差距的演变路径，有助于更全面地把握中长期城乡收入差距的演变趋势，为政府决策提供重要依据。

　　研究发现：碳约束对城乡收入差距存在动态、多维的作用空间，主要是通过单位 GDP 碳约束、碳排放总量约束和引致性技术进步三个方面共同作用。从短期（2000～2013 年）发展看，随着碳约束的宏观调控，并且引致性技术进步带来工业部门更高的生产效率，城乡收入差距呈现不断上升的发展趋势。但是从长期（2014～2030 年）发展看，随着碳排放总量、单量控制及外溢效应发挥作用，城乡收入差距会缩小。从现阶段的发展看，碳约束通过复杂的作用通道对降低城乡收入差距的影响已经逐渐显现，并将产生持续的有益影响。概括而言，碳约束通过对城乡产业差异性的影响、引致性技术进步两种不同的作用路径对城乡收入差距存在倒 U 形影响；现阶段，碳约束有利于降低城乡收入差距，成为促进城乡两个系统更加公平发展的助推器。

　　（5）城乡收入差距对经济增长影响的门限效应。一是在利用线性面板回归模型研究城乡收入差距对经济增长影响的基础上，采用 Hansen（1999，2000）提出的面板门限回归模型将传统研究拓展到非线性框架，通过门限效应检验、门限值确定、门限回归分析等，揭示在相关制度实施的不同阶段城乡收入差距对经济增长的非线性影响。二是考虑到城乡收入差距演变是一个动态连续累积的过程，采用 Seo 和 Shin（2016）提出的动态面板门限模型继续拓展此前的研究框架，在更好地处理内生性问题的基础上，得出在制度实施的不同阶段城乡收入差距对经济增长的动态门限效应。

本书研究发现，城乡收入差距对经济增长影响呈现显著的门限效应。当城镇化及对外开放分别作为门限变量时，随着城镇化水平的提高及对外开放的深入，城乡收入差距对经济增长的正向影响分别存在双门限效应和单门限效应，但促进作用逐渐减弱；当财政农业支持作为门限变量时，随着财政农业支持力度的加大，城乡收入差距对经济增长的影响存在单门限效应，且促进作用逐渐增强。动态门限分析发现，动态门限回归模型具有良好的适用性，能够较好地揭示城乡收入差距对经济增长影响的动态门限特征。总的来看，当门限变量处于小于门限值的区间时，城乡收入差距促进经济增长；而当门限变量处于大于门限值的区间时，城乡收入差距阻碍经济增长。

（6）城乡收入差距通过产业结构偏离影响经济增长的实现机制。从劳动力供给与产业发展需求相匹配的视角探讨了城乡收入差距通过产业结构偏离影响经济增长的实现机制，并基于我国 1997～2016 年省级面板数据，运用联立方程模型对城乡收入差距、抚养负担、劳动力质量、产业结构偏离和经济增长的相互关系和内在反馈机制进行了实证检验。基于三阶段最小二乘法的估计结果表明：产业结构偏离是城乡收入差距阻碍我国经济增长的重要渠道，城乡收入差距每降低 1 个单位标准差，可以减少产业结构偏离约 0.9 个单位，这将提高人均 GDP 约 4.54%；劳动力质量是城乡收入差距影响经济增长的重要中介机制，劳动力质量中介效应占经济增长总效应的 8.84%。在城乡收入差距对产业结构偏离影响的总效应中，劳动力质量中介效应占 28.4%；在城乡收入差距影响劳动力质量的总效应中，抚养负担中介效应占比 44.23%，是城乡收入差距影响劳动力质量并引发后续影响的重要因素。在城乡融合短期难以实现的背景下，通过增加农村人力资本投资提高劳动力供给质量，促进就业结构与产业发展相协调、降低产业结构偏离度是政策努力的方向。

目　录

第1章 导　论

党的十九大明确指出，我国社会主要矛盾已经转化为人民日益增长的美好生活需要和不平衡不充分的发展之间的矛盾。在新时代着力解决社会主要矛盾的大背景下，《中共中央 国务院关于实施乡村振兴战略的意见》（2018 年"中央一号文件"）进一步强调"我国发展不平衡不充分问题在乡村最为突出"，促进乡村振兴、健全城乡融合发展体制机制和政策体系成为未来经济高质量发展的重点任务。近年来，中共中央、国务院站在国家现代化建设的高度，科学谋划城乡发展路径，明确定位城乡发展一体化是解决"三农"问题的根本途径，先后提出城乡统筹发展、城乡一体化发展、城乡协调发展、城乡融合发展等新理念新判断，通过体制机制创新促进形成工农互促、城乡互补、全面融合、共同繁荣的新型工农城乡关系，逐步实现城乡基本权益平等化、城乡公共服务均等化、城乡居民收入平衡化、城乡要素配置合理化、城乡产业发展融合化，为新时代实现经济高质量发展增添了内生动力。

随着多方面支持政策的落地实施，再加上经济社会发展的内生要求，我国城乡融合发展的进程不断加快，常住人口城镇化率由 1978 年的 17.92% 上升至 2018 年的 59.58%，城乡居民人均收入倍差由 2010 年的 3.23 下降至 2018 年的 2.69①，能够顺利实现"2020 年城乡居民人均收入比 2010 年翻一番"的奋斗目标。但必须清醒地看到，城乡收入差距仍处于相对高位，收入绝对差距依然较大，农村公共服务供给还比较薄弱，还存在城乡二元结构较为明显、一体化发展体制机制不健全、公共资源配置不均衡、城乡供需结构不匹配等突出问题。表面上看，城乡收入差距源于物质资本、人力资本乃至社会资本的城乡差别。事实上，城乡制度的非均衡供给是更深层次原因，城镇偏向的经济政策及制度是城乡收

---

① 数据来源：常住人口城镇化率数据来源于 2019 年《中国统计年鉴》，城乡人均收入倍差根据 2011 年和 2019 年《中国统计年鉴》相关数据计算得到。

入差距不断扩大的内在原因（Yang，1999）。以户籍制度、重工业优先发展战略等为典型的制度安排，诱发制度变迁偏离均衡，同时营造了符合城市偏向的城乡利益格局（蔡昉，2003）。户籍制度的实施造成城乡居民在就业市场上机会不平等，成为影响城乡收入差距、阻碍城乡一体化发展的重要原因（陈维涛和彭小敏，2012）。更为关键的是，户籍制度在黏合改革前城乡关系及导致城乡收入和福利差距的制度安排中起着至关重要的作用，同时又使扭曲的城乡利益及生产要素配置格局与重工业优先发展战略相适应（蔡昉，2003）。

　　从制度均衡分析的视角，蔡昉（2003）将城乡收入差距演变纳入制度经济学的分析框架，以1978年的城乡收入差距水平为制度变革的临界点，通过分析城市居民的"投票"和"呼声"机制及农民的"退出"机制，解释了城乡收入差距复归的制度变迁。本书在其研究的基础上进行拓展，以1979年[①]为制度变革的起点，综合分析了城乡收入差距回归均衡点的内在逻辑。城乡收入差距演变的制度均衡分析如图1-1所示，横虚线代表临界水平均衡线。

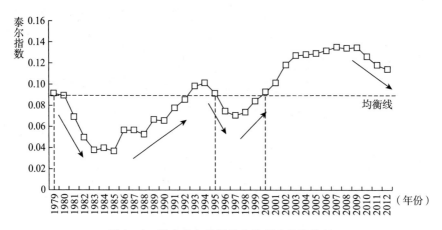

图1-1　城乡收入差距演变的制度均衡分析

注：根据第2章中测算结果绘制。

---

①　虽然农村经济改革起始于1978年末，但如果以城乡收入差距水平作为衡量标准，改革的实际影响最早在1979年显现，故本书研究视1979年城乡收入差距水平为制度变革的临界点。

以 1979 年作为制度变革的起点，1979 年城乡收入差距（泰尔指数）为 0.0903，以此为基准发现，1995 年、2000 年的城乡收入差距（泰尔指数）与 1979 年大致相同，分别为 0.0904、0.0920。巧合的是，1995年、2000 年是城乡收入差距复归的制度变革临界点，同时分别对应常住人口城镇化率和户籍人口城镇化率的转折点。临界点与转折点的吻合，反映出城镇化与城乡收入差距的内在统一，城乡融合发展是推动城镇化与优化城乡收入分配格局的有效路径，但更为关键的是城乡融合发展背后的制度安排。

在制度变迁过程中，制度需求和制度供给共同决定了制度作用的方向。当制度变迁回归均衡时，意味着新一轮制度变迁的开始。在改革开放初期，以农村经济改革为主导的制度安排显著缩小了城乡收入差距。随后到 1995 年，城乡收入差距经历了波动上升再缩小的过程，制度需求和制度供给力量基本相等，制度变迁重新回归均衡，也表明 1995 年是又一轮制度变革的起点或临界点。十四届五中全会指出，要在完善以家庭联产承包为主的责任制和双层经营体制的基础上，鼓励土地使用权合理流动，有条件的地方逐步推进土地适度规模经营。土地是农民最重要的生产要素，使用权的合理流动能够提高土地使用效率，增加农民收入。城乡收入差距水平从 1979 年的起始点到 1995 年的复归点，与政府实施家庭联产承包责任制改革到土地使用权改革实现了完美对接。1995 ~1997 年，城乡收入差距有所缩小，随后开始上升，到 2000 年回归到改革开放初期的水平。2000 年安徽省进行了以"三取消、两调整、一改革"为主要内容的农村税费改革试点，有效减轻了农民负担，更是对家庭联产承包责任制的完善。农村税费改革试点虽然没有改变城乡收入差距进一步扩大的趋势，但对农民增收起到了积极作用。

总体来看，无论是 1995 年的土地使用权改革，还是 2000 年的农村税费改革试点，都是对家庭联产承包责任制改革的继承和完善，是土地制度的变迁与创新。党的十八大报告提出，改革征地制度，提高农民在土地增值收益中的分配比例。2013 年两会强调通过农村土地确权，保障农民权益。国务院发展研究中心调查结果显示，被征地农民补偿款只占土地增值收益的 5% ~ 10%，提升征地补偿标准、加快推进征地制度改革迫在眉睫。从图 1 - 1 看到，2010 ~ 2012 年城乡收入差距呈现明显的复归趋势。以 1979 年的城乡收入差距（泰尔指数）为基础进行测算，当城镇化率达到 55.22% 时，即到 2015 年前后城乡收入差距将回归到改革开放初期水平，意味着土地确权后新一轮的土地制度改革即将开启。事实上，我国恰恰于 2015 年正式启动了农村土地征收、集体经营性建设用地入市、宅基地制度改革试点（集体经营性建设用地入市试点 15 个、宅基地制度改革试点 15 个、土地征收制度改革试点 3 个），这也充分证实本书研究的预测是科学准确的。

从城乡收入差距的制度均衡分析看，无论是城乡收入差距的产生还是扩大，都与制度变迁有着密不可分的关系。随着制度安排的不断强化，城乡收入差距演变形成了稳定的路径依赖。从更深层次上看，城乡制度的非均衡供给左右城乡收入差距的演变趋势和未来走向。因此，深刻研究揭示城乡收入差距的演变机制变得更为迫切且关键。

鉴于此，本书首先重点关注了城乡收入差距的演变机制，并从三个视角进行了相对全面的透视。选择这三个视角不是随机的，也不是偶然的，更大程度上是基于历史上我国不同发展时期的不同发展战略及由此形成的发展结构，而这些恰恰是城乡收入差距形成并演变的重要甚至是关键因素，也基本上得到了学术界的广泛认可。

第一个视角是基于一个综合分解框架，同时考虑了初次分配环节和再分配环节，初次分配既关注了城乡要素的生产力差异，更重要的是又关注了制度扭曲在城乡收入差距演变中的关键作用，这也是贯穿第一个视角的一条主线。于是，基于制度扭曲的关键性作用，尝试构建城乡收入差距演变机制的系统性解释框架，创新性地将其分解为要素生产力效应、制度扭曲效应和转移再分配效应。具体而言，在完全竞争条件下，城乡两部门的制度安排、资源配置趋于均衡，并不存在政策偏倚、要素错配等现象，此时城乡收入差距主要源于部门和产业分工不同而产生的物质资本、人力资本等要素差别，如以第二三产业为主的城镇部门对劳动力技能的要求明显高于以第一产业为主的农村部门，此时将由要素分工不同而产生的城乡收入差距定义为要素生产力效应。与完全竞争不同，在更为符合经济运行实际的不完全竞争条件下，城乡两部门之间不仅存在要素生产效率的差别，同时还存在制度供给不均衡、制度安排不合理及由此导致的资源配置扭曲问题，锁定了城乡收入差距不断扩大的演变路径。相比要素分工差异，制度供给不均衡对城乡收入差距的影响更为根本。基于此，将制度供给因素对城乡收入差距的影响定义为制度扭曲效应。以上提到的要素生产力效应、制度扭曲效应，主要涵盖了城乡收入的初次分配环节。再分配环节主要涉及政府转移性收入的影响，这与政府的政策导向密切相关，在此将再分配环节政府转移性收入对城乡收入差距的影响定义为转移再分配效应。

　　第二个视角事实上是第一个视角的拓展和延伸。既然发现制度扭曲是影响城乡收入的关键要素，那为什么会制度扭曲呢？很显然这与政府行为有关。在政治晋升锦标赛下，政治上中央集权、经济上向地方分权的治理结构使得地方政府行为具有明显的城镇偏向，制度扭曲也同步产生。于是，第二个视角以中央完善地方政府政绩考评机制为研究背景，以地方政府标尺竞争为切入点，以优化城乡收入分配格局为落脚点，以地方政府竞争与城乡收入差距关系为研究主线，将贸易因素纳入分析框架，通过构建衡量地方干部政治晋升博弈的锦标赛模型，深刻阐释贸易开放的作用和影响机制，有利于进一步理解地方政府标尺竞争的科学内涵及表现形式，准确把握城乡收入差距的成因及变化趋势，通过实证研究政绩考评新机制下贸易开放度、地方政府竞争对城乡收入差距的影响，积极探索完善政绩考核评价体系的新模式、优化城乡收入分配格局的新路径。通过本书研究，一方面能够深刻理解新机制下地方政府竞争的内涵、特征及运行机制；另一方面能够为优化宏观收入分配格局提供强有力的参考，具有重要的理论和现实意义。

　　第三个视角其实与前两个视角都有一定的关系。选择这个视角的缘由是中华人民共和国成立初期实施的重工业优先发展战略，这也包括与其配套实施的户籍管理制度、工农业产品价格剪刀差和人民公社制度。在配套制度中，户籍管理与制度扭曲密切相关，工农业产品价格剪刀差就是政府行为的产物。虽然这些政策制定和实施的背景发生了明显变化，但政策的影响仍不同程度地存在。比如，改革开放后我国不再实施重工业优先发展战略，但由此导致的产业结构很难在短期内发生根本性变化。具体而言，工业尤其是重工业是化石能源消费的主体，也自然成为碳约束的重点对象。既然重工业优先发展是城乡收入差距扩大的重要原因（林毅夫等，1994；蔡昉和杨涛，2000；蔡昉，2003；林毅夫和刘明兴，

2003；林毅夫和陈斌开，2009；陈斌开和林毅夫，2010；陈斌开和林毅夫，2013；林毅夫和陈斌开，2013；Krueger et al.，1991；Kanbur and Zhang，2005；Lin and Chen，2011），那么对重工业发展施加碳约束会对城乡收入差距产生何种影响？这就是本视角研究的出发点和立足点。实际的研究过程以刘易斯二元经济模型（Lewis，1954）为基础，在 RCK 宏观经济增长模型框架下，构建碳约束影响城乡收入差距的理论分析框架，从技术进步的视角研究碳约束对城乡收入差距的影响，既刻画了碳约束背景下经济转型升级的具体路径，又反映出有效供给导向下支撑城乡收入差距演变的重要动力源，较好地呼应了"碳约束—技术进步—城乡收入差距"的研究主线，生动再现了由调控政策到实际效果的传导过程，使表面上看似并不相关的碳约束、城乡收入差距产生了有机关联，为深入洞察碳约束背景和技术进步视角下城乡收入差距的演变脉络提供了现实可能。

除了城乡收入差距的演变机制外，本书关注的第二个重点是城乡收入差距对经济增长的影响。自库兹涅茨倒 U 形假说（Kuznets，1955）提出以来，关于收入差距如何随经济增长发生阶段性变化引起了越来越多学者的重视。随着该领域研究的不断深入，收入差距作为经济社会发展的副产品，其对经济增长有何影响也逐渐引发了广泛关注。目前，这方面的研究多为采用传统计量回归模型的线性框架研究，事实上这种影响不可能是一成不变的，更多意义上应该是随时间而变化的非线性研究，最起码在时间演变中这种影响应该会发生阶段性变化。鉴于此，在利用线性面板回归模型研究城乡收入差距对经济增长影响的基础上，采用 Hansen（1999，2000）提出的面板门限回归模型将传统研究拓展到非线性框架，通过门限效应检验、门限值确定、门限回归分析等，揭示在相关制度实施的不同阶段城乡收入差距对经济增长的非线性影响；进一步地，考虑到城乡收入差距演变是一个动态连续累积的过程，采用 Seo 和 Shin（2016）拓展的动态面板门限模型回归方法继续拓展此前的研究框架，在更好地处理内生性问题的基础上，得出在制度实施的不同阶段城乡收入差距对经济增长的动态门限效应。

在识别门限效应的基础上，本书继续探索城乡收入差距影响经济增长的实现机制。在已有影响机制的具体研究中，国内比较有代表性的有钞小静和沈坤荣（2014）提出的劳动力质量机制。我们对其进行了细化和延伸，重点从劳动力供给与产业发展需求相匹配的视角探讨了城乡收入差距通过产业结构偏离影响经济增长的新机制，构建了城乡收入差距经由抚养负担作用于劳动力质量进而通过产业结构偏离最终影响经济增长的逻辑链条，仔细回答了城乡收入差距过大是否通过增加农村抚养负担降低了农村子女受教育水平，最终通过提高产业结构偏离度阻碍了我国经济增长，以及城乡收入差距导致的劳动力质量下降是否会使产业结构发生偏离两大问题。

本书在分析城乡收入差距演变特征的基础上，从制度扭曲、地方政府竞争和碳约束三个视角或维度揭示了城乡收入差距的演变机制，同时也为进一步研究城乡收入差距对经济增长影响的门限效应提供了有利条件。最后，尝试性地从产业结构偏离的视角深入分析了城乡收入差距影响经济增长的新机制。

第2章 城乡收入差距的演变特征分析

在更深层次上揭示城乡收入差距的演变机制，需要准确把握城乡收入差距的演变特征，而科学测度城乡收入差距是解析我国城乡收入差距成因及演变特征的关键。比较分析城乡收入差距演变的内在特征，有利于系统把握城乡收入差距的演变趋势，进而有助于深入挖掘城乡收入差距演变的结构性因素和制度因素，对于探索优化城乡收入分配格局的具体路径，缩小城乡收入差距、促进城乡融合发展，具有重要的理论和实践意义。

2.1 城乡收入差距的测算方法[①]

党的十九大明确提出，我国城乡收入和分配收入差距依然较大。从国家统计部门公布的统计数据看，城乡收入差距虽然近年来得到缩小，但仍处于相对高位已基本达成共识，城乡收入的绝对差距仍然在不断扩大，然而关于城乡收入差距的测量虽然还没有明确统一的标准，但各种测量结果反映的演变趋势基本是一致的。目前，测量收入差距的方法主要有收入比值法、基尼系数法、泰尔指数法等。其中，基尼系数法是比较常用的收入差距测量方法，但基尼系数法更适合测量内部收入差距，在测量城乡收入差距时不如收入比值法和泰尔指数法，因为它不具备分组比较优势；城乡居民收入比法也是一种应用比较广泛的衡量方法，在测算的便利性和实用性方面得到了学术界的广泛认同，这种测量方法数据比较容易获得，且能基本反映城乡收入差距的变化趋势，在现实研究中经常被使用；另外一种被广泛使用的测量方法是由 Theil 于 1967 年提

[①] 由于研究的均是城乡收入差距问题且需要进行前期的测度，孙华臣（2017）对城乡收入差距的测量方法进行了类似的介绍。泰尔指数在测量城乡收入差距中得到了广泛的应用，很多学者延续了这种测量思路，国内比较有代表性的如王少平和欧阳志刚（2007，2008）的研究，本书研究也按照此逻辑，方法介绍类似于孙华臣（2017）的研究。

出的泰尔指数法，研究表明它更适合分组之间的收入差距测量，在测量城乡二元分组的收入差距时，具有明显的比较优势。

鉴于我国城乡经济具有明显的二元结构特征，这同时也是城镇化进程中我国城乡收入差距形成的重要原因之一（国家统计局农调总队课题组，1994；刘社建和徐艳，2004），利用一种既能够反映城乡二元结构演变特征，又能够刻画我国城镇化进程的收入差距的测量方法更为合适。

在这方面，王少平和欧阳志刚（2007，2008）基于我国的城乡二元经济结构，在借鉴 Shorrocks（1980）研究的基础上提出了更适用于我国现状的城乡收入差距泰尔指数（Theil，1967），并分别测量了我国各省（区、市）1979 ~ 2004 年、全国 1978 ~ 2006 年的泰尔指数。孙华臣（2017）基于此种方法测量了我国的城乡收入差距，并同步分析了城镇化与城乡收入差距的关系问题。

本章利用泰尔指数和收入比值（城镇居民人均可支配收入/农村居民人均纯收入）两种方法，对改革开放近 40 年来我国的城乡收入差距状况进行测度，并以测量实际结果为依据，从制度变迁的视角进一步结合我国经济社会发展过程中的重大政策变化，深刻揭示城乡收入差距的演变特征。用 *Theil* 表示我国城乡收入差距的泰尔指数，时间区间为 1979 ~ 2017 年。计算公式如下：

$$Theil_t = \sum_{j=1}^{2}\left(\frac{I_{jt}}{I_t}\right)\ln\left[\left(\frac{I_{jt}}{I_t}\right)\Big/\left(\frac{P_{jt}}{P_t}\right)\right] \tag{2-1}$$

$$= \left(\frac{I_{1t}}{I_t}\right)\ln\left[\left(\frac{I_{1t}}{I_t}\right)\Big/\left(\frac{P_{1t}}{P_t}\right)\right] + \left(\frac{I_{2t}}{I_t}\right)\ln\left[\left(\frac{I_{2t}}{I_t}\right)\Big/\left(\frac{P_{2t}}{P_t}\right)\right]$$

其中，$j=1$ 或 2 分别表示城镇地区与农村地区；P_{jt} 表示 t 时期城镇地区（$j=1$）或农村地区（$j=2$）人口数量；P_t 表示 t 时期城镇与农村地区的人口总数；I_{jt} 表示 t 时期城镇地区（$j=1$）或农村地区（$j=2$）的收入总额；I_t 表示 t 时期城镇与农村地区的收入总额。由式（2 - 1）可以看出，这种度量方法既反映了我国的城乡二元经济结构，又反映了我国城乡收入结构变化。

2.2　城乡收入差距演变：全国视角

改革开放以来，随着我国城镇化及工业化进程的加快，我国经济增长取得了显著成效，城乡居民收入水平也得到了明显提高。但在追求效率的过程中，对公平问题的关注度不够，城镇居民与农村居民收入水平没有能够等比例提高，公平与效率的矛盾逐渐显现。

依据前文所述方法，在测量过程中，数据的统计与处理对结果的准确性有很大的影响。在本书研究所用数据中，城镇与农村人口、城镇居民人均可支配收入、农村居民纯收入及城镇与农村居民消费价格指数均来自中国经济信息网统计数据库。为了消除价格因素的影响，本书研究以 1979 年为基期（1979 年价格指数 = 100）对城镇居民可支配收入与农村居民纯收入进行了平减。在平减的基础上，同时测算了城镇居民可支配收入与农村居民纯收入之比，以求得城乡收入差距的另一种测量结果，两种方法的测量结果如表 2 – 1 所示。

表 2 – 1　1979～2017 年我国城乡收入差距测量结果

指标	1979 年	1980 年	1981 年	1982 年	1983 年	1984 年	1985 年	1986 年	1987 年	1988 年
泰尔指数	0.0903	0.0885	0.0682	0.0487	0.0371	0.0393	0.0362	0.0559	0.0557	0.0517
收入比值	2.5281	2.4962	2.2399	1.9819	1.8225	1.8354	1.8589	2.1258	2.1662	2.1659
指标	1989 年	1990 年	1991 年	1992 年	1993 年	1994 年	1995 年	1996 年	1997 年	1998 年
泰尔指数	0.0656	0.0647	0.0766	0.0847	0.0977	0.1006	0.0904	0.0736	0.0698	0.0726
收入比值	2.2842	2.2004	2.3999	2.5849	2.7967	2.8634	2.7146	2.5123	2.4689	2.4986
指标	1999 年	2000 年	2001 年	2002 年	2003 年	2004 年	2005 年	2006 年	2007 年	2008 年
泰尔指数	0.0832	0.0920	0.1005	0.1171	0.1264	0.1272	0.1284	0.1307	0.1340	0.1333
收入比值	2.6262	2.7412	2.8351	3.0260	3.1243	3.0843	3.0806	3.1144	3.1437	3.1106
指标	2009 年	2010 年	2011 年	2012 年	2013 年	2014 年	2015 年	2016 年	2017 年	—
泰尔指数	0.1336	0.1332	0.1252	0.1211	0.1034	0.0987	0.0958	0.0933	0.0915	—
收入比值	3.1095	2.9939	2.8979	2.8759	2.8068	2.7499	2.7312	2.7190	2.7096	—

为了更直观地展现我国城乡收入差距的演变轨迹，同时比较两种测量方法所得结果的差异，本书研究根据表 2 – 1 的测量结果绘制了我国城乡收入差距演变轨迹图（见图 2 – 1）。由于泰尔指数与收入比值数值差异过大，在图形中不易比较，因此在绘图时将泰尔指数乘以 10，这样比较时更直观明显，同时不影响城乡收入差距的变动轨迹。

从图 2 – 1 中可以看出，虽然两种测度方法得出的城乡收入差距结果

图 2－1　我国城乡收入差距演变轨迹

衡量尺度有明显差异，但两种情况下的城乡收入差距演变趋势基本一致，总体上呈现波动上升的走势，但城乡收入差距已开始下降，城乡协调发展的趋势日益明显。

在上述分析的基础上，为更清晰地再现泰尔指数测算过程，揭示城乡收入差距演变的内在逻辑，本书研究分别基于常住人口城镇化率、户籍人口城镇化率（收入与常住人口相同）、户籍人口城镇化率且非农业居民收入改变①三种情况，汇报了城乡收入差距（泰尔指数）的测量结果，具体结果如表 2－2 所示。图 2－2 根据测量结果描绘了其演变趋势。

表 2－2　城乡收入差距（泰尔指数）的测算结果

指标	1979 年	1980 年	1981 年	1982 年	1983 年	1984 年	1985 年	1986 年	1987 年
Theil-1	0.0903	0.0885	0.0682	0.0487	0.0371	0.0393	0.0362	0.0559	0.0557
Theil-2	0.0844	0.0819	0.0624	0.0447	0.0334	0.0355	0.0333	0.0505	0.0501
Theil-3	0.2248	0.2091	0.1651	0.1248	0.0996	0.1089	0.1147	0.1329	0.1289

---

①　按户籍人口城镇化率测算，将未获得城镇化户籍的"常住流动人口"划分到农村居民中。虽然王子成（2012）认为农村劳动力外出务工活动使得农户家庭总收入水平有所降低，但本书研究认为在土地流转、最低生活保障等政策背景下，农民收入下降空间有限，而且若合理调整外出务工人员结构，农民收入存在上升空间，因此在此假定农民收入等同于常住人口城镇化率背景下农民人均纯收入。

续表

指标	1988 年	1989 年	1990 年	1991 年	1992 年	1993 年	1994 年	1995 年	1996 年
Theil-1	0.0517	0.0656	0.0647	0.0766	0.0847	0.0977	0.1006	0.0904	0.0736
Theil-2	0.0467	0.0600	0.0586	0.0700	0.0782	0.0912	0.0949	0.0850	0.0688
Theil-3	0.1275	0.1361	0.1356	0.1449	0.1488	0.1600	0.1625	0.1464	0.1245
指标	1997 年	1998 年	1999 年	2000 年	2001 年	2002 年	2003 年	2004 年	2005 年
Theil-1	0.0698	0.0726	0.0832	0.0920	0.1005	0.1171	0.1264	0.1272	0.1284
Theil-2	0.0649	0.0675	0.0780	0.0869	0.0963	0.1155	0.1280	0.1306	0.1335
Theil-3	0.1134	0.1414	0.1662	0.1928	0.2246	0.2566	0.2803	0.2893	0.3007
指标	2006 年	2007 年	2008 年	2009 年	2010 年	2011 年	2012 年	—	—
Theil-1	0.1307	0.1340	0.1333	0.1336	0.1252	0.1175	0.1136	—	—
Theil-2	0.1380	0.1443	0.1453	0.1482	0.1409	0.1338	0.1314	—	—
Theil-3	0.3125	0.3224	0.3298	0.3403	0.3359	0.3305	0.3189	—	—

注：Theil-1 代表基于常住人口城镇化率计算的泰尔指数；Theil-2 代表基于户籍人口城镇化率（收入与常住人口相同）计算的泰尔指数；Theil-3 代表基于户籍人口城镇化率且非农业居民收入改变情况下计算的泰尔指数。

数据来源：《中国统计年鉴》、中国经济与社会发展统计数据库。

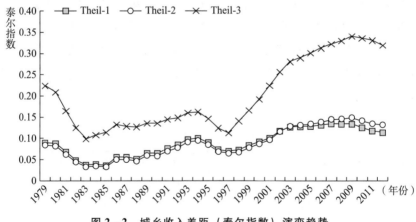

图 2－2　城乡收入差距（泰尔指数）演变趋势

从图 2－2 中可以看出，三种情况下城乡收入差距演变趋势基本相同。假定城乡居民收入均保持不变，仅改变人口结构，对泰尔指数的结果影响不大。2003 年之前，基于常住人口城镇化率计算的泰尔指数一直都略高于基于户籍人口城镇化率但收入与常住人口相同情况下的测算结果；2003 年之后，随着户籍制度逐渐放松，户籍人口城镇化率上升速度加快，此种背景下测算的泰尔指数开始略高于基于常住人口城镇化率的测算结果。如果假定人口结构、收入水平均发生变化，泰尔指数变化非常明显，而且整个过程中泰尔指数波动较大。泰尔指数的变化过程表明：当依附于户籍制度的城乡居民收入发生改变时，会明显抬高城乡收入差距水平，也进一步印证了李实和罗楚亮（2007）的观点：如果将城乡教育、医疗、社会保障、公共基础设施差别等考虑进来，城乡收入差距可能会更大。

　　为便于分析，本书研究仍遵循主流的研究路线，选取基于常住人口城镇化率测算的城乡收入差距（泰尔指数）作为考察对象，描述其演变趋势，图 2 - 3 详细刻画了其变化过程。

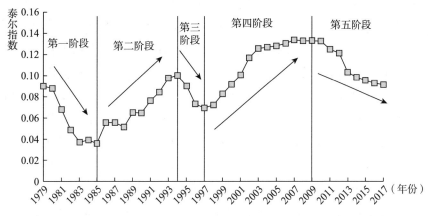

图 2 - 3　城乡收入差距（泰尔指数）阶段性演变过程

　　从图 2 - 3 中可以看出，正如很多研究的结果一样，我国的城乡收入差距经历了先缩小（1979 ~ 1985 年）、波动上升（1985 ~ 1994 年）、再缩小（1994 ~ 1997 年）、持续扩大（1997 ~ 2009 年）、最后快速缩小（2009 ~ 2017 年）五个阶段。此外，两种测量结果的变化轨迹基本相同，实证研究中，由于城镇居民可支配收入与农村居民纯收入之比基本反映了我国城乡收入差距的变化趋势，因此用城镇居民可支配收入与农村居民纯收入之比替代城乡收入差距是可行的。结合改革开放以来我国的制度变迁过程，本书研究将分阶段分析城乡收入差距演变的成因及典型制度因素的影响。

　　第一阶段是改革开放初期城乡收入差距缩小的阶段（1979 ~ 1985 年）。

1985 年城乡收入差距缩小至改革开放以来的最低点。泰尔指数由 1979 年的 0.0903 下降为 1985 年的 0.0362，下降 59.91%，收入比值由 2.5281 下降为 1.8589，下降 26.47%，由此可以看出，虽然两种测量结果表现出了相同的趋势，但不同指标衡量的城乡收入差距的下降速率仍存在相当大的差异。1978 年底至 1979 年初，伴随着十一届三中全会的召开，家庭联产承包责任制改革拉开序幕。家庭联产承包责任制的实施，极大地调动了农民生产积极性，促进了农业生产效率的迅速提高，带动了农业的快速发展，同时提高了农民的收入水平。以家庭联产承包为主的责任制和统分结合的双层经营体制适合我国国情，有利于农业发展和农民增收，缩小城乡收入差距。1982 年中央第一个关于农村工作的一号文件正式出台，巩固了家庭联产承包责任制的改革成果，鼓励农民进行多种经营，农村地区正逐渐从贫困走向富裕，城乡收入差距的缩小趋势日益明显。再加上 20 世纪 80 年代初期乡镇企业的异军突起，在很大程度上解决了农村剩余劳动力的就业问题，丰富了农民收入来源，对促进乡村经济发展和农民物质生活的提高有着重要的影响，同时逐步缩小了城乡收入差距。总体而言，改革开放初期，在家庭联产承包责任制改革和乡镇企业迅速发展的双重作用下，农业得到快速发展，乡村经济呈现繁荣景象，农民物质生活水平及收入水平均得到显著提高，城乡收入差距显著缩小，并于 1985 年缩小到改革开放后的最低点。

　　第二阶段为城乡收入差距波动上升阶段（1985～1994 年）。泰尔指数由 1985 年的 0.0362 上升到 1994 年的 0.1006，上升 177.90%，收入比值由 1.8589 上升到 2.8634，上升 54.04%。始于农村的家庭联产承包责任制改革对提高农村居民收入和缩小城乡收入差距起到了明显的作用。1984 年 10 月召开的十二届三中全会，确立以城市为中心加快经济体制改革步伐，我国改革的重点从农村转向城镇。城镇化和工业化进程随之加快，城镇居民的工资收入也相应提高，1985 年后城乡收入差距开始扩大。虽然在乡镇企业发展的余热下，1987～1988 年城乡收入差距出现了小幅的下降，但在国家加快城镇化进程的大背景下，城乡收入差距波动上升的趋势很难改变。与此同时，国家开始了从计划经济向市场经济转型的经济体制改革，并于 1992 年的十四大会议上确立了社会主义市场经济体制改革的目标。计划经济向市场经济的转型，有利于提高市场竞争力，促进生产效率的提高，促进我国经济的快速增长。由于市场经济体制下工业发展快于农业，因此城镇居民收入水平提高得更快，城乡收入差距呈扩大趋势。此外，在由计划经济向市场经济转型的关键时期，以分税制为主体的财政管理体制改革尽管理顺了中央和地方的分配关系，增加了地方政府的自主权，但在地方政府追求经济增长的导向下，由于城镇经济发展快于农村，地方政府实施带有城镇偏向的财政政策，发展城镇经济，提高城镇居民收入水平，城乡收入差距迅速扩大，并于 1994 年达到了 20 世纪 90 年代城乡收入差距的高点。

　　第三阶段为城乡收入差距再度缩小阶段（1994~1997 年）。泰尔指数由 1994 年的 0.1006 下降至 1997 年的 0.0698，下降 30.62%，收入比值由 2.8634 下降到 2.4689，下降 13.78%。城乡收入差距的持续扩大于 1994 年达到顶点后开始下降，并逐渐下降到 1997 年的阶段性低点。随着城镇化和工业化进程的加快，城乡居民之间的收入差距于 20 世纪 90 年代初期开始逐步扩大，正是城乡居民收入差距的存在，农村居民开始了由农村向城镇的迁移。在此背景下，农民进城打工成为增收的主要途径，与此同时，乡村就业的人均工资水平相应提高，城乡收入差距得以有效缩小。此外，1996 年开始在全国试点的农村最低生活保障制度，不仅有助于解决农村低收入群体的社会保障问题，而且有利于消除贫困，提高农村居民的人均收入，使农村贫困居民更好地享受经济发展成果，缩小与城镇居民的收入差距。同时，为了更规范地促进乡镇企业的发展，繁荣农村经济，1997 年 1 月 1 日《中华人民共和国乡镇企业法》的正式出台无疑会对乡镇企业可持续发展、农民增收产生重要的促进作用。在乡村居民外出务工扩展农民收入渠道的同时，农村最低生活保障制度的试点及乡镇企业的健康稳定发展，均对农民增收产生了积极的影响，城乡收入差距也在上述制度因素的综合作用下，由相对高点逐步下降到 1997 年的相对低点。

　　第四阶段是城乡收入差距持续扩大阶段（1997~2009 年）。1997 年泰尔指数为 0.0698，到 2009 年上升为 0.1336，上升 91.40%，收入比值由 2.4689 上升到 3.1095，上升 25.95%。城乡收入差距在降到 1997 年的阶段性低点后，一直呈持续扩大趋势。随着我国经济的快速增长，人力资本已取代物质资本成为经济增长的主要推动力量（Galor and Moav，

2004），由于人力资本回报率远大于物质资本，在城镇居民人力资本明显高于农村居民的条件下，城镇居民收入水平会相应提高，从而加剧了城乡收入差距。城乡收入差距的扩大引起了政府部门的高度重视，并相继实施了一系列有利于农村居民增收的相关政策，如科普惠农、农村税费改革、种粮补贴等。随着改革开放的深入，我国于 2001 年正式加入WTO，提升了对外开放程度，2004 年底金融业开始全面对外开放，这些都有利于促进整体经济的发展。然而，无论是加入 WTO 还是金融业对外开放，首先受益且受益更多的是城镇居民，农民受益的机会相对有限，这不利于缩小城乡收入差距。随着对外开放程度的不断提高，我国城镇化进程也日益加快，地方政府在政策制定上带有明显的城镇偏向，城镇居民在教育、医疗、社会保障等多方面都享有更多的优势，这也是城乡收入差距难以有效缩小的重要原因。由于教育资源配置带有明显的城镇偏向，城镇居民人力资本显著高于农民，其获得收入的能力随之提高，再加上该阶段以 GDP 为导向的绩效考核方式，使城镇地区仍旧是制度安排的重点，受益更多的是城镇居民，导致城乡收入差距难以缩小。

　　第五阶段是城乡收入差距快速缩小阶段（2009～2017 年）。城乡收入差距的不断扩大，引起了社会和学术界对"公平"与"效率"问题的重新审视，政府也将缩小城乡收入差距摆在突出重要位置。党的十八大、十八届三中全会提出改革收入分配制度，推进城乡要素平等交换和公共资源均衡配置，加快形成合理有序的城乡收入分配格局。近年来，为解决"三农"问题，支持农业农村发展，促进农民增收，国家出台了农村税费改革、大力发展农村金融等多项政策意见，并已初见成效。2009 年泰尔指数为 0.1336，到 2017 年下降为 0.0915，下降 31.5%，收入比值由3.1095 下降到 2.7096，下降 12.86%。城乡收入差距变化呈现与 1994～1997 年相似的走势。2010 年的"中央一号文件"强调推动资源要素向农村配置、促进农业发展方式转变、缩小城乡公共事业发展差距、增强农业农村发展活力，从城乡统筹发展的角度夯实农业农村发展基础，找到了破解城乡收入差距难题的着力点。随着中央对推进城镇化进程力度的加大，农民增收渠道不断拓展，劳动力总量进入拐点也提高了外出打工农民工的收入水平，城乡收入差距开始再度缩小。2013 年，国务院批转了《关于深化收入分配制度改革的若干意见》，提出促进就业机会公平、提高劳动者职业技能等一系列破冰性的改革措施，着力规范收入分配秩序，将缩小收入分配差距落实到操作层面。

2.3　城乡收入差距演变：地区视角

2.3.1　演变特征：泰尔指数

在对我国整体城乡收入差距测量及演变特征分析的基础上，本节按经济区域划分对我国东部、中部、西部及东北地区城乡收入差距进行测量并做比较分析。收入差距既包括城乡差距，同时也包括地区差距、行业差距等，考虑到城乡收入差距在整体收入差距中的重要性，本节在此关注的是各地区内的城乡收入差距。

各地区城乡收入差距的测量方法仍将采用泰尔指数法，测量公式在式（2 - 1）的基础上加以拓展，原理相同。根据数据的可获得性及一致性，各地区城乡收入差距的测量区间为 1979 ~ 2017 年。其中，1979 ~ 2004 年数据来源于《新中国五十五年统计资料汇编》，2005 ~ 2017 年数据来源于中国经济信息网统计数据库及相关年份《中国统计年鉴》。由于陕西、河北、西藏测量数据不完整而予以剔除，重庆归入四川合并测量。同测量全国城乡收入差距时的处理方法一样，为了消除价格因素对测量结果的影响，在此以 1979 年为基期（1979 年价格指数 = 100）分别对城镇居民可支配收入与农村居民纯收入进行了平减。由于泰尔指数测量中，人口结构是一个重要的指标，因此，本书研究取代传统的算术平均而根据各省（区、市）人口数量占比进行加权平均，计算出东部、中部、西部及东北四大地区的泰尔指数，泰尔指数测量的结果如表 2 - 3 所示。

表 2 - 3　1979 ~ 2017 年全国及各地区城乡收入差距测量结果

年份	全国	东部	中部	西部	东北
1979	0.0903	0.0343	0.0488	0.0792	0.0367
1980	0.0885	0.0322	0.0557	0.0608	0.0414

续表

年份	全国	东部	中部	西部	东北
1981	0.0682	0.0236	0.0348	0.0463	0.0367
1982	0.0487	0.0177	0.0260	0.0387	0.0348
1983	0.0371	0.0161	0.0187	0.0358	0.0185
1984	0.0393	0.0179	0.0183	0.0491	0.0200
1985	0.0362	0.0200	0.0227	0.0556	0.0254
1986	0.0559	0.0274	0.0394	0.0771	0.0293
1987	0.0557	0.0241	0.0419	0.0749	0.0285
1988	0.0517	0.0244	0.0497	0.0697	0.0244
1989	0.0656	0.0326	0.0629	0.0815	0.0408
1990	0.0647	0.0355	0.0580	0.0806	0.0245
1991	0.0766	0.0369	0.0792	0.0932	0.0332
1992	0.0847	0.0462	0.0883	0.1035	0.0254
1993	0.0977	0.0537	0.1008	0.1241	0.0272
1994	0.1006	0.0548	0.0995	0.1299	0.0256
1995	0.0904	0.0690	0.0958	0.1597	0.0351
1996	0.0736	0.0574	0.0738	0.1371	0.0231
1997	0.0698	0.0555	0.0635	0.1260	0.0255
1998	0.0726	0.0551	0.0642	0.1281	0.0217
1999	0.0832	0.0602	0.0745	0.1439	0.0336
2000	0.0920	0.0673	0.0813	0.1541	0.0514
2001	0.1005	0.0765	0.0910	0.1713	0.0542
2002	0.1171	0.0864	0.1064	0.1816	0.0657
2003	0.1264	0.0946	0.1236	0.1905	0.0732
2004	0.1272	0.0967	0.1192	0.1951	0.0675
2005	0.1284	0.1017	0.1262	0.1935	0.0739
2006	0.1307	0.1060	0.1297	0.2037	0.0773
2007	0.1340	0.1088	0.1308	0.1978	0.0777
2008	0.1333	0.1103	0.1279	0.1921	0.0751
2009	0.1336	0.1117	0.1316	0.1971	0.0795
2010	0.1332	0.1041	0.1236	0.1802	0.0687
2011	0.1252	0.0963	0.1171	0.1719	0.0604
2012	0.1211	0.0950	0.1147	0.1706	0.0598

续表

年份	全国	东部	中部	西部	东北
2013	0.1034	0.0578	0.0946	0.1287	0.0474
2014	0.0987	0.0479	0.0753	0.1128	0.0499
2015	0.0958	0.0458	0.0731	0.1091	0.0502
2016	0.0933	0.0441	0.0712	0.1056	0.0499
2017	0.0915	0.0425	0.0690	0.1016	0.0496

注：根据《中华人民共和国 2011 年国民经济和社会发展统计公报》的划分办法，将我国经济区域划分为东部、中部、西部及东北四大地区。其中，东部包括北京、天津、河北、上海、江苏、浙江、福建、山东、广东和海南；中部包括山西、安徽、江西、河南、湖北和湖南；西部包括内蒙古、广西、重庆、四川、贵州、云南、西藏、陕西、甘肃、青海、宁夏和新疆；东北包括辽宁、吉林和黑龙江。

根据表 2 - 3 的测量结果，为了更清楚地比较全国整体及东部、中部、西部和东北四大地区的城乡收入差距演变情况，在此绘制全国及各地区城乡收入差距演变轨迹图（如图 2 - 4 所示）。

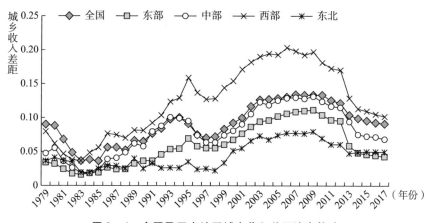

图 2 - 4　全国及四大地区城乡收入差距演变轨迹

总体上看，四大地区城乡收入差距演变轨迹与全国城乡收入差距演变轨迹基本相同，均呈现波动上升的趋势。四大地区中，西部地区的城乡收入差距最大，中部次之，东北地区最小。改革开放初期，全国及四大地区的城乡收入差距均明显缩小，东部、西部和东北地区于 1983 年达到城乡收入差距的低点，而全国和中部地区分别于 1985 年和 1984 年城乡收入差距到达低点然后迅速扩大。随后，全国及东部、中部、西部地区城乡收入差距均呈波动上升趋势，但东北地区城乡收入差距泰尔指数于1989年达到相对高点0.0408外，其余时期城乡收入差距均稳中有降并持续到1999年。从图2-4可以看出，1990~1999年东北地区的城乡收入演变与全国及其他地区有着明显的不同，基本呈平滑下降态势。东北地区属于老工业基地，20世纪90年代以来，体制性和结构性矛盾日益突出，经济发展遇到瓶颈，东北老工业基地的企业机械设备和技术老化现象严重，工人就业困难，下岗职工人数增多，城镇居民的平均收入水平明显下滑，该地区出现了与其他地区不同的城乡收入差距持续缩小的现象，这是由东北老工业基地资源型产业发展的周期性决定的。

1979~1989年，我国东部地区城乡收入差距基本低于全国和其他三个地区的城乡收入差距；1989年后，随着东北地区城乡收入差距的快速下降，东部地区的城乡收入差距开始高于东北地区，直到2000年东部地区和东北地区的城乡收入差距再度接近，并于2003年后东部地区收入差距与东北地区重新拉开。我国东部地区包含省份大多位于沿海地带，改革开放程度较高，经济相对发达，居民受教育水平相对较高，国内各项经济或政治制度改革一般首先在东部地区试点。从东部地区城乡收入差距演变看，东部沿海地区农村居民的思想开放性和灵活性与内陆地区相比有着很大的优势，而内陆地区受交通、信息网络等因素的影响，城乡分割较为严重，因此东部地区的城乡收入差距总体上要小于内陆地区。在城镇化进程中，国家为了统筹各地区发展，针对中部、西部及东北地区分别实施了中部崛起战略、西部大开发战略及振兴东北老工业基地战略，由于中部崛起战略实施较晚，下文将重点分析西部大开发战略、振兴东北老工业基地战略对西部地区和东北地区城乡收入差距变迁的影响。

西部大开发战略将实施西部大开发、促进地区协调发展作为重要任务，以加快中西部地区发展，努力实现地区协调发展和共同富裕。从图2-4可以看出，2000年后西部地区的城乡收入差距呈现快速扩大趋势。西部大开发战略实施后，西部地区基础设施建设明显加快，青藏铁路建成通车，"西电东送"全面启动，一系列大开发战略对西部地区的经济增长均具有重要的促进作用。但不可否认的是，西部大开发战略实施过程中，最先受益的仍是城镇。无论是重大项目开工建设，还是科技教育等基础设施的完善，城镇居民均能优先享受到经济发展的好处，因此西部大开发战略的实施，有利于西部地区的经济增长，但导致了城乡居民收入差距的扩大。

振兴东北老工业基地战略伴随着 2003 年 10 月《中共中央 国务院关于实施东北地区等老工业基地振兴战略的若干意见》的颁布开始正式实施。战略中若干利好政策的推行，打破了困扰东北地区发展的制度障碍，加快了东北地区经济发展的步伐。振兴战略实施后，东北地区经济发展提速，而城乡收入差距基本平稳。东北地区作为重要的林业基地和粮食生产基地，农业相对较为发达，有着稳固的农业发展基础。自从振兴东北老工业基地战略实施以来，东北地区率先在全国免除农业税，在减轻农民负担的同时也增加了农民收入。振兴东北老工业基地战略的实施，在加快国有企业改制带动城镇经济发展的同时也有效促进了农业的增产增收，城乡居民收入差距没有呈现明显的扩大趋势，基本保持平稳。

2.3.2　演变特征：城乡居民收入比

城乡收入差距是整个收入分配差距构成中最重要的组成部分，缩小城乡收入差距能够同时缩小地区差距。因此，分地区研究能更清晰地发现我国城乡收入差距的演变特征。根据《中国统计年鉴》提供的数据，分为东部、中部、西部和东北四组①，通过人口加权计算各地区城乡居民人均收入，进而计算各地区的城乡居民收入倍差，图 2 - 5 描绘了各地区城乡收入差距的演变轨迹。

1997～2017 年，东中西及东北四大经济区域城乡收入差距演变轨迹基本相同，受国家大幅提高农产品采购价格影响，20 世纪 90 年代中期城乡收入差距不断缩小，1997 年之后，差距逐渐拉大，之后保持相对稳定，2010 年之后再次逐渐缩小，与图 2 - 1 全国情况基本一致。其中，西部地区收入差距最大，东北地区收入差距最小，东部和中部地区居于两者之间。

东部地区城乡收入差距相对稳定，主要在 2.5 附近波动。东部沿海

---

① 东部地区包括北京、天津、河北、山东、江苏、上海、浙江、福建、广东、海南 10 省份；中部地区包括山西、河南、安徽、江西、湖北、湖南 6 省份；西部地区包括内蒙古、新疆、青海、陕西、甘肃、宁夏、四川、贵州、云南、重庆、广西 11 省份；东北地区包括黑龙江、吉林、辽宁 3 省份。

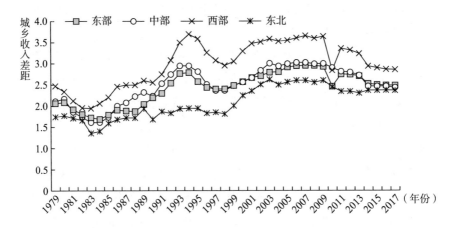

图 2 - 5　1995 ~ 2017 年城乡收入差距演变的地区特征

数据来源：中国经济社会发展统计数据库和相关年份《中国统计年鉴》。

为我国经济发达地带，财政资金相对充足，国家的扶持和鼓励政策贯彻力度大，惠农资金补贴到位，农民各项收入均达到较高水平，2017 年人均可支配收入为 13432 元，远高于其他三个地区[①]。此外，东部地区交通便捷、环境宜居、人口密集，在国家"鼓励东部率先发展"政策下，以大中型城市为中心形成了多处经济带，使农村剩余劳动力获得更多进城务工机会，城乡融合使得收入差距相对稳定。

中部地区城乡收入差距水平及变动趋势与东部基本相同。中部地区是承接东西部地区产业转移发展的重要经济区域，在国家中部崛起战略指导下，中部地区利用连接东西部地区的区位优势及在农业、基础工业和交通运输等方面的优势，实现经济快速跃升。农村居民也充分享受到经济高速增长和城镇化的发展红利，近年来城乡居民收入差距逐步缩小。

西部地区城乡收入差距位于四大地区首位，2001 ~ 2008 年一直都维持在 3.5 左右。2010 年后，城乡收入差距呈整体下降趋势，但仍然较高。相较而言，西部地区经济发展基础较差，起步较晚，现阶段还难以有效汇集经济发展需要的人才、技术、资金等重要资源，加之东部地区强大的集聚效应，资源从西部流向东部，使得区域之间经济发展差距拉大。虽然国家于 1999 年提出西部大开发，但城乡收入差距并没有因此缩小。

---

① 数据来源：2019 年《中国统计年鉴》。

与东中部地区紧凑的城乡布局不同，西部地区地域广阔，城乡人口分布分散，城乡之间缺少紧密的经济联系，工业化和城镇化对农村的带动辐射作用较不明显，农村居民主要从事传统的农牧生产，非农收入增收能力有限。

东北地区的城乡收入差距最小，其主要原因是城镇居民人均收入相对较低。20 世纪 90 年代以前，国家将东北地区作为我国主要的重工业基地，实现率先发展，然而随着改革开放的深入，东部沿海地区崛起并逐渐超越东北地区。此外，由于传统产业和技术落伍，国有企业经营管理不善，再加上 1998 年开始国有企业改革，作为老工业基地的东北地区首当其冲，大量职工下岗，城镇居民收入增速变缓，城乡收入差距也缩小到历史最低水平。2003 年国家提出振兴东北老工业基地战略，实施了一系列调整和改造措施，在此期间城镇居民收入保持 10% 的稳定增长，城乡收入差距逐渐增大。为了实现东北地区稳定健康发展，形成更合理的收入分配格局，未来的发展思路是在深化工业改革和转型的同时，必须进一步优化城乡收入分配格局，确保东三省农业的可持续发展，使城乡居民共享改革发展的成果。

比较发现，城乡收入差距演变的地区特征同全国情况基本保持一致。分地区看，西部地区对整体城乡收入差距变化的贡献最大，是影响城乡差距的主要地区，这也同时印证了缩小城乡收入差距能够有效缩小地区差距的判断。

第3章　制度扭曲与中国城乡收入差距

党的十九大首次提出实施乡村振兴战略，通过有效制度供给和政策体系创新，赋予农村更加均等的发展机会，能够降低城市部门对城乡融合的抵制和减少城市偏向，有利于促进城乡二元结构融合（王永钦和高鑫，2016）。这进一步明晰并强调了制度因素在城乡收入差距形成及演变过程中的关键作用。从历史视角看，城乡收入差距根源于20世纪50年代末实施的户籍管理制度，它导致了稳定的城乡二元分割并成为"农业补贴工业、乡村支持城镇"的政策基础，在黏合改革前城乡关系及导致城乡收入和福利差距的制度安排中起着至关重要的作用（蔡昉，2003），使得城乡收入分配在违背资源配置比较优势规律的状态下与均衡路径渐行渐远。这种出于城镇单方面利益而分割城乡的做法不利于城乡经济共同发展，阻碍城乡从分割到融合的转变（陈钊和陆铭，2008），同时抑制农村居民消费及人力资本积累，降低整体的经济效率（田新民等，2009）。文献研究证实，城乡收入差距占整体不均等的份额高达50%以上，是中国收入分配不平等的主要组成部分（林毅夫等，1998；李实等，1999；万广华，2013；Kanbur and Zhang，2005；Wan，2007）。也就是说，如果在全国加总层面消除城乡收入差距，就可以使整体不均等程度减半（万广华，2013）。因此，在更大程度上缩小城乡收入差距将成为实现地区间劳动生产率趋同、促进区域协调发展的有效途径。

直观而言，城乡收入差距源于劳动力、资本等生产要素回报的城乡差异，但在很大程度上要素回报与所处的制度环境密切相关（Acemoglu and Robinson，2000）。说到底，城乡收入差距演变是各种制度力量相互博弈并综合作用的过程，制度作用的净影响决定着城乡收入差距的演变趋势，这种影响在不同的经济发展阶段、在不同的地区存在明显的差异。已经形成共识的是，以户籍管理制度、重工业优先发展战略等为代表的具有明显城镇偏向的制度安排，改变了传统的城乡利益关系，诱发了制度变迁偏离均衡，同时营造了符合城镇偏向的城乡利益格局（蔡昉，

2003；Yang，1999），使城乡之间保持着特定的制度距离（Kostova，1996），这也使城乡关系长期处于制度扭曲的状态。林毅夫等（1994）、蔡昉（2003）、陈斌开和林毅夫（2013）均证实重工业优先发展战略是中国城乡收入差距产生的重要原因。虽然政府逐步放弃了重工业优先发展的赶超战略，但由此战略衍生的若干制度或政策，如城镇偏向的再分配政策（雷根强和蔡翔，2012）、教育经费投入政策（陈斌开等，2010；韩其恒和李俊青，2011）等仍是城乡收入差距的重要决定因素。概括而言，城乡制度不均衡供给程度越大、扭曲程度越严重，城乡收入差距则越大。

既然制度扭曲是影响城乡收入差距的关键变量，那么如何科学度量其作用的大小则是面临的现实难题。鉴于此，本书深度挖掘由完全竞争到不完全竞争这种从理想状态到现实状态的演变机理，构建城乡收入差距演变机制的综合分解框架，进一步结合 TFP 的测算，采用中国经验数据重新审视了城乡收入差距的演变机制、特征和地区差异。本章的主要贡献在于：一是分析完全竞争和不完全竞争条件下城镇经济系统的运行特征，以及现实状态下"农民—农民工—市民"这种具有明显"半城镇化"特征的人口结构，建立城镇经济系统的均衡条件，给出城乡收入差距的理论测度；二是统筹考虑初次分配和再分配环节，结合完全竞争和不完全竞争两种状态下的城乡收入差距差异，抓住不完全竞争条件下资源要素错配、制度供给不均衡等关键特征和再分配环节政府转移性收入的城乡差别，将城乡收入差距演变机制分解为要素生产力效应、制度扭曲效应和转移再分配效应；三是依托综合分解框架，结合户籍制度改革和新型城镇化发展目标，采用数值模拟技术勾画了 2020 年和 2030 年城乡收入差距演变的情景。研究发现，制度扭曲效应将逐渐取代要素生产力效应成为影响城乡收入差距的主要因素，这将证实以体制机制创新和破解制度障碍为己任的供给侧结构性改革有利于缩小城乡制度距离，同时为研究制定促进城乡融合发展的有关政策举措提供了重要参考依据。

3.1　理论分解框架

在完全竞争条件下，城乡两部门的制度安排、资源配置趋于均衡，并不存在政策偏倚、要素错配等现象，此时城乡收入差距主要源于部门和产业分工不同而产生的物质资本、人力资本等要素差别，如以第二、第三产业为主的城镇部门对劳动力技能的要求明显高于以第一产业为主的农村部门，本书将由要素分工不同而产生的城乡收入差距定义为要素生产力效应。与完全竞争不同，在更为符合经济运行实际的不完全竞争条件下，城乡两地部门之间不仅存在要素生产效率的差别，同时还存在制度供给不均衡、制度安排不合理及由此导致的资源配置扭曲问题，锁定了城乡收入差距不断扩大的演变路径。相比要素分工差异，制度供给不均衡对城乡收入差距的影响更为根本。基于此，本书将制度供给因素对城乡收入差距的影响定义为制度扭曲效应。

以上提到的要素生产力效应、制度扭曲效应主要涵盖城乡收入的初次分配环节。再分配环节主要涉及政府转移性收入的影响，这与政府的政策导向密切相关。从党的十五大提出"坚持效率优先、兼顾公平"，到十六大明确"初次分配注重效率……再分配注重公平"，再到十八大强调"初次分配和再分配都要兼顾效率和公平，再分配更加注重公平"，进一步明晰了再分配调节的重要性。然而，的确存在一些扩大收入差距的制度安排（王延中等，2016）。以2012年为例，不考虑转移性收入时城乡收入差距为2.52，考虑转移性收入时城乡收入差距则扩大到3.10（如图3-1所示）。基于此，本书将再分配环节政府转移性收入对城乡收入差距的影响定义为转移再分配效应。

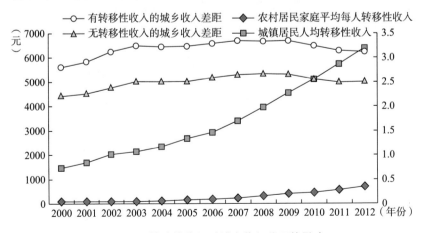

图3-1　转移性收入对城乡收入差距的影响

数据来源：笔者计算整理。

综上，本书遵循从完全竞争到不完全竞争这种状态演变的理论逻辑，将整个经济系统分为城镇、农村两个部门，在更深层次上细化对城乡收入差距的分解。完全竞争条件下的城乡收入差距主要来源于要素密集度和丰裕度的异质性，这是在统一制度框架下由于分工不同而产生的正常差距，即影响城乡收入差距演变的要素生产力效应。

3.1.1 完全竞争条件

1. 农村部门

近年来，国家大力鼓励农村规模经营和三产融合发展，并取得显著成效。然而，现阶段农村经济仍以小农经营和相对单一的农业生产为主。因此，在抽象考察农村部门的生产行为时，仍假设以劳动力、土地作为主要生产要素，由此构造农村经济部门的生产函数：

$$Y_n = F(T, L_n) = T^\alpha (A_n L_n)^{1-\alpha} \tag{3-1}$$

其中，F 代表农业部门的生产函数，是关于劳动力和土地的函数关系；Y_n 代表农业部门的产出水平；T 代表土地规模；L_n 代表从事农业生产的劳动力数量；A_n 代表农业生产的技术水平，具体表现为劳动提升型技术进步类型；系数 α 代表土地的投入份额。根据式（3-1）可得农村部门劳动力的平均收入水平为：

$$\omega_n = \frac{Y_n}{L_n} = A_n^{1-\alpha} \left(\frac{T}{L_n}\right)^\alpha \tag{3-2}$$

2. 城镇部门

（1）企业生产行为。考虑到城镇主要通过企业从事生产产品和服务的行为创造价值，因此以 RCK 模型为基础，假设城镇部门的微观决策单元（企业）面临的生产函数满足哈罗德中性，即 $Y_t = F(K_t, A_t L_t)$，则企业 C-D 型生产函数关于劳动和资本的显性表达为：

$$Y_t = K_t^\alpha (A_t L_t)^{1-\alpha}, 0 < \alpha < 1 \tag{3-3}$$

其中，Y_t 表示城镇部门的产出水平；K_t、L_t 分别代表 t 时期企业资本和劳动力的投入水平；A_t 为企业的技术水平，并且满足 $\dot{A}_t / A_t = g$；g 为技术进步水平。企业产出将会在消费和投资两种行为中得到最优配置，假设资本存量的折旧速率为 δ，可建立资本积累方程：

$$\dot{K}_t = Y_t - C_t - \delta K_t \tag{3-4}$$

式（3-4）中，资本折旧率 $\delta > 0$，所以资本的动态变化方程为：

$$\dot{k}_t = y_t - c_t - (n + g + \delta) k_t \tag{3-5}$$

其中，$\dot{k}_t$ 代表资本的动态变化；y_t、c_t 分别为 t 时期的产出和消费；n 代表人口增长率，所以 $(n + g + \delta) k_t$ 为资本累积进程中需要花费的持平投资部分，包含劳动力增长、技术进步和资本折旧共计三项"资本广化"投资。

（2）消费者行为。消费者在全生命周期瞬时效用的贴现值构成了消费者总的效用现值，故消费者的效用函数形式为：

$$U = \int_{t=0}^{\infty} e^{-\rho t} u(C_t) \, dt \tag{3-6}$$

本书构建相对风险厌恶不变（Coefficient of Relative Risk Aversion，CRRA）的效用函数，瞬时效用函数 $u(C_t) = \dfrac{C_t^{1-\theta}}{1-\theta}$，$\theta > 0$。消费者效用最大化的目标函数及约束条件满足：$\max U = \int_{t=0}^{\infty} e^{\rho t} U(c_t) \, dt$。综合微观企业生产决策和消费者消费决策模型，可以解出城镇经济部门的均衡解 (k^*, c^*)。

（3）系统均衡。通过城镇部门平衡增长路径的均衡资本和消费表达式，可以获得平衡增长路径中的人均有效产出水平：

$$y = \left(\frac{\alpha}{n + g + \delta + \rho} \right)^{\frac{\alpha}{1-\alpha}} \tag{3-7}$$

再次回到 RCK 模型之中，人均有效产出水平和总产出水平之间满足：$Y_t = y_t (A_t L_t)$，技术进步速率 $\dot{A}_t / A_t = g$，技术进步总是在已有技术水平上持续发展，假设第一期技术水平为 1，则以第一期为基准状态，可获得指数型技术进步的显性表达式 $A_t = (1+g)^t$。所以，产出水平可以具体表示为关于技术进步和劳动力的关系式：

$$Y = \left(\frac{\alpha}{n + g + \delta + \rho} \right)^{\frac{\alpha}{1-\alpha}} (1+g)^t L_t \tag{3-8}$$

3. 城乡收入差距

结合式（3-8），该式除以 L 即平均收入水平，那么在完全竞争条件下的平衡增长路径之中，城镇部门的平均收入水平可以表示为：

$$\omega_c = \frac{Y}{L_t} = \left(\frac{\alpha}{n + g + \delta + \rho} \right)^{\frac{\alpha}{1-\alpha}} (1+g)^t \tag{3-9}$$

结合农村部门的平均收入水平即式（3-2）及城镇部门的平均收入水平即式（3-9），则完全竞争条件下的城乡收入差距可以表示为：

$$Range = \frac{\omega_c}{\omega_n} = \frac{\alpha^{\frac{\alpha}{1-\alpha}} (1+g)^t L_n^{\alpha}}{(n + g + \delta + \rho)^{\frac{\alpha}{1-\alpha}} A_n^{1-\alpha} T^{\alpha}} \tag{3-10}$$

式（3-10）同时表示影响城乡收入差距的要素生产力效应，其影响因素主要包括工业生产的技术进步水平、农业生产劳动力的数量、土地资源及农业技术等。

3.1.2　不完全竞争条件

不同于完全竞争这一理想假设，不完全竞争是经济社会发展的常态，如制度偏向、市场分割、地方保护等现象广泛存在，在很大程度上阻碍了城乡收入分配格局的优化，使得城乡收入差距超出合理的范畴。本节围绕从完全竞争到不完全竞争这种内在特征变化，聚焦户籍等具有明显城镇偏向的制度因素，分解出影响城乡收入差距的制度扭曲效应。

1. 农村部门

在不完全竞争条件下，假设农村部门的生产决策方式和行为特征均不发生改变，生产行为依然符合 C-D 型特征，参照完全竞争条件下农村部门的平均收入水平，所以有：

$$\omega_n = \frac{Y_n}{L_n} = A_n^{1-\alpha} \left(\frac{T}{L_n} \right)^{\alpha}$$

2. 城镇部门

在不完全竞争条件下，城镇部门的企业生产差异化的产品并面临垄断竞争的产品市场，企业定价不再遵循完全竞争的市场规则，主要由劳动收益水平和生产效率决定。本书延续但又不完全同于 Melitz（2003）的思想，只考虑包含熟练劳动力和非熟练劳动力的一般均衡条件。根据杨曦和彭水军（2017）的设定，产品定价满足：

$$p(\varphi) = \omega/\varphi \tag{3-11}$$

其中，ω 为劳动收益率加权值，所以有 $\omega \equiv \omega_l^{\theta_1} \omega_h^{1-\theta_1}$；企业生产投入的劳动力资源有两种：熟练型和非熟练型，θ_1 衡量非熟练劳动力需求的密集度。

在不考虑企业投入固定成本的条件下，企业的人力资本成本函数满足：

$$c(\varphi) = (\omega_l^{\theta_1} \omega_h^{1-\theta_1})/\varphi \tag{3-12}$$

其中，$c(\varphi)$ 为企业生产成本关于生产效率的函数表达，企业生产成本为关于熟练劳动力和非熟练劳动力密集投入的增函数、关于生产效率的减函数。那么，在垄断竞争市场中，根据边际收益等于边际成本的企业利润最大化生产决策条件，企业边际收益等于式（3-12）的一阶导数。同时，在零利润条件下，企业边际收益也是企业对熟练劳动力、非熟练劳动力的投入水平。基于此，企业对熟练劳动力和非熟练劳动力的需求函数分别为：

$$m_l = \theta_1 (\omega_l/\omega_h)^{\theta_1-1}/\varphi \tag{3-13}$$

$$m_h = (1-\theta_1)(\omega_l/\omega_h)^{\theta_1}/\varphi \tag{3-14}$$

企业生产效率的获取构成了企业进入行业的决定条件。自然状态下，企业生产效率值服从帕累托分布 $g(\varphi)$，满足：

$$g(\varphi) = 1 - (\varphi_{min}/\varphi)^k \tag{3-15}$$

其中，φ_{min}、φ 分别代表企业生产效率的最小值与实际值。在熟练劳动力和非熟练劳动力市场出清条件下，企业对要素的需求总量等于要素供给总量，且满足如下等式关系：

$$\int_{\varphi^*}^{\infty} m_l \, dg(\varphi) = L_l \; ; \int_{\varphi^*}^{\infty} m_h \, dg(\varphi) = L_h \tag{3-16}$$

据此可以解出生产要素市场出清条件下的要素收益率，同时可得熟练劳动力和非熟练劳动力相对工资水平，即收益率差距：

$$\omega_h / \omega_l = (1 - \theta_1) \theta_1^{-1} L_l L_h^{-1} \qquad (3-17)$$

进一步分析可以发现，熟练劳动力和非熟练劳动力的收入水平受到要素"供给端丰裕程度"和"需求端需求强度"两方面的影响：一方面，非熟练劳动力与熟练劳动力的比率 L_l / L_h 越大，要素市场中非熟练劳动力的比例越高，熟练劳动力越稀缺，其相对价格即工资水平越高；另一方面，要素密集度比率 $(1 - \theta_1) \theta_1^{-1}$ 越大，企业对非熟练劳动力的需求越小，则越需要熟练程度高的人力资本，其相对价格即工资水平也会提高。

3. 城乡收入差距

在传统农业经济发展基础上的农村部门平均工资水平构成了"城镇 – 农村"两个经济部门非熟练劳动力转换的均衡工资水平。本书假设 $\omega_l = \omega_n$，给出该假定主要考虑两个方面原因：一是在市场出清条件下，非熟练劳动力在两个经济部门实现均衡配置；二是伴随着交易成本不断下降乃至接近于 0 时，农村劳动力实现动态平衡。所以城镇熟练劳动力的工资水平为：

$$\omega_h = \frac{(1 - \theta_1) L_l}{\theta_1 L_h} A_n^{1-\alpha} \left(\frac{T}{L_n} \right)^{\alpha} \qquad (3-18)$$

经济系统总就业人数：$L = L_l + L_h + L_n$，所以，城镇经济系统中的人均工资水平：

$$\omega_c = \frac{L_l}{L_l + L_h} A_n^{1-\alpha} \left(\frac{T}{L_n} \right)^{\alpha} + \frac{L_h}{L_l + L_h} \frac{(1 - \theta_1) L_l}{\theta_1 L_h} A_n^{1-\alpha} \left(\frac{T}{L_n} \right)^{\alpha} \qquad (3-19)$$

综合考察式（3 – 2）和式（3 – 19），化简可得不完全竞争条件下的城乡收入差距：

$$Range = \frac{\omega_c}{\omega_n} = \frac{1}{\theta_1} \frac{L_l}{L_l + L_h} \qquad (3-20)$$

由此可以得出，不完全竞争条件下城乡收入差距主要受到产业技术结构（生产要素的密集度）及城镇非熟练劳动力和熟练劳动力份额的影响。此时，不完全竞争条件中城乡收入差距的函数表达式可以精简为不含"乡村收入"的函数表达式。从经济逻辑看，本书试图从城乡联动的角度进行考察，若是分别考察两个部门的收入水平，那么由此构建的城乡收入差距仅由大量并无内在联系的变量组成，两个部门是绝对分离的，导致城镇（或乡村）对于乡村（或城镇）而言，所有的变量都是外生的，并不符合城乡一体化的现实背景。式（3－20）中，城镇和乡村的收入通过 $\omega_l = \omega_n$ 连接，所以两个部门的收入水平能够建立统一的识别机制，这样就抽象掉乡村的因素；同时，城乡收入差距是城镇和乡村平均收入水平的比值，自然就抽象掉了收入的因素。

3.1.3　城乡收入差距分解

根据不完全竞争条件下的城乡收入差距和完全竞争条件下的要素生产力效应，可以分离出制度供给因素对城乡收入差距的作用，即制度扭曲效应：

$$Insti = \frac{(n+g+\delta+\rho)^{\frac{z}{1-\alpha}} A_n^{1-\alpha} T^{\alpha} L_l}{\theta_l \alpha^{\frac{z}{1-\alpha}} (1+g)^t L_n^{\alpha} (L_l + L_h)} \tag{3-21}$$

结合前文所述，在初次分配框架下，城乡收入差距可以创新性地划分为要素生产力效应和制度扭曲效应：

$$R = \underbrace{\frac{\alpha^{\frac{z}{1-\alpha}} (1+g)^t L_n^{\alpha}}{(n+g+\delta+\rho)^{\frac{z}{1-\alpha}} A_n^{1-\alpha} T^{\alpha}}}_{\text{要素生产力效应}（Effic）} \cdot \underbrace{\frac{(n+g+\delta+\rho)^{\frac{z}{1-\alpha}} A_n^{1-\alpha} T^{\alpha} L_l}{\theta_l \alpha^{\frac{z}{1-\alpha}} (1+g)^t L_n^{\alpha} (L_l + L_h)}}_{\text{制度扭曲效应}（Insti）} \tag{3-22}$$

综合考虑初次分配和再分配环节，城乡收入差距可以分解为要素生产力效应（Effic）、制度扭曲效应（Insti）和转移再分配效应（Trans）三个因子，即：

$$R^* = R \cdot Trans = Effic \cdot Insti \cdot Trans \tag{3-23}$$

关于转移再分配效应的衡量未直接采用政府对城镇、农村转移支付绝对额的比值，更为科学的计算方法如下：分为不考虑政府转移支付和考虑政府转移支付两种情景，这两种情景下的城乡居民人均收入比值构成转移再分配效应，即：

$$Trans = R^* \Big/ \left(\frac{Y_c - Y_c(Trans)}{Y_n - Y_n(Trans)} \right) = \left(\frac{Y_c}{Y_n} \right) \Big/ \left(\frac{Y_c - Y_c(Trans)}{Y_n - Y_n(Trans)} \right) \tag{3-24}$$

其中，Y_c、Y_n 分别为城镇居民人均可支配收入和农村居民人均纯收入；Y_c（$Trans$）、Y_n（$Trans$）分别代表城镇、农村居民人均转移收入绝对额。

3.2　对 TFP 的估计和演变机制分解

3.2.1　关于 TFP 的测度

城乡收入差距理论分解的要素生产力效应及制度扭曲效应涉及技术水平 A_t 及其动态变化 $\dot{A}_t / A_t = g$，而 A_t 的内涵就是 TFP，g 衡量了 TFP 的变化率。在供给侧改革背景下进行城乡收入差距分解，与供给侧结构性改革"强化制度供给创新，统筹优化劳动力、土地、资本等资源要素配置"的内在要求高度一致，与供给侧结构性改革提高 TFP 的本质不谋而合。从大的趋势看，城乡收入差距缩小的过程同步于 TFP 提高的过程。因此，TFP 成为测度要素生产力效应和制度扭曲效应的核心变量[①]。

在计算 TFP 的过程中，参照了高宇明和齐中英（2008）的处理方式，采用不变价格的 GDP 指代产出指标，基础数据来源于国家统计局网站。无论是 C－D 生产函数法还是曼奎斯特指数所测算的 TFP 数值，均需要测算各地区 K 和 L 的数值。其中，资本存量的基期数值来源于张军和章元（2003）的研究成果，资本折旧率设定为 9.6%（张军等，2004），固定资产投资来源于国家统计局网站，进而依据永续盘存法计算各地区历年的资本存量，计算公式为：

$$K_t = (1 - \sigma_t) K_{t-1} + I_t$$

其中，K_t 为第 t 年的资本总量。劳动力投入指标为各地区的就业人数，指标数值来源于国家统计局网站。非熟练劳动力密集度的代理变量为历年各地区 6 岁及以上人口数减去 6 岁及以上人口中大专以上教育程度人口数，从而获得非大专以上教育程度人口数，然后除以 6 岁及以上人口

---

① 关于 TFP 的估计方法：将 C－D 生产函数计算 TFP 数值的客观性和数据包络分析获得省级 TFP 的相对排名相融合，给出 TFP 的组合式计算方法，即以 C－D 生产函数法测算的 TFP 为基础，曼奎斯特指数测算结果作为权重调整系数，构建加权的 TFP 指标。

数,可获得非熟练劳动力密集度的代理数值①。城镇和农村居民的人均可支配收入、人均纯收入、转移性收入、年末常住人口数、农业从业人口数、农业增加值等指标来源于国家统计局网站。对于部分指标缺失的数据,采用前后项的算术平均值进行插值,从而获得完整的平衡面板数据。本章研究的时间跨度为 2000~2012 年。

　　表 3-1 汇报了样本区间内中国省级的 TFP 水平值。在表 3-1 计算结果的基础上,表 3-2 汇报了样本区间内全国层面和分地区层面的 TFP 增长率。从全国层面看,2000~2012 年中国 TFP 水平呈波动下降趋势,TFP 由 2000 年的 3.93 下降到 2012 年的 0.70,增长动能不断弱化。改革开放以来,我国经济保持高速增长,堪称“经济增长的奇迹”。即使近年来经济增速放缓,但 1979~2015 年平均增速仍高达 9.6%,2007 年增长率为 14.2%,是仅次于 1984 年、1992 年的第三高点②。分地区看,TFP 增长率总体上呈现东部地区高、中部地区次之、西部地区低的态势。相对而言,东部地区的创新能力最为明显,是支撑经济持续发展的有效动力。改革开放 40 多年来,我国经济保持高速增长。然而,高增长的背后是要素的密集投入、污染物的大量排放、能源资源的不断消耗,是低水平、低效率、不可持续的粗放型增长,这与 TFP 波动下降的趋势是内在一致的,同时证实粗放型增长方式已难以为继,也不足以支撑起世界第二大经济体长期保持稳定增长。随着我国经济发展进入“三期叠加”的新常态,增长的动力源由投资要素驱动向创新驱动转换,增长红利由资源环境红利、人口红利向改革红利、开放红利和人才红利转变,这也是经济发展方式转变、TFP 蓄势酝酿的重要阶段。

---

① 本章所选择的非熟练劳动力密集度指标属于宽口径下的统计结果,不考虑 6~15 岁人口、老年人等不纳入劳动力范畴的影响,非熟练劳动力密集度指标构成的分母均采用 6 岁及以上人数,这种处理并不会对结果产生质性影响。非熟练劳动力密集度指标的原始数据来源均是 1% 人口抽样调查,选择 6 岁及以上的人口数,以及受教育程度人数指标,具有更强的逻辑一致性。并且,笔者考察了 6 岁及以上、15 岁及以上两种不同年龄划分标准下非熟练劳动力密集度,发现两个指标之间的相关系数达到 0.9989,指标差异性很小,选择不同参照系并不会产生显著差别。

② 数据来源:2007 年数据来源于国家统计局网站,1979~2015 年(除 2007 年)数据根据国家统计局网站数据计算所得。

表 3 - 1　2000 ~ 2012 年中国省级 TFP 水平

省（区、市）	2000年	2001年	2002年	2003年	2004年	2005年	2006年	2007年	2008年	2009年	2010年	2011年	2012年	均值
北京	6.1	5.3	3.3	1.5	4.8	3.7	5.3	7.0	7.1	6.1	5.0	4.0	2.4	4.74
天津	7.0	6.7	6.5	5.9	6.3	4.5	3.6	3.3	2.1	-1.5	-0.4	5.8	12.0	4.75
河北	3.4	3.7	5.2	5.3	4.3	2.4	2.0	1.4	-2.2	-1.5	1.7	0.3	0.3	2.02
山西	4.7	4.9	6.0	5.4	3.6	0.4	-0.7	1.9	-3.1	-9.2	-1.5	-0.6	-0.1	0.90
内蒙古	7.3	6.2	3.1	-1.6	-2.5	-3.3	-4.2	-2.7	-1.3	-4.1	-2.9	-1.2	-2.8	-0.77
辽宁	6.1	5.7	6.2	4.5	2.3	0.5	0.2	0.4	-6.6	1.3	1.9	0.8	-0.3	1.77
吉林	3.1	3.4	2.4	1.8	2.0	-1.1	-5.8	-6.7	-6.1	-4.6	-2.7	1.6	1.7	-0.85
黑龙江	4.9	5.1	5.6	5.9	6.6	5.4	3.9	2.0	1.6	-3.0	1.4	1.5	-0.6	3.10
上海	10.1	13.2	8.8	10.6	6.3	11.0	9.7	12.8	8.4	6.9	9.6	8.9	8.7	9.62
江苏	4.4	3.9	4.9	2.9	3.1	1.4	2.9	4.1	2.5	1.2	1.4	1.0	1.9	2.74
浙江	3.8	2.9	3.0	1.3	1.1	1.1	3.2	4.7	2.5	1.8	4.1	2.6	2.8	2.68
安徽	4.2	4.9	4.8	3.1	3.4	1.4	2.1	2.7	1.3	1.9	2.4	1.5	1.2	2.68
福建	2.6	3.5	4.9	4.6	3.8	1.6	3.0	1.6	0.0	-0.4	2.6	1.4	1.5	2.36
江西	3.8	3.6	1.2	-0.1	-0.6	-0.1	-0.2	1.6	3.1	0.0	2.3	1.5	1.9	1.41
山东	2.2	2.5	2.8	2.9	2.7	0.9	1.3	2.9	2.3	0.0	1.1	1.2	1.3	1.85
河南	3.6	4.2	3.9	3.5	3.9	-1.8	-2.8	-3.8	-5.6	-2.9	-1.4	-1.8		-0.05
湖北	2.1	2.5	3.7	4.4	4.6	4.2	3.2	3.3	1.5	2.2	0.8	-0.2		2.78
湖南	2.4	2.0	1.8	1.8	3.4	1.0	1.0	2.1	-0.5	-1.5	-1.2	-1.2	-1.1	0.77
广东	4.6	4.1	4.8	5.3	5.4	3.3	4.5	5.1	2.9	0.0	2.4	1.5	0.2	3.39
广西	3.4	3.9	5.0	3.7	3.0	1.6	-0.1	0.4	-0.5	-6.7	-7.8	-6.4	-3.2	-0.28
海南	8.1	8.4	8.1	7.8	7.4	6.2	7.7	9.7	0.5	0.2	2.0	-0.7	-5.5	4.61
重庆	1.3	0.7	0.2	-1.7	-0.8	-1.7	0.0	3.5	0.4	4.1	6.0	4.9	4.1	1.62
四川	3.3	3.5	3.8	3.7	4.6	3.1	2.3	2.4	-1.2	2.2	3.2	4.0	2.7	2.89
贵州	0.3	-1.6	-1.1	0.3	3.0	4.3	4.3	6.0	2.9	1.2	1.9	3.6	0.3	1.95
云南	3.4	3.3	4.2	4.4	-4.8	3.8	1.0	-3.6	-1.9	-1.6				1.32
西藏	1.4	0.9	-0.9	-2.7	-1.4	-0.4	0.9	2.6	1.3	1.6	-3.2	3.6	0.4	0.32
陕西	2.7	2.6	3.0	0.9	1.4	0.9	-0.5	2.4	-1.3	-1.3	0.2	-0.2		0.96
甘肃	3.3	1.5	1.2	2.0	2.1	2.7	2.2	2.9	-1.6	0.8	1.7	2.3	2.4	1.82
青海	1.1	1.1	0.5	0.9	3.3	3.3	4.7	5.1	5.5	-1.8	0.6	-1.2	-5.1	1.38
宁夏	2.8	1.3	0.7	-0.9	-0.9	-0.6	1.6	-0.3	-4.9	-3.1	-0.2	-0.6		-0.26
新疆	4.4	3.6	1.8	2.5	3.4	2.1	0.9	3.8	4.9	1.8	1.7	2.9	-1.1	2.52
均值	3.93	3.79	3.55	2.84	3.03	1.80	1.97	2.79	1.04	-0.39	0.79	1.33	0.70	—

数据来源：笔者计算整理。

表 3 - 2　　2000 ~ 2012 年中国东中西部地区及全国 TFP 增长率

单位:%

地区	2000年	2001年	2002年	2003年	2004年	2005年	2006年	2007年	2008年	2009年	2010年	2011年	2012年	均值
东部	5.31	5.45	5.32	4.78	4.32	3.33	3.95	4.82	1.77	1.28	2.85	2.44	2.30	3.68
中部	3.60	3.83	3.68	3.23	3.36	1.44	0.21	0.58	-0.53	-2.53	0.00	0.46	0.13	1.34
西部	2.89	2.25	1.83	0.79	1.63	0.64	1.34	2.40	1.40	-0.51	-0.57	0.88	-0.39	1.12
全国	3.93	3.79	3.55	2.84	3.03	1.80	1.97	2.79	1.04	-0.39	0.79	1.33	0.70	2.05

数据来源:笔者计算整理。

3.2.2　演变分解结果

依据理论分解框架和 TFP 计算结果[①],结合城乡收入差距分解的式 (3 - 10)、式 (3 - 22) 和式 (3 - 24),可获得要素生产力效应、制度扭曲效应和转移再分配效应的大小及它们对城乡收入差距的贡献度。

1. 总体演变特征

表 3 - 3 给出了 2000 ~ 2012 年中国各省 (区、市) 城乡收入差距具体数值,图 3 - 2 分别描绘了东中西部地区及各省 (区、市) 城乡收入差距的演变轨迹。结果显示,中国城乡收入差距演变呈现显著的倒 U 形特征,这与万广华 (2013) 采用全国层面数据的研究结论是一致的。分区域看,经济发展程度高的地区城乡收入差距平均水平反而相对较低,东部地区城乡收入差距最小,中部地区次之,西部地区最大。东部地区上海、天津、北京、江苏是城乡收入差距最小的四个省 (市),收入差距分别为 2.22、2.26、2.29、2.29,中部地区的湖北、河南、湖南、安徽等地城乡收入差距处于中间位置,西部地区的甘肃、贵州、云南、西藏城乡收入差距最大,分别达到 3.94、4.12、4.35、4.48。从这一角度看,"公平"与"效率"并不矛盾,效率较高的地区实现公平的可能性更大。

---

① 城乡收入差距分解中,还涉及农村部门的全要素生产率 A_n 的测算,由于篇幅关系,感兴趣的读者可联系笔者索取。

表 3 - 3　2000 ~ 2012 年中国各省（区、市）城乡收入差距

省（区、市）	2000年	2001年	2002年	2003年	2004年	2005年	2006年	2007年	2008年	2009年	2010年	2011年	2012年
北京	1.93	2.13	2.31	2.48	2.53	2.40	2.41	2.33	2.32	2.29	2.19	2.23	2.21
天津	1.99	2.10	2.18	2.26	2.28	2.27	2.29	2.33	2.46	2.46	2.41	2.18	2.11
河北	2.37	2.43	2.49	2.54	2.51	2.62	2.71	2.72	2.80	2.86	2.73	2.57	2.54
山西	2.54	2.73	2.90	3.05	3.05	3.08	3.15	3.15	3.20	3.30	3.30	3.24	3.21
内蒙古	2.40	2.67	2.90	3.09	3.12	3.06	3.10	3.13	3.10	3.21	3.20	3.07	3.04
辽宁	2.14	2.26	2.37	2.47	2.42	2.47	2.54	2.58	2.58	2.65	2.56	2.47	2.47
吉林	2.59	2.66	2.72	2.77	2.61	2.66	2.68	2.69	2.60	2.66	2.47	2.37	2.35
黑龙江	2.25	2.40	2.54	2.66	2.49	2.57	2.58	2.48	2.39	2.41	2.23	2.07	2.06
上海	1.87	2.01	2.13	2.23	2.36	2.26	2.26	2.33	2.33	2.31	2.28	2.26	2.26
江苏	1.74	1.91	2.05	2.18	2.20	2.33	2.42	2.50	2.54	2.57	2.52	2.44	2.43
浙江	2.17	2.28	2.37	2.45	2.45	2.45	2.49	2.49	2.45	2.46	2.42	2.37	2.37
安徽	2.16	2.51	2.85	3.19	3.01	3.21	3.29	3.23	3.09	3.13	2.99	2.99	2.94
福建	2.40	2.51	2.60	2.68	2.73	2.77	2.84	2.84	2.90	2.93	2.93	2.84	2.81
江西	2.60	2.68	2.75	2.81	2.81	2.75	2.76	2.73	2.74	2.76	2.67	2.54	2.54
山东	2.38	2.49	2.58	2.67	2.69	2.73	2.79	2.86	2.89	2.91	2.85	2.73	2.73
河南	2.24	2.53	2.82	3.10	3.02	3.02	3.01	2.98	2.97	2.99	2.88	2.76	2.72
湖北	2.60	2.69	2.78	2.85	2.78	2.83	2.87	2.87	2.82	2.85	2.75	2.66	2.65
湖南	2.60	2.76	2.90	3.03	3.04	3.05	3.10	3.15	3.06	3.07	2.95	2.87	2.87
广东	2.39	2.62	2.85	3.05	3.12	3.15	3.15	3.15	3.08	3.03	3.03	2.87	2.87
广西	3.45	3.55	3.63	3.72	3.77	3.72	3.57	3.78	3.83	3.88	3.76	3.60	3.54
海南	2.84	2.83	2.82	2.80	2.75	2.70	2.89	2.90	2.87	2.90	2.95	2.85	2.82
重庆	2.97	3.22	3.45	3.65	3.67	3.65	4.03	3.59	3.48	3.52	3.32	3.12	3.11
四川	3.09	3.11	3.14	3.16	3.06	2.99	3.11	3.13	3.07	3.10	3.04	2.92	2.90
贵州	3.50	3.76	3.99	4.20	4.25	4.34	4.59	4.50	4.20	4.28	4.07	3.98	3.93
云南	4.49	4.50	4.50	4.50	4.76	4.54	4.47	4.36	4.27	4.28	4.06	3.93	3.89
西藏	6.67	5.99	5.52	5.18	4.89	4.54	3.67	3.99	3.93	3.84	3.62	3.30	3.15
陕西	3.74	3.86	3.97	4.06	4.01	4.03	4.10	4.07	4.10	4.11	3.82	3.63	3.60
甘肃	3.61	3.75	3.87	3.98	3.98	4.08	4.18	4.30	4.03	4.00	3.85	3.83	3.81
青海	3.54	3.62	3.70	3.76	3.74	3.75	3.82	3.83	3.80	3.79	3.59	3.39	3.27
宁夏	3.09	3.13	3.16	3.20	3.11	3.23	3.32	3.41	3.51	3.46	3.28	3.25	3.21
新疆	4.61	4.09	3.70	3.41	3.34	3.22	3.24	3.24	3.26	3.16	2.94	2.85	2.80

数据来源：笔者计算整理。

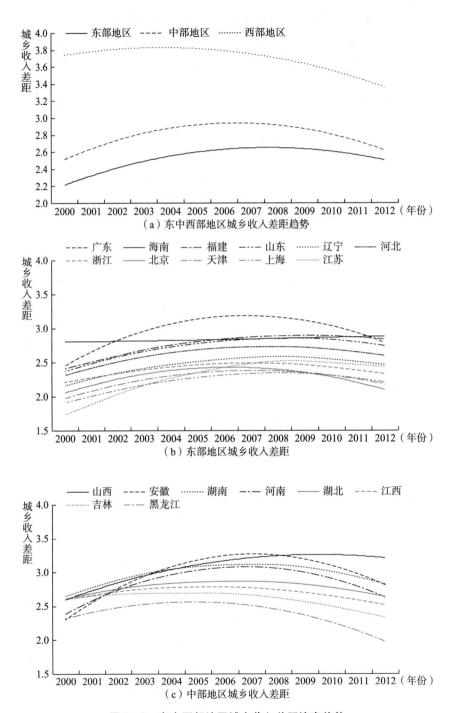

图 3 - 2　东中西部地区城乡收入差距演变趋势

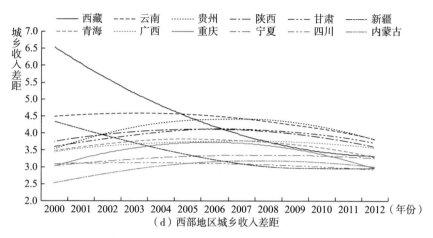

图 3 - 2　东中西部地区城乡收入差距演变趋势（续）

城乡收入差距的倒 U 形演变规律在我国东中西部地区普遍存在，但各地到达曲线波峰的时间存在明显的差异，大部分省（区、市）的波峰集中在 2006 年、2007 年和 2009 年三个年份，但在东中西部之间没有形成明显的规律，如东部地区的北京城乡收入差距由 2000 年的 1.93 逐步上升到 2004 年的 2.53，随后缓慢下降到 2012 年的 2.21，中部地区的湖北城乡收入差距由 2000 年的 2.60 上升到 2006 年的 2.87，2012 年下降为 2.65，西部地区的宁夏城乡收入差距由 2000 年的 3.09 波动上升到 2008 年的 3.51，随后逐步下降到 2012 年的 3.21。如果按照库兹涅茨倒 U 形假说（Kuznets，1955）判断，我国所有地区均已跨越倒 U 形曲线的拐点，处于曲线的下降阶段，此时进一步释放协调发展红利，促进城乡要素平等交换和公共资源合理配置，实现更有效率、更为公平、更可持续的经济发展，是政策努力的方向。

2. 城乡收入差距分解的数值测算

表 3 - 4 汇报了要素生产力、制度扭曲及转移再分配效应对总体城乡收入差距的贡献度，图 3 - 3 描绘了各种效应的演变轨迹。从中可以发现，制度扭曲效应对城乡收入差距的贡献最大，是影响城乡收入差距的主要因素。

表 3 - 4　城乡收入差距贡献度分解

单位:%

效应	2000年	2001年	2002年	2003年	2004年	2005年	2006年	2007年	2008年	2009年	2010年	2011年	2012年
要素生产力效应	38.9	36.5	32.7	28.6	25.4	31.5	31.7	17.8	22.9	32.2	17.3	10.5	15.6
制度扭曲效应	32.3	38.2	44.6	50.6	54.6	48.9	49.7	64.8	60.3	50.9	64.4	71.6	67.8
转移再分配效应	28.7	25.2	22.7	20.8	20.0	19.6	18.6	17.5	16.8	16.9	18.3	17.9	16.7

数据来源:笔者计算整理。

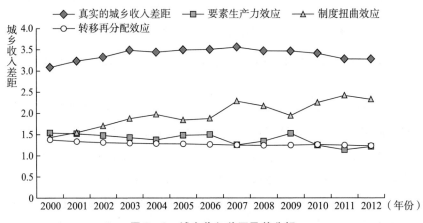

图 3 - 3　城乡收入差距及其分解

　　注:根据 2000~2012 年城乡收入差距的分解,获得具体各个省(区、市)的数值,基于省级的对应指标的算术平均值,获得城乡收入差距分解项的全国平均值;分解的三项乘积构成了城乡收入差距的代表值。

　　制度扭曲效应对城乡收入差距的贡献度从 2000 年的 32.3% 增长到 2004 年的 54.6%,随后进入短暂的平稳通道,2007 年开始受制度供给的影响快速提升,到 2012 年制度扭曲效应对收入差距贡献度达到 67.8%,即制度供给因素能够解释 2/3 以上的城乡收入差距,这也印证了本章最初的推断。以户籍管理制度为基础形成的一系列分割城乡、偏向城镇的制度安排,如重工业优先发展战略、工农业产品价格剪刀差、财政金融资源配置、教育医疗等公共物品供给,导致城乡要素配置严重扭曲,锁定了城乡收入差距持续扩大并难以缩小的制度路径。近年来,国家在政策导向、制度安排上更加趋向均衡,出台了深化收入分配制度改革、户籍制度改革等具体意见，针对农村发展薄弱环节制定了加快转变农业发展方式、促进农村三产融合发展、支持农业转移人口市民化等若干政策举措，着力补齐农村发展的制度短板。随着政策和改革红利的逐渐显现，城乡收入差距呈现逐渐缩小的迹象，全国层面开始下降，由 2010 年的 2.9939 降至 2015 年的 2.7312（见表 2-1）。

要素生产力效应对城乡收入差距的影响在减弱。2000 年，由城乡要素生产力差异产生的城乡收入差距，其贡献度达到 38.9%，属于最重要的影响因子；到 2012 年，要素生产力效应的贡献度下降到 15.6%。这也印证了中国经济发展的内部结构和外部条件越来越完善，生产要素能够更加自由地在城镇、农村间流动，并得以配置到更有效率的领域。

转移再分配效应对城乡收入差距的贡献处于缓慢下降的通道中。2000 年这一效应对城乡收入差距的贡献度为 28.7%，2012 年下降为 16.7%。然而，不可否认的事实是，转移再分配效应的贡献度依然超过要素生产力效应，成为影响城乡收入差距的第二大因素，其中的政策含义是城乡均衡发展将会带来更多的社会福利和百姓福祉，有利于缩小城乡收入差距。

3. 地区层面分解

表 3-5 汇报了 2000 年、2006 年和 2012 年地区层面城乡收入差距的分解结果。从中可以发现，随着经济发展的阶段转换，制度扭曲效应逐渐取代要素生产力效应，成为城乡收入差距的最大贡献者。这也充分表明城乡物质资本、人力资本等要素差别虽然是城乡收入差距的直接影响因素，但更深层次上取决于城乡有效制度供给，并且制度扭曲效应的影响更长久、更持续。

表 3-5　地区层面城乡收入差距贡献度分解

单位:%

省（区、市）	2000 年			2006 年			2012 年		
	要素生产力效应	制度扭曲效应	转移再分配效应	要素生产力效应	制度扭曲效应	转移再分配效应	要素生产力效应	制度扭曲效应	转移再分配效应
北京	48.1	-0.4	52.4	46.4	24.7	29.1	44.1	32.8	23.6
天津	51.4	8.4	40.1	70.7	-23.9	53.1	18.5	38.9	42.6

续表

省（区市）	2000 年			2006 年			2012 年		
	要素生产力效应	制度扭曲效应	转移再分配效应	要素生产力效应	制度扭曲效应	转移再分配效应	要素生产力效应	制度扭曲效应	转移再分配效应
河北	50.2	0.6	49.2	46.7	23.5	29.8	13.7	56.5	29.8
山西	40.2	24.2	35.6	53.4	26.0	20.6	4.9	76.7	18.5
内蒙古	39.1	39.4	21.5	50.6	36.6	12.8	-10.1	104.5	5.6
辽宁	46.9	19.6	33.5	52.4	5.2	42.3	11.8	51.4	36.8
吉林	53.9	11.5	34.6	74.3	0.5	25.2	-35.3	108.4	26.9
黑龙江	54.2	-6.7	52.5	49.0	23.6	27.4	29.6	29.4	41.0
上海	45.6	-81.9	136.6	70.2	7.6	22.1	125.5	-32.8	6.8
江苏	71.8	-62.5	90.8	37.1	27.8	35.2	12.3	61.3	26.4
浙江	45.8	-1.8	56.0	29.8	49.6	20.6	15.8	55.4	28.8
安徽	54.9	16.6	28.5	38.3	42.3	19.4	14.9	61.1	24.0
福建	47.5	27.9	24.5	30.8	49.3	19.9	11.6	72.2	16.2
江西	45.0	25.1	29.9	30.9	44.6	24.4	-1.7	74.3	27.4
山东	51.3	31.8	16.9	32.1	54.0	13.9	7.4	78.2	14.5
河南	53.9	4.9	41.2	55.6	19.3	25.1	1.0	74.4	24.5
湖北	52.4	17.9	29.7	34.1	42.7	23.2	28.9	42.2	29.0
湖南	46.8	24.6	28.6	32.6	47.2	20.2	5.4	72.8	21.8
广东	47.7	40.5	11.8	31.9	56.0	12.1	33.8	53.4	12.7
广西	37.5	52.0	10.5	30.7	52.3	17.0	5.7	77.1	17.2
海南	34.8	56.0	9.2	49.0	31.1	19.9	86.7	-5.3	18.6
重庆	47.7	8.0	44.3	17.2	69.6	13.2	2.0	78.3	19.7
四川	39.3	29.6	31.1	34.9	41.5	23.6	19.7	61.6	18.7
贵州	45.0	20.8	34.2	12.6	75.9	11.5	1.9	80.6	17.5
云南	34.8	47.6	17.6	14.1	65.5	20.4	11.2	74.0	14.8
西藏	23.3	82.2	-5.6	13.0	83.8	3.2	-6.1	109.7	-3.7
陕西	33.7	39.6	26.8	25.7	56.6	17.7	2.1	79.4	18.5
甘肃	34.0	52.5	13.5	16.3	69.6	14.0	1.4	83.9	14.7
青海	41.5	24.9	33.7	15.4	63.7	20.9	38.9	45.5	15.6
宁夏	32.6	46.4	21.0	17.7	63.0	19.3	-11.4	92.2	19.2
新疆	31.1	46.0	22.9	30.5	56.5	13.1	20.6	71.0	8.3

数据来源：笔者计算整理。

　　具体而言，要素生产力效应存在明显的区域异质性，不同地区要素生产力对城乡收入差距的贡献度存在显著差别。总的来看，要素生产力差异对城乡收入差距的影响处于下降的通道中，但下降过程中波动较为明显，反映地区间生产效率差异所带来的城乡收入差距，由较为均衡的稳定状态变换为不稳定的波动状态。从具体地区看，2012 年要素生产力效应贡献最大的地区是上海，数值达到 125.5%。山西、山东、河南、湖南、广西、重庆、贵州、陕西和甘肃的城乡资源要素配置相对合理，生产效率差别并不显著。

　　2000～2012 年，制度扭曲效应呈波动上升趋势，在不同地区间表现趋同。经济发展水平较高的地区，其制度扭曲效应对城乡收入差距贡献较小，而经济发展相对落后地区，其制度扭曲效应贡献较大，但整体均表现出不同程度的增长态势。较为发达的北京、上海、天津，其制度扭曲效应的贡献分别由 2000 年的 -0.4%、-81.9%、8.4% 演变为 2012 年的 32.8%、-32.8%、38.9%，西部地区的宁夏、甘肃的指标数值则由 2000 年的 46.4%、52.5% 分别上升到 2012 年的 92.2%、83.9%，制度扭曲效应的决定性地位越发明显。带有明显城镇偏向的发展战略和政策安排引致了资源要素的不平等分配，固化了城乡收入差距的演变路径。从表 3-5 中可以发现一个有趣的现象：上海、北京、天津的制度扭曲效应数值较好，接近于 1①，甚至低于 1，相应地对城乡收入差距贡献度较低，甚至为负，2012 年上海的制度扭曲效应为 0.74、贡献度为 -32.8%。这是因为：一方面，在城乡收入差距分解中，并没有考虑到"摩擦"的作用，进而导致要素生产力效应数值偏大，客观上降低了制度扭曲效应的影响；另一方面，这种结果说明了制度供给差异所带来的城乡收入差距不仅没有扩大，反而出现了下降势头，即"城镇反哺农村"的效果更为显著，这与总体上判断城乡收入差距倒 U 形演变的轨迹

---

① 在此补充对制度扭曲效应小于 1（其贡献度为负）的解释。在书后的实际测算中可以看到，存在部分地区的制度扭曲效应小于 1 的情形。产生这种情况的原因有两个。第一，制度扭曲倾向缩小城乡收入差距。在"以工促农、以城带乡"机制设计下，城镇资本、技术等要素向农村地区配置，不断提高农民的转移支付水平，从而缩小城乡收入差距，表现为制度扭曲效应数值小于 1。第二，理论测算和实际运算中可能存在的摩擦因素，导致要素生产力效应对城乡收入差距的贡献提升，而制度扭曲效应的贡献降低，从而出现制度扭曲效应数值偏低甚至低于 1 的情形。

不谋而合。从"农业补贴工业、农村支持城镇"到"工业支持农业、城镇反哺农村",再到最后形成"工农互促、城乡互补、全面融合、共同繁荣"的新型工农城乡发展格局,在完全竞争的市场条件中并不存在制度扭曲所引致的城乡收入差距,但是也不存在以"反哺"为策略从而有利于缩小城乡收入差距的路径机制。所以,新时代的制度扭曲并不只会带来城乡收入差距的扩大,也可能促进城乡收入差距的缩小。这就是我国新型城镇化,即城乡一体化发展的实现路径,其充分表明部分经济发展水平较高的地区已跨越倒 U 形的拐点,由发展"土地城镇化"向发展"人的城镇化"转变,由注重局部地区增长向注重地区普惠发展转变,更加关注协调、均衡、平等,更加关注公共服务均等、民生不断改善、社会全面进步,最终实现城乡公共资源合理配置和要素自由双向流动,城乡收入差距呈现不断缩小的趋势。

转移再分配效应对城乡收入差距的影响越来越小,如上海转移再分配效应的贡献由 2000 年的 136.6% 逐步下降到 2006 年的 22.1%,并最终下降到 2012 年的 6.8%,意味着对城镇和农村的人均转移支付更加公平。西部地区的转移再分配效应也在不断下降,如新疆转移再分配效应的贡献度由 2000 年的 22.9% 下降到 2006 年的 13.1%,并最终下降到 2012 年的 8.3%,这进一步证实政府对城镇、乡村的转移支付更趋于均衡合理。

3.3　基于户籍制度改革和新型城镇化目标的数值模拟

制度扭曲是多方面的,如教育医疗、财税金融等诸多领域的政策安排均具有明显的城镇偏向。户籍制度作为缩小城乡收入差距、促进城乡一体化发展的关键性制度安排,其影响更为根本、更为长远,户籍人口城镇化率和常住人口城镇化率缺口即制度扭曲的具体表现。蔡继明(1998)、姚先国和赖普清(2004)、万海远和李实(2013)及 Sicular 等(2007)发现户籍歧视对城乡收入差距具有较强的解释力,这也是导致制度扭曲的重要因素。因此,选择户籍制度作为典型制度来模拟分析制度扭曲效应和城乡收入差距演变趋势,具有较强的代表性。

2014 年以来,国家相继出台《推动 1 亿非户籍人口在城市落户方案》《国务院关于进一步推进户籍制度改革的意见》,各省(区、市)出台户籍制度改革方案，明确了加快推进"以人为核心"的新型城镇化的任务目标，也为本章深化城乡收入差距分解提供了典型范例。新型城镇化目标的实现，需要提供教育、健康等一系列服务，同时使低技能劳动力顺利转换为高技能劳动力、健康人力资本（王弟海，2012），其实质是熟练劳动力增加和非熟练劳动力数量不断减少的过程。

梳理各省（区、市）的《城镇体系规划》、《新型城镇化规划》及户籍制度改革方案可知，河北、江苏、安徽、福建、江西、山东、海南、贵州、云南、甘肃、青海、宁夏、新疆13个省（区）明确提出了2020年和2030年户籍人口城镇化的具体目标。结合理论模型，我们继续探究2020年和2030年户籍人口城镇化目标导向对城乡收入差距的影响，具体分析要素生产力效应、制度扭曲效应和转移再分配效应的演变趋势。非熟练和熟练劳动力数量的相对变化直接作用于制度扭曲效应，并间接改变了要素生产力效应和转移再分配效应。表3-6中2020年和2030年的第一列数据汇报了当技能型人口数量发生改变而其他条件均不改变时采用数值模拟技术预测的城乡收入差距结果。

表3-6　2012年、2020年与2030年部分省（区）城乡收入差距及三种效应贡献度模拟

省区	2012年				2020年				2030年			
	城乡收入差距	要素生产力效应（%）	制度扭曲效应（%）	转移再分配效应（%）	城乡收入差距	要素生产力效应（%）	制度扭曲效应（%）	转移再分配效应（%）	城乡收入差距	要素生产力效应（%）	制度扭曲效应（%）	转移再分配效应（%）
河北	2.54	13.7	56.5	29.8	1.91	20.25	37.04	42.90	1.43	36.63	-13.91	77.62
江苏	2.43	12.3	61.3	26.4	1.84	18.59	44.28	37.90	1.31	41.97	-25.83	85.59
安徽	2.94	14.9	61.1	24.0	2.30	18.85	49.47	30.57	1.65	31.35	15.95	50.85
福建	2.81	11.6	72.2	16.2	2.09	16.58	60.49	22.45	1.74	22.07	47.42	29.88
江西	2.54	-1.7	74.3	27.4	1.93	-3.07	62.89	38.73	1.55	-4.61	44.32	58.10
山东	2.73	7.4	78.2	14.5	2.01	11.02	67.77	21.26	1.43	21.52	37.10	41.50
海南	2.82	86.7	-5.3	18.6	2.33	106.42	-28.63	22.54	1.75	160.85	-94.42	34.06
贵州	3.93	1.9	80.6	17.5	3.09	2.62	76.65	21.19	2.48	3.25	71.00	26.32
云南	3.89	11.2	74.0	14.8	3.27	12.53	70.42	16.78	2.37	17.20	59.39	23.04
甘肃	3.81	1.4	83.9	14.7	3.11	1.75	80.97	17.53	2.36	2.31	74.85	23.16
青海	3.27	38.9	45.5	15.6	2.49	50.83	29.58	19.99	1.99	67.39	6.64	26.50
宁夏	3.21	-11.4	92.2	19.2	2.60	-13.38	90.45	23.35	1.95	-19.14	86.33	33.41
新疆	2.80	20.6	71.0	8.3	2.10	28.99	59.94	11.62	1.65	42.96	40.64	17.21

　　从表 3-6 可以发现，随着户籍人口城镇化进程的不断推进，城乡收入差距将进一步缩小。例如，河北城镇化水平由 2012 年的水平提高至 2020 年 60% 的目标值，会使城乡收入差距由 2.54 下降至 1.91，若是城镇化水平进一步提升至 2030 年的 70%，则使城乡收入差距下降至 1.43 的理想水平。因此，加快推进新型城镇化是解决城乡收入差距、消除二元经济结构的重要手段。

　　具体观察表 3-6 中三种效应贡献度的模拟分析结果，可以得出两条重要结论。一是各地区制度扭曲效应的贡献度均呈现不断下降的趋势。以山东为例，其制度扭曲效应的贡献由 2012 年的 78.2% 下降到 2020 年的 67.77%，并进一步下降到 2030 年的 37.10%，这也印证了制度改革的不断深入和新型城镇化的有序推进有利于逐渐消除城乡间不合理的制度障碍。二是要素生产力效应对城乡收入差距的贡献度愈来愈大，如江苏要素生产力效应贡献度由 2012 年的 12.3% 提升到 2020 年的 18.59%，若是达到 2030 年人口城镇化目标，要素生产力效应贡献度将进一步提升至 41.97%，处于城乡不同部门中的要素均能够得到更为有效的利用，要素生产力不断提升。这也充分说明随着全面深化改革的进一步落实，制度供给更加充分、更加合理，市场在资源配置中的决定性作用更加突出，此时存在的城乡收入差距更大程度上取决于要素的生产力差异，取决于创新、知识等高端要素的收入回报差异。

第4章 开放条件下的地方政府竞争
与中国城乡收入差距

改革开放以来，凭借着劳动力、土地等要素的低成本优势和资源禀赋比较优势，我国经济发展实现了质的飞跃，工业化和城镇化进程快速推进，经济总量跃居世界第二，1979 ~ 2016 年 GDP 平均每年增长高达9.6%，堪称"经济增长的奇迹"。伴随着经济的高速增长，发展所面临的不平衡不充分问题也更为突出，如城乡发展和收入分配差距在高速增长并不断增大的经济体量中，似乎并没有得到实质性缓解。这与过去"以 GDP 增长率论英雄"的政绩考核评价机制和地方干部为此展开的晋升锦标赛有着密不可分的关系，内生于这种政治激励结构的相对绩效评估使得经济增长和社会和谐很难同步实现（王永钦等，2007）。长期以来，政治上中央集权、经济上向地方分权的政府治理结构，为地方干部提供了足够的晋升激励，使他们更多地担当"援助之手"的角色（Jin et al.，2005），这也是我国实现"经济增长的奇迹"的重要原因（Li and Zhou，2005；周黎安，2007）。关于我国经济增长奇迹，有许多经典的理论阐释。单从地方政府行为激励视角，形成了两种比较有影响力的理论假说：一种是"中国特色的联邦主义"（Oi，1992；Montinola et al.，1995；Qian and Weingast，1997；Qian and Roland，1998；Jin et al.，2005），该假说认为，通过向地方政府的行政与财政分权，以及中央和地方政府间的财政收入分成，能够有效激励地方政府推动经济增长；另一种是"政治晋升锦标赛"（Zhou，2002；Li and Zhou，2005；周黎安，2004，2007），该假说认为，在以 GDP 增长为基础的考核激励下，处于政治晋升博弈下的地方干部有充分的激励发展本地经济，而这种激励可能更为重要，也就是"为增长而竞争"（张军，2005）。

在我们讨论"做对增长激励"的同时，也不能忽视由此带来的一系列负面影响，如地方保护主义和重复建设问题（周黎安，2004）、城乡地区差距持续扩大和地区间市场分割等问题（王永钦等，2007），地方政府公共支出结构"重基本建设、轻人力资本投资和公共服务"的扭曲（傅勇和张晏，2007）和财政支出结构扭曲等问题（傅勇，2008；傅勇和张晏，2007）。值得强调的是，长期实施的以经济总量和发展速度为主要标准的政绩考核评价机制，使得地方干部面临"自上而下的标尺竞争"（张晏，2005），具有优先发展城市、更多考虑城市利益和实施城市倾向经济政策的激励，造成城乡收入差距的持续扩大（王永钦等，2007）。

从根源上讲，具有明显城镇偏向的制度安排，改变了传统的城乡利益关系，并导致城乡收入差距演变形成了稳定的路径依赖。突出表现在以下几个方面。

一是土地城镇化快于人口城镇化。1978 年改革开放初期，我国城镇人口为 1.72 亿人，城镇化率仅为 17.9%，到 2015 年底我国城镇人口已达到 7.71 亿人，城镇化率为 56.1%。然而，我国的城乡收入差距并没有因为劳动力流动性的增强而缩小，反而出现了劳动力流动性增强与城乡收入差距扩大并存的悖论（蔡昉，2005；李子叶等，2016）。地方政府以经济增长和财政收入增加为导向的竞争机制，导致地方政府在推进城市化进程中更加偏向空间城市化，而忽视了人口的城市化（谢冬水，2016），土地出让收支属于地方基金预算管理，地方政府垄断下的土地供给成为"经营城市"、发展经济的重要手段。对于地方政府而言，空间的城市化可以在短期内为地方带来财政收入的快速增长和经济增长绩效的明显改善，相比之下，人口的城市化在短期内效果不明显，甚至会加重城市公共服务负担。在这一过程中，大量农业用地被转化为非农业用地，城市空间得到快速扩张，但城市吸纳农业人口转化为市民的能力相对不足，导致了人口城市化滞后于土地城市化的不平衡发展。城市化的空间外溢效应被削弱，城市化的不平衡发展使得农村居民无法平等享受城市发展带来的土地增值收益，最终导致城乡收入差距扩大。从城市建设用地的扩张速度和城镇化率的增长速度，我们明显可以看到这一点：2007~2015 年，全国城市建成区面积（空间城镇化）增长了 46.9%，而城镇化率（人口城镇化）仅提高了 22.3%；各地建成区面积扩张倍数平均为城镇化率扩张倍数的 2.3 倍（见图 4-1）。

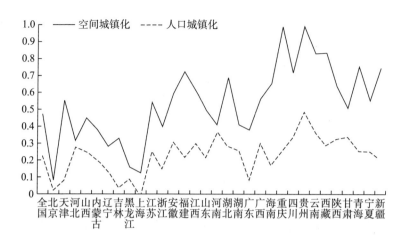

图 4-1　全国及各地空间城镇化和人口城镇化扩张倍数

数据来源：笔者根据相关统计数据计算整理。

　　二是财政支出的城镇偏向。随着市场化改革和中国经济自由化的不断推进，价格体制的改革使价格政策上的城市偏向有所减弱，非价格方面的城市倾向日益突出（雷根强和蔡翔，2012），财政政策在城乡收入差距问题上的影响也更加重要。从我国财政支出构成的变动情况（见图 4-2）可以看出，自改革开放以来，国家财政中支农支出的比重不断下降，1981 年以来绝大多数年份低于 10%，2000 年以来多数年份更是在 8% 以下，非农支出占财政总支出的比重长期保持在 90% 以上。非农产业一般

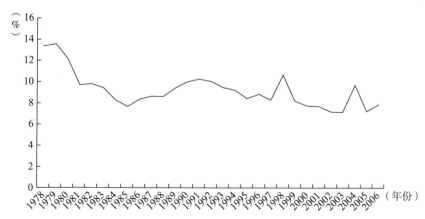

图 4-2　国家财政支农支出比重

数据来源：笔者根据相关年份《中国统计年鉴》数据计算整理。

布局于城镇，全国主要的工业和服务业发展也集中于城镇地区，而广大农村的产业发展还是以农业为主。根据曾国安和胡晶晶（2009）的估算，1978～2005年城镇居民人均财政支出为农村居民人均财政支出的21倍，差距非常明显。在城市为主的财政支出结构下，城市投资项目得到极大的满足，带动了城市就业和收入的提高，城乡收入差距不可避免地进一步扩大。同样，从固定资产投资的投向来看，政府作为固定资产投资的重要主体，全社会固定资产投资中城镇固定资产投资不仅占了绝大比重，而且占比总体呈现上升趋势。1992年之前，城镇固定资产投资占比保持相对平缓的状态，在70%～75%波动；此后开始快速提高，尤其是"十二五"以来，这一比例始终保持在95%以上（见图4-3），政府固定资产投资表现出非常明显的城市化倾向。

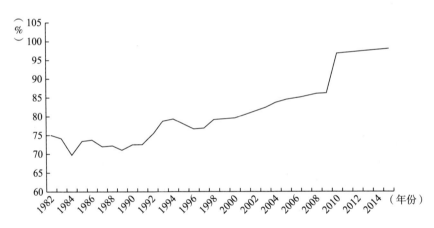

图4-3　城镇固定资产投资占全社会固定资产投资比重

数据来源：笔者根据相关年份《中国统计年鉴》数据计算整理。

三是教育发展的不均衡。关于教育对城乡收入差距的影响，陈斌开等（2010）基于2002年中国居民收入调查数据，讨论了政府教育投入对城乡收入差距的影响，发现教育水平差异是影响城乡收入差距的最主要因素，且城市偏向的经费投入政策是城乡教育水平、城乡收入差距扩大的重要因素。吕炜等（2015）进一步指出，教育不平等与收入差距存在一种自我强化的机制，城乡教育不平等会加剧城乡收入差距，城乡收入差距也会促使城乡教育不平等程度进一步提高，城市偏向的教育投入政策会导致城乡教育不平等和城乡收入差距拉大的"恶性循环"。在此采用《中国人口和就业统计年鉴 2015》中 6 岁及以上居民受教育情况，计算全国及各地城市与农村人均受教育年限之比，衡量城乡间的教育不平等程度。2014 年，全国城市 6 岁及以上人均受教育年限为 10.81 年，农村 6 岁及以上人均受教育年限为 7.69 年，前者为后者的 1.41 倍。从区域间的比较（见图 4-4）来看，城乡收入差距与城乡教育不平等存在类似的变化趋势。在城市偏向的教育经费投入政策下，城乡教育部门的质量存在明显的差异，城市居民可以获得更高质量的教育，进而带来人力资本投资回报的增加。相反，农村居民获取良好教育的机会较少，教育质量也无法与城市相比，教育对农村居民收入增长的促进程度弱于城市居民，进而导致城乡收入差距扩大。不仅如此，教育的不平等具有代际传递效应，教育回报更高的居民将能够为子女进行更多的人力资本投资，使得城市居民的人力资本水平进一步高于农村居民，城乡收入差距进一步拉大。教育的不均衡是城乡收入差距的根本因素，降低教育不平等是缩小城乡收入差距的根本路径。

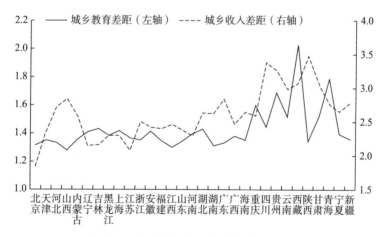

图 4-4　城乡教育差距与城乡收入差距

那么，面对城乡发展不平衡现状和存在的体制机制障碍，如何有效解决城乡协调发展难题呢？显然，创新完善政绩考核评价机制是治本之策。习近平总书记在 2013 年全国组织工作会议上强调，要改进考核方法手段，既看发展又看基础，既看显绩又看潜绩，把民生改善、社会进步、生态效益等指标和实绩作为重要考核内容，再也不能简单以国内生产总值增长率来论英雄了。十八届三中全会明确提出完善发展成果考核评价体系，纠正单纯以经济增长速度评定政绩的偏向，更加重视劳动就业、居民收入、社会保障、人民健康状况，形成合理有序的收入分配格局。中共中央组织部 2013 年底下发了《关于改进地方党政领导班子和领导干部政绩考核工作的通知》，将改革和完善干部考核评价制度落到实处，从政策层面推动经济社会科学发展，从而有利于引导地方政府由原来的"为增长而竞争"转向"为协调而竞争"。

除此之外，是否还有其他因素能够起到促进"为协调而竞争"的作用呢？贸易开放既是经济增长的重要引擎，同时在国内要素流动性不高、市场分割严重的背景下，对外开放所引入的外资又为地方政府竞争提供了舞台（傅勇，2008），为本书研究地方干部的激励与合作提供了新的视角，尤其是在开放型经济蓬勃发展、"一带一路"建设扎实推进的时代背景下，在贸易开放条件下考察地方政府竞争会对城乡收入差距产生何种调节作用的研究并不多见，此时充分考虑贸易开放对地方干部晋升和协调发展的作用，有利于丰富和完善地方干部晋升锦标赛的理论分析框架。在很大程度上，外商直接投资（Foreign Direct Investment，FDI）的增长和中国经济的深度开放是地方"为增长而竞争"的结果（张军，2005）。如果忽视贸易开放因素，一方面会限制地方政府竞争的内容和表现形式而使得研究成色不足，另一方面遗漏了重要的解释变量使得模型产生内生性偏差，影响回归的准确性。基于此，本书除关注地方政府竞争、贸易开放等因素对城乡收入差距的影响外，重点关注开放经济条件下地方政府竞争与贸易开放交互作用对城乡收入差距的影响。也就是说，在开放的全球发展环境中，将贸易开放因素纳入研究框架，地方政府竞争对城乡收入差距的影响会发生怎样的变化，是加剧还是缓解？这也是实现城乡协调发展和全面建成小康社会目标需要研究解决的重大现实问题。进一步考虑到协调发展主要包括城乡协调、区域协调等内容，而城乡收入差距占整体不均等的份额高达 50% 以上，是中国收入分配不平等的主要组成部分（Wan，2007；万广华，2013），所以本书重点关注新的政绩考评机制和贸易开放背景下地方政府竞争对城乡收入差距的影响，这也是本书研究的出发点和立足点。

4.1　文献综述

城乡收入差距是当前经济社会发展阶段的一个热点问题（张启良等，2010），现阶段城镇和农村之间依然存在较显著的发展鸿沟。城乡收入差距根植于城乡分割的二元经济结构。表面上看，城乡收入差距源于物质资本、人力资本及社会资本的城乡差别。事实上，具有明显城镇偏向的制度安排改变了传统的城乡利益关系，导致城乡收入差距演变形成了稳定的路径依赖，城乡制度的非均衡供给是更深层次原因。值得强调的是，长期实施的以经济总量和发展速度为主要依据的政绩考核评价机制，使得地方干部面临"自上而下的标尺竞争"（张晏，2005），引致地方政府行为及相应的制度安排存在稳定的城镇偏向。究其原因，无论是具有明显城镇偏向的制度供给还是资源要素配置，都与地方政府竞争下的干部行为决策紧密相关。中国地方政府的竞争和干预行为才是城乡收入差距扩大的根本原因（喻微锋和吴刘杰，2011）。

4.1.1　有关地方政府竞争方面的研究

1. 地方政府竞争及其表现形式

从已有文献来看，Tiebout（1956）最早发现并从理论上阐述了地方政府竞争现象，认为在人口自由流动的情况下，地方政府会围绕公共物品的供给形成竞争，由此可以提高政府运行效率，改善行政服务。其后引起了学者对地方政府竞争研究的广泛关注。Oates（1972）在其研究中认为，地方政府竞争可能会带来一系列副作用，从而使得公共服务的供给难以达到最优水平，这在一定程度上对 Tiebout（1956）的相关结论提出了质疑。为了解决这一理论争议，许多学者尝试在地方政府竞争问题中引入博弈论和信息经济学的理论模型，侧重讨论某种竞争类型的存在性、程度及影响。Breton（1996）则明确指出，政府本质上是具有竞争性的，会围绕资源和控制权的分配、公共服务的供给等展开竞争。国内学者任勇和肖宇（2005）对我国地方政府竞争的内涵进行了解读，并分析了地方政府竞争的主要特点，包括财政分权、与中央政府进行讨价还价的博弈过程等。邓秀萍和刘峻（2007）认为，中国的地方政府竞争是一把"双刃剑"，既可能促进经济增长和结构优化，也可能导致重复建设、无序竞争。因此，未来的地方政府关系应从竞争走向竞合。黄纯纯和周业安（2011）在其研究中则进一步指出了地方政府竞争理论所面临的一些局限性，包括对地方政府财税自主权的假定、选民和政府的理性人假定等。

在影响地方政府竞争的主要因素方面，Qian 和 Weingast（1996）的研究表明，中央向地方分权是地方政府展开竞争的重要条件。Qian 和 Roland（1998）讨论了财政分权和生产要素自由流动对地方政府竞争的影响，认为上述两个因素将会使地方政府竞争更加突出，并成为阻止政府无效支出的一种承诺工具。Blanchard 和 Shleifer（2001）认为，财政分权及不同的政治制度是导致地方政府行为特别是政府竞争行为差异和经济绩效优劣的重要影响因素。类似的研究还见于王文剑等（2007）、傅强和朱浩（2013）所做的相关工作。在已有文献中，Zhou（2002）、Li 和 Zhou（2005）、周黎安（2004，2007）从地方干部晋升博弈（晋升锦标赛）的视角考察了地方政府的竞争问题，这提供了有关地方政府竞争的影响因素的另一种解释，并且成为近年来学术界所关注的热点领域之一。此外，刘汉屏和刘锡田（2003）分析了公共物品供给数量和供给质量对地方政府竞争能力的影响作用，他们认为，地方公共物品的供给数量和供给质量体现了地方政府在竞争中的优势，同时还对制度创新在地方政府竞争中的作用进行了分析论证。

通过对已有文献的梳理发现，当前有关地方政府竞争的表现形式也是学术界考察的重点内容之一。汪伟全（2004）认为，我国地方政府竞争的表现形式主要包括争夺生产要素、进行市场封锁和市场保护、在公共物品的供给方面展开竞争等。万莹（2005）的研究则认为，我国地方政府竞争的具体形式主要有财政竞争、规制竞争、产业竞争、资本竞争等几个方面。萧鸣政和宫经理（2011）将地方政府竞争的本质概括为资源和能力的竞争，并提出了规范地方政府竞争的一些对策措施。而在具体的实证研究中，多数学者则以地方政府财政支出、财政收入或二者的比值来衡量地方政府竞争，如张璟和沈坤荣（2008）、赵祥（2009）、傅强和马青（2015）所做的相关研究。在微观层面上，地方政府竞争也表现为地方主要干部的晋升竞争，这方面的研究以 Li 和 Zhou（2005）、王贤彬和徐现祥（2010）、陈钊和徐彤（2011）等为代表。

关于竞争类型的划分，从竞争主体而言，分为横向财政竞争和纵向财政竞争；从竞争工具而言，分为税收竞争和支出竞争。但无论是从竞争主体出发还是从竞争工具角度考虑，都存在着标尺竞争。从竞争主体的角度，Epple 和 Zelenitz（1981）首次提出政府横向竞争的观点，认为同级政府之间通过税收、支出等手段展开竞争，吸引更多的要素流入本地，实现利益最大化。Zodrow 和 Mieszkowski（1986）验证了 Epple 和 Zelenitz（1981）的观点，认为同质辖区之间的竞争会围绕资本税展开价格战，结果导致各辖区税收水平太低，最终导致公共物品供给不足。Flowers（1988）对不同层级政府之间的竞争关系进行了研究，认为不同层级政府之间如果共享一个或多个税基，就会产生策略互动和竞争。从竞争工具的角度，当地政府为了吸引居民和企业，会采用相对于其他辖区较低的实际税率。与此同时，其他辖区也会跟进这种行为，避免当地居民和企业的流失，形成地方政府的税收竞争。Ladd（1992）运用美国的税收面板数据对税收竞争行为进行研究，认为邻区税负增加，会导致本地区税负显著增加。Case 等（1993）基于美国各州所得税数据，采用工具变量估计对税收竞争行为进行研究，验证了 Ladd（1992）的结论，表明辖区之间的确存在显著的模仿行为。支出竞争最主要的体现是，当一个辖区政府增加对社会公共服务的投入时，相邻辖区的居民就会跨区享受这种优质的公共服务，同时相邻辖区就会以该辖区作为标尺考核所在辖区的干部，从而迫使相邻辖区政府做出相应的改善。支出竞争会导致两个相反的效应出现：一方面，辖区政府可以"搭便车"，导致本辖区和周边辖区的支出结构和水平不一致；另一方面，标尺竞争的存在迫使辖区之间的支出结构和水平趋同。Case 等（1993）首次对支出竞争的存在性进行了验证，发现一个州的人均支出和相邻州的人均支出显著正相关，美国各个州之间存在支出模仿现象。李永友和沈坤荣（2008）利用 1995年、2005 年的省级数据进行研究，发现经济建设支出在 1995 年没有显著的策略互动，在 2005 年存在显著的策略互补；文教卫生支出和社会保障支出均在 1995 年存在策略互动，而在 2005 年策略互动消失。

无论是税收竞争还是支出竞争，地方政府行为均表现出显著的空间依赖。于是，采用空间计量模型研究地方竞争行为更加符合经济运行规律。Madiès 等（2004）首次采用空间计量方法对政府竞争行为进行研究，从财政竞争的外部性对不同类型的政府竞争进行区分验证，后续学者在 Madiès 等（2004）构建的空间计量模型下，从税收、支出等角度探讨了地方政府竞争的存在性及其影响。邵军（2007）在空间计量框架下利用 2001～2005 年省级数据对地方财政支出进行研究，发现地方财政支出在总量上和基建支出方面存在显著的模仿现象，但教育科技支出的策略互动不显著。

2. 地方政府竞争的影响

已有文献中，有关地方政府竞争对相关经济活动的影响是目前学术界讨论最多的研究内容，涉及公共物品供给、经济发展、环境效应、FDI 等多个方面。正如前文所言，Tiebout（1956）认为地方政府竞争可能会有利于改善公共物品的供给效率。岳书敬和曾召友（2005）、胡颖廉（2008）、周亚虹等（2013）的研究结果在一定程度上支持了 Tiebout（1956）的主要观点。但是，Oates（1972）认为，地方政府竞争也可能带来明显的副作用，使得公共服务达不到最优水平，持这种观点的学者还包括 Epple 和 Zelenitz（1981）、Zodrow 和 Mieszkowski（1986）、闫威和肖笛（2008）、张宏翔等（2014）。由此可见，当前学术界关于地方政府竞争是否有利于改善公共物品供给问题尚未形成比较一致的研究结论。

地方政府竞争对经济发展的影响也是学者们关注的热点问题。柯武刚和史漫飞（2000）认为，制度方面的竞争会有利于促进经济增长。赵会玉（2010）的研究结果也在一定程度上证实了地方政府竞争对经济增长的促进效应。但是，周业安（2003）在其研究中认为，地方政府间的竞争行为并不必然带来经济的良性增长，也可能会造成地方之间的交易成本上升，从而损害经济增长。谢晓波（2006）也持有类似的观点。在市场秩序和经济结构调整方面，周业安等（2004）的研究表明，地方政府竞争对经济增长的影响主要是通过市场秩序的重构来实现的。柳庆刚和姚洋（2012）讨论了地方政府竞争与结构失衡之间的关系，认为地方政府竞争使其更偏好于投资生产性的公共物品，从而加剧中国的经济结构失衡问题。吴振球和王建军（2013）通过实证分析发现，地方政府竞争会对 TFP 产生显著的正向作用，这意味着地方政府竞争有助于推动经济增长方式的转变。

　　地方政府竞争也会带来一定的环境外部性。早期的研究中，Konisky（2007）认为，低收入国家为了在国际竞争中吸引外商投资，会倾向维持较低的环境规制水平。他们的研究对于我们理解地方政府竞争对环境的影响具有一定的借鉴意义。Fredriksson 和 Millimet（2002）、Woods（2006）则直接考察了美国各州之间的产业竞争对环境污染的潜在影响，他们的研究表明，产业竞争可能会导致更加宽松的环境规制，从而使得环境污染水平上升。国内的研究中，杨海生等（2008）、刘建民等（2015）采用面板数据讨论了地方政府竞争与环境政策的关系，发现地方政府竞争行为容易造成环境政策之间的攀比效应，这是造成我国诸多环境问题的主要原因之一。邓玉萍和许和连（2013）的研究认为，地方政府对 FDI 的竞争有助于引进绿色生产技术从而提高地区的环境质量，与此同时，地方政府的引资竞争也可能使中西部地区更加难以跨越环境库兹涅茨曲线的转折点。李胜兰等（2014）的研究证实，自 2003 年以来地方政府竞争使得环境规制对区域生态效率的正向作用有所提升。另外，李正升和李瑞林（2015）对于地方政府竞争与环境治理方面的相关文献给出了一个较为全面的研究综述。

　　在地方政府竞争与 FDI 的研究方面，王文剑等（2007）、张晏（2007）均证实地方政府竞争可能会损害处于优势地位地区的利益，因此需要采取政策措施扭转地方政府竞争对 FDI 的不利影响。赵祥（2009）则分析了地方政府竞争对 FDI 区位分布的影响作用，发现地方政府竞争会导致 FDI 在各地区之间分布不均衡。在最新的研究中，邓慧慧和桑百川（2015）证实，在分权体制下，地方政府为了吸引 FDI 而存在明显的策略性博弈行为，并且地方政府竞争下的经济分权对 FDI 的流入具有很强的解释力。王孝松等（2015）从理论和实证的角度进行分析后发现，地方政府为了吸引 FDI 会进一步降低环境规制水平，因而容易造成"竞争到底"的问题。除了上述文献以外，有关地方政府竞争的研究还包括地方政府竞争的制度基础（刘锡田，2004）、地方政府竞争与土地财政（吴群和李永乐，2010）、地方政府竞争与政企间利益输送（黎文靖等，2012）等。另外，庞明礼（2006）、周业安和宋紫峰（2009）均对地方政府竞争的发展脉络及研究情况等进行了阶段性的梳理。

4.1.2　有关城乡收入差距方面的研究

城乡收入差距是学者们关注较多的一个领域。其中，国外的相关研究主要讨论收入差距这一经济现象，而较少涉及城乡的概念。例如，Persson 和 Tabellini（1994）、Perotti（1996）、Frank（2005）认为，收入差距对经济增长可能存在不利影响。Aghion 等（1999）也证实，收入差距下降有助于促进经济的增长水平。而 Barro（2000）、Forbes（2000）则发现，收入差距对经济增长的影响与经济发展阶段及所考察的时期长短有关。国内学者对城乡收入差距的研究较多，比较有代表性的如王少平和欧阳志刚（2007），他们讨论了我国城乡收入差距的经济增长效应，结果表明，我国城乡收入差距的长期增长效应取决于城乡收入差距水平和经济发展阶段。钞小静和沈坤荣（2014）研究发现，城乡收入差距通过影响劳动力的质量进而影响了我国的经济增长水平，其内在的作用机理是，城乡收入差距过大会导致初始财富水平较低的农村居民无法进行人力资本投资，从而制约了劳动力质量的提升，而劳动力质量的高低又是影响我国经济增长的重要因素。

已有文献中学者们普遍关注的一个问题是，哪些因素对我国的城乡收入差距影响较大。其中，财政支出、金融发展等因素是目前研究较多的方面。关于财政支出对城乡收入差距的具体作用，Wei 和 Wang（1997）、陶然和刘明兴（2007）认为，我国财政体系所具有的城市偏向会对城乡收入差距产生重要影响，并且地方财政行为对城乡收入差距的影响主要取决于地方财政的独立程度。王艺明和蔡翔（2010）、张义博和刘文忻（2012）的研究发现，地方政府财政支出的不同方向对城乡收入差距的影响不同，因此必须优化财政支出结构，降低城乡收入差距水平。陈安平和杜金沛（2010）的研究证实，在财政分权背景下，财政投入总量增加不一定能够缩小城乡收入差距，只有投向农业和科教文卫方面的财政支出才有助于缩小城乡收入差距。马万里（2014）则认为，中国式财政分权是中国城乡教育人力资本差异的体制原因，对城乡收入差距造成了较大冲击。

有关金融发展与收入分配的关系，较早的研究中有代表性的是 Greenwood 和 Jovanovic（1990）的研究，他们的研究证实金融发展与收入分配差距之间表现为倒 U 形的特征。其后的研究中，一部分学者认为金融发展有助于降低收入不平等，如 Dollar 和 Kraay（2002）、Clarke 等（2003）。另一部分学者则持有相反的观点，他们认为金融发展扩大了收入分配的不平等，如章奇等（2004）、叶志强等（2011）。金融发展与城乡收入差距问题的研究目前也相对较多，其中乔海曙和陈力（2009）的研究证实了金融发展与中国城乡收入差距之间存在倒 U 形的关系。王修华和邱兆祥（2011）分析了农村金融发展对中国城乡收入差距的作用机理，发现农村金融规模扩大在一定程度上增加了城乡收入差距，但农村金融效率的提高则有助于降低城乡收入差距。刘玉光等（2013）的研究进一步证实，中国金融发展确实拉大了城乡之间的收入差距。

除了财政支出、金融发展等对城乡收入差距的影响外，还有部分学者考虑了其他一些因素对我国城乡收入差距的影响作用。例如，刘渝琳等（2010）发现，FDI 流入能够抑制城乡收入差距的扩大。魏浩和赵春明（2012）的实证研究表明，对外贸易扩大与城乡收入差距之间存在明显的正向关系。万海远和李实（2013）则考虑了户籍歧视对城乡收入差距的影响，他们发现户籍歧视会降低农户个体的收入水平，从而拉大城乡收入差距。另外，欧阳志刚（2014）从城乡经济一体化的角度研究了城乡收入差距问题，他认为近年来中国的城乡经济一体化进程阻滞了城乡收入差距的持续扩大。

关于贸易开放与收入不平等的关系，孙永强和巫和懋（2012）研究发现，出口结构的优化在推动资本与密集型产品的出口，从而提高对城市熟练劳动力的需求和支付的同时，相应地压缩了对农村非熟练劳动力的支付，扩大了城乡收入差距。张川川（2015）发现出口增长显著降低了城市内的收入不平等。陈旭等（2016）从理论层面描述专业化和多样化生产部门出口状况对城乡收入差距的影响，并结合 1999～2009 年的中国工业企业数据库运用动态面板模型从专业化和多样化视角考察中国出口贸易与城乡收入差距之间的关系，结果显示：中国城乡收入差距与出口专业化水平显著正相关，而出口多样化能有效缩小城乡收入差距。

城乡收入差距对经济社会发展的影响也是目前学术界关心的一个重要问题。除了前述城乡收入差距对经济增长的影响作用以外，田新民等（2009）分析了城乡收入差距变动对中国经济效率的影响，发现自 2000

年以来，中国城乡收入差距的扩大在一定程度上导致了经济效率的下降。章元等（2011）讨论了城乡收入差距与犯罪率之间的关系，他们的实证研究表明，没有明显的证据能够证实一省的城乡收入差距扩大会必然导致犯罪率上升。李尚蒲和罗必良（2012）认为，现阶段偏重大中城市的政策取向既扩大了城乡之间的收入差距，同时也进一步对中国的城市化发展战略产生了诸多不利影响。胡日东等（2014）则研究了中国城乡收入差距对城乡居民消费结构的影响作用，并分析了其内在作用机理。他们发现，城乡居民收入差距扩大会提高城市居民的食品消费支出比例，降低其居住消费支出比例；同时，城乡居民收入差距扩大还会提高农村居民的交通、通信支出比例，并降低农村居民在家用设备等方面的支出比例。

4.1.3　地方政府竞争与城乡收入差距

根据前文的梳理，目前研究地方政府竞争和城乡收入差距的文献均相对较多，但是将二者结合起来，讨论地方政府竞争对城乡收入差距的影响的相关研究则比较有限。中央政治集权和向地方经济分权的运行体制形成了中国特有的政府治理模式。Qian 和 Weingast（1997）、Qian 和 Roland（1998）、Qian 等（1999）提出的 M 形和 U 形组织理论均对分权式改革的好处进行了研究，较好地解释了分权如何促进地方政府的竞争进而促进经济增长。然而，经济分权并不足以构成中国经济发展的全部激励，后续学者开始关注中国特殊的政治激励。周黎安（2004，2007）研究了地方干部的晋升锦标赛模式，认为中国的经济分权伴随着政治集权，晋升激励使得地方干部有非常强的动力促进地方经济快速发展。实际上，地方政府竞争会带来显著的负面影响，突出表现在公共物品供给不足方面。Oates（1972）认为，政府竞争会带来低效率，随着竞争程度的增加，税率会逐步下降，政府收入随之减少，从而导致政府支出和相应的公共服务供给下降。Feld（2005）的研究表明，财政竞争会对资本流动和企业区位选择产生重要影响，但资本未必会流向税收过低的区域，这主要是因为过低的税收会导致公共物品供给不足。

城乡收入差距作为政府资源配置失衡的重要表现，得到了学者的广泛关注。王志涛（2006）的研究表明，地方政府在公共支出方面的竞争一方面会促进经济增长、提高经济发展效率，另一方面会加剧地区经济差距和居民收入差距。褚敏和靳涛（2013）认为，地方政府为增长而竞争不仅有"趋好"的一面，也有"趋恶"的一面，最主要的表现就是加剧了收入差距的扩大。傅强和马青（2015）的研究则证实，地方政府竞争与城乡收入差距之间表现为明显的正相关关系。Tsui 和 Wang（2004）认为，中国自治性不强的财政分权和垂直控制的行政管理体制为区域经济增长提供了动力。但经济分权的代价最终集中体现在城乡、地区和不同人群间的收入差距上，不同收入人群在获取公共资源时面临的机会不均等，对收入差距的持续扩大具有动态效应。王永钦等（2007）从分权式改革的视角全面分析了中国的发展道路，指出政治集权下的经济分权为中国地方政府提供了发展经济的动力，但是内生于这种激励结构的相对绩效评估造成了城乡和地区间收入差距的持续扩大。马光荣和杨恩艳（2010）的观点与上述观点一致，他们研究发现，中国式的财政分权体制和政府间的竞争激励了地方政府实施城市倾向而漠视农村的经济政策，进而加剧了城乡收入差距，而且这种影响存在跨时差异和地区差异。张建武等（2014）利用 1995～2007 年省级面板数据研究发现，地方政府竞争对城乡收入差距具有显著的扩大作用。

尽管部分文献对地方政府竞争和城乡收入差距的相关性进行了讨论，但现有研究也存在一些不足之处。一方面，现有研究多数缺乏理论模型的支持，这使得实证分析过程缺少必要的理论基础，存在较大缺憾。另一方面，对于地方政府竞争的主要形式，现有研究没有进行全面分析。除了一些文献讨论的税收竞争、财政支出竞争外，地方政府竞争还表现为主要干部的晋升竞争、招商引资竞争等。对于这一方面的分析和探讨，现有研究则没有进行较为深入的挖掘。另外，已有文献没有对地方政府竞争影响城乡收入差距的内在作用机理进行必要的分析和研究。因此，本章的研究有助于弥补已有文献的不足之处，丰富并拓展地方政府竞争和城乡收入差距等领域的研究成果。

已有研究回答了地方政府竞争具有扩大城乡收入差距的作用，但未能清楚地回答其内在机理及实现路径，未能回答地方政府竞争空间溢出的直接和间接效应，也未能回答政绩考评机制变迁导致的地方政府行为变化能否扭转城乡收入差距扩大的趋势。因此，本书将采用理论和实证分析相结合、比较制度分析和典型事实分析相结合的研究方法，深入挖掘新机制下地方政府竞争的内涵及特征，揭示地方政府竞争影响城乡收入差距的内在逻辑及运行机制，为优化宏观收入分配格局、构建社会主义和谐社会提供理论及现实依据。

4.2 "为协调而竞争"的晋升锦标赛理论分析框架

周黎安（2004）拓展了 Lazear 和 Rosen（1981）的锦标赛模型，建立了晋升博弈下地方干部激励与合作的逻辑分析框架，分析了政治晋升博弈的基本结构、地方干部激励及其对经济合作的影响。陈钊和徐彤（2011）刻画了中国地方干部"为和谐而竞争"的晋升锦标赛模式，比较了"为增长而竞争"与"为和谐而竞争"两种制度的福利效应，指出实现社会福利最大化要求走向"为和谐而竞争"。我们以上述锦标赛理论模型和晋升锦标赛研究范式为基础，依据最新的政绩考核评价机制，在模型中改进中央政府对地方政府的绩效考核评价内容，并充分考虑开放经济条件下的地方政府行为特征，进一步丰富和拓展了政治晋升锦标赛下地方干部的竞争与合作分析框架。

4.2.1 基本框架

在新的政治晋升博弈下，中央政府对地方干部的考核不再单纯"以 GDP 增长率论英雄"，而是在关注地区经济增长绩效的同时，更加关注民生改善、社会进步、生态效益等社会发展绩效，我们称之为"综合绩效"。

假设有两个地区的地方政府负责人 i 和 j，他们既可以努力追求经济增长，也可以努力追求社会发展，那么 i 所在地区的经济增长和社会发展绩效函数分别为：

$$Y_{1i} = a_i + r_1 a_j + e_{1i} \qquad (4-1)$$

$$Y_{2i} = b_i + r_2 b_j + e_{2i} \qquad (4-2)$$

其中，a_i（或 b_i）分别表示干部 i 追求经济增长和社会发展的努力程度；a_j（或 b_j）分别表示干部 j 追求经济增长和社会发展的努力程度；r_1 为竞

争对手 j 追求经济增长的溢出效应；r_2 为竞争对手 j 追求社会发展的溢出效应，本章假设 $|r_1| < 1$、$|r_2| < 1$，e_{1i} 和 e_{2i} 分别为随机扰动项。

那么 i 所在地区的综合绩效为：

$$Y_i = w_1 Y_{1i} + w_2 Y_{2i} = w_1 (a_i + r_1 a_j) + w_2 (b_i + r_2 b_j) + e_i \qquad (4-3)$$

其中，w_1、w_2 分别表示干部 i 努力追求经济增长和社会发展所占的权重，$w_1 + w_2 = 1$；$e_i = w_1 e_{1i} + w_2 e_{2i}$，即综合绩效的随机扰动项是经济增长绩效和社会发展绩效函数随机扰动项的加权平均值，假设 $e_j - e_i$ 服从期望为 0、独立和相同的对称分布 F。

本章假设晋升锦标赛遵循以下规则，即综合绩效高的地区其地方干部优先获得提拔，获得的效用为 V，综合绩效低的地区其地方干部（未提拔）获得的效用为 v，很显然 $V > v$。干部 i 获得提拔的概率为：

$$
\begin{aligned}
&P(Y_i > Y_j) \\
&= P[w_1(a_i + r_1 a_j) + w_2(b_i + r_2 b_j) + e_i - w_1(a_j + r_1 a_i) - w_2(b_j + r_2 b_i) - e_j > 0] \\
&= P[e_j - e_i < w_1(1 - r_1)(a_i - a_j) + w_2(1 - r_2)(b_i - b_j)] \\
&= F[w_1(1 - r_1)(a_i - a_j) + w_2(1 - r_2)(b_i - b_j)]
\end{aligned}
$$

$$(4-4)$$

这样可以得到干部 i 的效用函数为：

$$U_i = F[w_1(1 - r_1)(a_i - a_j) + w_2(1 - r_2)(b_i - b_j)] V + [1 - F(\cdot)] v - c(a_i) - c(b_i)$$

$$(4-5)$$

由此，可以得到干部 i 实现效用最大化的一阶条件为：

$$f(\cdot) w_1 (1 - r_1)(V - v) = c'(a_i^*) \qquad (4-6)$$

$$f(\cdot) w_2 (1 - r_2)(V - v) = c'(b_i^*) \qquad (4-7)$$

其中，$f(\cdot)$ 为分布函数 F 的密度函数。在对称纳什均衡下[①]，上述条件变成：

---

① 进一步求解实现效用最大化的二阶条件：$\dfrac{\partial^2 u}{\partial a_i^2} = f'(\cdot) w_1^2 (1 - r_1)^2 (V - v) - c''(a_i)$，因为 $e_j - e_i$ 是对称分布，在对称纳什均衡下 $a_i^* = a_j^*$，故 $f'(\cdot) = 0$。又因 $c'' > 0$，所以 $\dfrac{\partial^2 u}{\partial a_i^2}$ 小于 0，同理 $\dfrac{\partial^2 u}{\partial b_i^2}$ 小于 0。因此密度函数在 $f(0)$ 处存在最优解。

$$f(0)w_1(1 - r_1)(V - v) = c'(a_i^*) \qquad (4 - 8)$$

$$f(0)w_2(1 - r_2)(V - v) = c'(b_i^*) \qquad (4 - 9)$$

进一步比较干部效用最大化和社会福利最大化的一阶条件，从中挖掘两者的内涵。社会福利最大化问题可以表述为：

$$\max[\, Y_i + Y_j - c(a_i) - c(b_i) - c(a_j) - c(b_j)\,] \qquad (4 - 10)$$

实现社会福利最大化的一阶条件为：

$$(1 + r_1)w_1 = c'(a_i^*) \qquad (4 - 11)$$

$$(1 + r_2)w_2 = c'(b_i^*) \qquad (4 - 12)$$

在社会福利最大化的情况下，r_1 越大，a_i^* 也就越大。但在实现干部效用最大化的情况下，r_1 越大，a_i^* 也就越小。同样道理，在实现社会福利最大化的情况下，r_2 越大，b_i^* 也就越大；在政治晋升锦标赛中，r_2 越大，b_i^* 也就越小。

因此，无论是追求经济增长还是社会发展，如果一个地区的干部努力对其他地区存在积极（或消极）影响，那么这种影响的存在就会削弱（或加强）该干部努力工作的激励。这同周黎安（2004）分析经济绩效时得出的结论是一致的，说明改进考核内容、不改变考核评价方式仍会导致地方政府间缺乏"双赢"合作的激励。

我们进一步设定 $c(a_i)$ 为 i 在经济增长方面的努力成本，$c(b_i)$ 为 i 在社会发展方面的努力成本，假设 $c' > 0$、$c'' > 0$，此时 i 努力的总成本为 $c(a_i) + c(b_i)$。如果 i 只在经济增长方面努力，则其净收益为：

$$Y_i^1 = w_1(a_i + r_1 a_j) + w_2 r_2 b_j - c(a_i) \qquad (4 - 13)$$

假设 i 从原来的努力程度中抽出 Δ 进行社会发展，则其净收益为：

$$Y_i^2 = w_1[\,(a_i - \Delta) + r_1 a_j\,] + w_2(\Delta + r_2 b_j) - c(a_i - \Delta) - c(\Delta) \qquad (4 - 14)$$

用式（4 - 14）减去式（4 - 13）可得：

$$Y_i^2 - Y_i^1 = \Delta(w_2 - w_1) + c(a_i) - c(a_i - \Delta) - c(\Delta) \qquad (4 - 15)$$

由于 c' 和 c'' 均大于 0，所以 $c(a_i) - c(a_i - \Delta) - c(\Delta)$ 为正。只要 w_2 不太小，使得式（4 - 14）大于 0，则地方干部就有进行社会发展的激励。同时令式（4 - 14）等于 0，可以解出 w_2 的表达式：

$$w_2 = \frac{\dfrac{\left[c(\Delta) + c(a_i - \Delta) - c(a_i) \right]}{\Delta} + 1}{2} \qquad (4-16)$$

如果 Δ 可以观测且成本函数已知，则式（4-16）为激励地方干部努力追求社会发展的最小权重值。

推论 4-1　在新的政绩考评机制下，只要给予社会发展绩效一定的权重，且权重不太小，地方干部就有追求社会发展的激励。

4.2.2　贸易的影响

在主动参与和推动经济全球化进程中，作为拉动经济增长的重要引擎，贸易开放的作用不言而喻，不断拓展对外贸易，吸引 FDI 参与本土经济活动对地区经济稳定增长的作用越发明显，地方政府竞争一个很重要的方面就是贸易和 FDI 的竞争（张晏，2007）。于是，本章将贸易的影响置于经济发展的目标中，假设 $a = (1-\tau)\bar{a} + \tau x$，其中 $\bar{a}$ 衡量国内增长因素，主要包括扩大投资和促进消费两方面，x 衡量贸易开放因素，τ 表示贸易影响权重。

在对称纳什均衡下，式（4-8）除以式（4-9）可得：

$$\frac{w_1}{w_2} \frac{(1-r_1)}{(1-r_2)} = \frac{c'(a_i^*)}{c'(b_i^*)} \qquad (4-17)$$

将 $a = (1-\tau)\bar{a} + \tau x$ 代入式（4-17），从而能够解得：

$$\frac{w_1}{w_2} \frac{(1-r_1)}{(1-r_2)} = \frac{c'\left[(1-\tau)\bar{a}_i^* + \tau x\right]}{c'(b_i^*)}$$

r_1、r_2 用于衡量干部努力程度的外溢效应，长期来看，这种效应是稳定的，在一定程度上可以认为是外生变量。另外，由于资源财力约束及干部的有限理性，地方干部追求经济增长的努力程度和追求社会发展的努力程度之间存在替代效应，即加大社会发展的努力必然会减少经济增长的努力，因此不妨设 $H = \dfrac{c'(a_i^*)}{c'(b_i^*)}$，$b_i^* = m - \lambda a_i^*$，其中 $\lambda > 0$，m 为总的努力程度：

$$H = \frac{c'(a_i^*)}{c'(m - \lambda a_i^*)}, \frac{\partial H}{\partial a_i^*} = \frac{c''(a_i^*)c'(m - \lambda a_i^*) + c'(a_i^*) * \lambda c''(m - \lambda a_i^*)}{[c'(m - \lambda a_i^*)]^2}$$

$$(4-18)$$

由于 c'，$c'' > 0$，$\lambda > 0$，因此 $\frac{\partial H}{\partial a_i^*} > 0$。

　　随着改革开放的稳步推进，尤其是 2001 年底加入 WTO，中国外向型经济发展模式进一步巩固加强，"世界工厂"地位显著提升。在这种发展路径中，对外贸易和吸引 FDI 成为经济增长的重要支撑，也促进形成地方政府强力招商引资的发展事实。此时存在：$\frac{\partial H}{\partial x} = \tau \frac{c''(\mu)c'(v) + \lambda c'(\mu)c''(v)}{[c'(v)]^2}$，由于 c'，$c'' > 0$，$\lambda > 0$，$0 < \tau < 1$，因此 $\frac{\partial H}{\partial x} > 0$。这进一步说明政府在对外贸易活动中具有强大的动能，并且贸易因素在经济发展中的权重 τ 越大，地方干部越是在招商引资、吸引 FDI 等方面投入更多的努力，获得晋升的可能性越高。

　　在贸易因素对干部晋升影响的传导机制中，继续考察贸易开放对社会发展的交叉影响：

$$\frac{w_2}{w_1} = \frac{1 - r_1}{1 - r_2} \frac{c'\{m - \lambda[(1 - \tau)a + \tau x]\}}{c'[(1 - \tau)a + \tau x]} \qquad (4-19)$$

构建：

$$\frac{\partial w_2/w_1}{\partial x} = -\tau \frac{1 - r_1}{1 - r_2} \frac{\lambda c''(v)c'(\mu) + c'(v)c''(\mu)}{[c'(\mu)]^2} \qquad (4-20)$$

　　由于 $0 < \tau < 1$，所以 $\frac{\partial w_2/w_1}{\partial x} < 0$，即贸易开放程度越高，地方干部对经济增长的重视程度越高于对社会发展的重视程度，干部发展经济的激励非常充分。另外，由于社会发展不仅关系到居民的幸福感满意度，而且关系到和谐稳定，从而直接影响经济增长的可持续性，社会发展具有一定的刚性特征。因此，即使此时干部并没有追求社会发展的动力，但仍然会投入一定的精力。综合而言，干部会适度地努力去追求社会发展，但会尽最大努力去追求经济增长，其结果就是使得经济保持高速增长，

但同时会带来资源过度消耗、环境污染严重、公共服务供给不足等一系列负面影响，这也为"我国改革开放以来的经济高速度发展但质量效益并不高"提供了理论解释。

推论 4 - 2　以 GDP 为政绩评价标准的干部晋升锦标赛模型中，推动经济发展成为干部努力的重点，而贸易开放促进地方政府竞争，所以两者的交互影响会促进经济增长；贸易开放带来经济效应的提升，替代效应上升，干部在经济效应上的努力水平相对降低，提升对社会效应的努力程度，从而交互影响提升社会效应。

图 4 - 5 给出了贸易开放对干部行为的替代效应。当没有贸易开放时，政府的最优选择是 A 和 D 的组合，对经济发展的重视程度远高于对社会发展的重视程度。而考虑贸易开放对经济增长的促进作用，曲线向外移动，此时若政府不改变既定的努力分配，将会带来更高的经济发展效果。若是 B 水平的经济发展已经满足晋升要求，那么出于晋升全方位考虑，贸易开放下选择 B 水平的经济发展，此时能够获得的社会发展从 D 水平上移到 E 水平。也就是说，干部用 C - B 水平的经济发展换来 E - D 水平的社会发展，而这种替代效应得以实现的基础是贸易开放对经济增长有显著促进作用，在这种条件下，贸易开放和地方政府竞争促进社会发展。若在完全的经济发展导向下，则不可能产生这种替代效应，反而导致"逆向替代"，更加努力地发展经济。

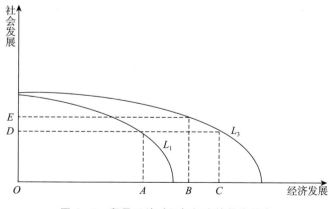

图 4 - 5　贸易开放对干部行为的替代效应

随着经济发展和社会进步，追求社会公平正义、促进社会全面发展成为提质增效的关键环节，人民对美好生活的需要更加强烈，干部晋升考核评价体系更加重视民生改善、公共服务等社会发展目标，也就是说，综合绩效公式中 w_2 的数值稳步上升，而 w_1 开始下降。当 w_1 处于下降的初始阶段时，w_1 下降导致干部发展经济的激励下降，但是下降幅度又不足以让干部投入超过追求社会发展基本需求的努力程度去发展社会，因此其结果是 a_i^* 减少，但是 b_i^* 不会上升，会出现干部不作为、慢作为等不良现象，地方干部没有足够的动力从事招商引资和发展对外贸易，即使是贸易的权重系数较高，也不能改善干部行为，从而会导致整个社会福利降低。为此，中央制定了推进领导干部能上能下的若干举措，着力解决干部不作为等问题，党的十九大强调旗帜鲜明地为那些敢于担当、踏实做事、不谋私利的干部撑腰鼓劲，浙江、山东等省份也出台了激励干部干事创业的意见，推动形成能者上、庸者下、劣者汰的用人导向，为经济社会发展提供政治保障。

随着 a_i^* 继续减小，b_i^* 继续增大，即在晋升导向下地方干部愿意将更多精力花费在促进协调发展、优化城乡收入差距等社会目标上，由于经济增长能够为社会发展提供物质基础和财力支撑，此时贸易会带来更高水平的社会发展，在城乡关系上则表现为城乡收入差距持续缩小。

概括来说，当地区经济发展处于高速增长阶段时，GDP 增速是上一级政府对下一级政府干部相对绩效考核的重要依据，这一依据激励地方干部将更多精力置于推动经济增长之中，使他们更加重视贸易开放对经济增长的拉动作用，因而忽视了社会发展，此时贸易开放导致城乡收入差距扩大。当经济进入高质量发展阶段时，经济增长速度逐渐淡化，干部晋升考核评价更加重视社会发展，贸易开放在促进经济增长的同时，也有利于促进地方干部将更多精力、财力配置到社会发展领域，从而能够降低城乡收入差距，提升整体的社会福利。

推论 4-3　随着政绩考核机制变迁，贸易对城乡收入差距的影响会发生动态变化。在高速度增长阶段，贸易开放会促进城乡收入差距扩大，当进入高质量发展阶段时，贸易开放有利于缩小城乡收入差距，起到促进地方政府"为协调而竞争"的作用。

图 4 – 6 给出了干部行为选择的变迁路径与协调发展。图 4 – 5 所示属于贸易开放条件中经济发展和社会发展的替代效应所产生的结果，而图 4 – 6 中则具体分析了这种动态变迁过程，这种动态变迁过程符合推论 4 – 3 的论述：政府逐渐从经济发展转向社会发展，贸易开放的影响由拉大城乡收入差距转向缩小城乡收入差距。

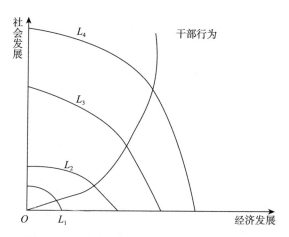

图 4 – 6 干部行为选择的变迁路径与协调发展

4.2.3 进一步的讨论

依据式（4 – 17），本章在此集中讨论 r_1、r_2 均大于 0 时，干部选择两种努力方向的情形。

第一，如果 $w_1 = w_2$ 且 $r_1 = r_2$，此时 $a_i = b_i$，干部将选择相同的努力程度进行经济发展和社会发展；第二，如果 $w_1 > w_2$ 且 $r_1 = r_2$，或者 $w_1 = w_2$ 且 $r_1 < r_2$，或者 $w_1 > w_2$ 且 $r_1 < r_2$，此时 $a_i > b_i$，干部更有激励去努力发展经济；第三，如果 $w_1 < w_2$ 且 $r_1 > r_2$，或者 $w_1 = w_2$ 且 $r_1 > r_2$，或者 $w_1 < w_2$ 且 $r_1 = r_2$，此时 $a_i < b_i$，干部更有激励进行社会发展；第四，若 $w_1 > w_2$ 且 $r_1 > r_2$，或者 $w_1 < w_2$ 且 $r_1 < r_2$，此时要根据具体的数值和函数形式确定干部的努力方向。

进一步将式（4-17）改写成关于 w_1 的函数式：

$$\frac{w_1}{1-w_1}\frac{(1-r_1)}{(1-r_2)}=\frac{c'(a_i^*)}{c'(b_i^*)}$$

令：

$$G(w_1,r_1,r_2)=\frac{w_1}{1-w_1}\frac{(1-r_1)}{(1-r_2)}$$

则：

$$\frac{\partial G}{\partial w_1}=\frac{1+w_1}{(1-w_1)^2}\frac{(1-r_1)}{(1-r_2)}>0$$

$$\frac{\partial G}{\partial r_1}=-\frac{w_1}{1-w_1}\frac{1}{(1-r_2)}<0$$

$$\frac{\partial G}{\partial r_2}=\frac{w_1}{1-w_1}\frac{(1-r_1)}{(1-r_2)^2}>0$$

在晋升博弈中的地方干部行为决策中，外部性成为重要变量。由于 $\frac{\partial G}{\partial r_1}<0$，$\frac{\partial G}{\partial r_2}>0$，在经济发展中 r_1 增大，a_i^* 减小，即地方干部会更偏向实施正外部性效应较小或者负外部性效应更大的项目。因为晋升锦标赛是零和博弈，所以当某地区地方干部意识到自己的努力会给对手带来正的外部性时，会降低自身的努力程度，若这种行为会给对手带来负的外部性，反而也会有实施的激励。例如，若是贸易活动存在较大的外部性，地方干部花费较大努力所获得的 FDI，却因为技术溢出、产业关联等传导机制，使得其他地区干部在没有付出努力的情况下获得较高的溢出效应，那么将会降低地方干部的努力程度，滋生"搭便车"行为。而在社会发展中，r_2 增大，a_i^* 增大，也就是 b_i^* 减少，即地方干部同样会偏向发展正外部性效应较小或者负外部性效应较大的社会项目。例如，高层次人才对地区经济和社会发展都具有非常大的推动作用，因此各地区都会有充足的激励出台吸引人才流入的政策及改善教育和医疗环境来吸引优质人才，从而在推动本地发展的同时减少对手吸引人才的能力。这同前文基本框架部分干部效用最大化和社会福利最大化比较分析得出的结论是一致的。

4.3　基于 2003～2014 年的面板计量检验

4.3.1　主要变量的相关性分析[①]

改革开放以来，我国政府财政收支绝对规模不断增长，其中财政收入逐年上升，财政支出除 1979 年和 1980 年略有下降外都有增加。从财政收支增长率来看，有的年份增长快，有的年份增长慢，没有明显的规律。从财政支出与财政收入之比看，我国财政支出与财政收入之比总体上在 1 以上小幅波动，说明我国财政收支略有赤字。因其波动幅度较小且无明显规律，并且我国从 1994 年后实行了分税制改革，因此对各省（区、市）城乡收入差距和贸易开放度影响不大。

改革开放以来的城乡收入差距演变总体上呈震荡上升的趋势，在城乡收入差距演变过程中，制度或政策因素对城乡收入差距的变动产生了重要的影响。例如，改革开放初期的家庭联产承包责任制改革通过农民增收大大缩小了城乡收入差距，而随后政府将改革重点由农村转向城市使城乡收入差距不断扩大。此外，中央政府对地方政府以 GDP 增长为核心的考核方式导致地方政府行为带有明显的城镇偏向，导致地方政府制定并实施了一系列城镇偏向的财政、教育、医疗等政策，制度分配的不均衡导致了资源配置的城乡差异，从而锁定了城乡收入差距缩小的空间。回顾我国城乡收入差距的演变历程，我国的城乡收入差距成因可以概述如下：城乡收入差距源于城乡二元经济结构，在此基础上，制度和政策因素的综合作用导致了城乡资源配置差异的形成。

为了更直观地观察我国贸易开放度的轨迹，本章用进出口总额占GDP 比重衡量贸易开放度并绘制轨迹图。从图 4-7 中可以清楚地看到，改革开放以来我国贸易开放度大体上经历了先上升（1978～1994 年）、再缩小（1994～1998 年）、扩大（1998～2006 年）、波动下降（2006～2016 年）四个阶段。

[①]　本章在此分析了全国层面主要变量的相关性特点，关于地区层面的相关性分析见附录。原始数据来源于相关年份各地区统计年鉴。

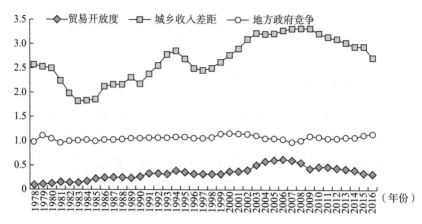

图 4 - 7　全国层面相关变量的演变趋势特征

　　第一阶段是改革开放初期贸易开放度上升的阶段（1978～1994 年），贸易开放度由 1978 年的 0.0945 上升到 0.4193（见表 4 - 1 和图 4 - 7）。这一阶段中国的对外贸易改革首先从体制入手，减少国家对外贸的直接控制，放宽外贸经营权。其次是实行一系列的鼓励出口措施，如出口退税、鼓励加工贸易等，刺激出口增长，以带动经济发展和工业化转型。在此背景下，中国贸易开放度不断上升，并于 1994 年达到阶段性高点。

表 4 - 1　全国层面相关变量的描述性分析

变量	1978 年	1979 年	1980 年	1981 年	1982 年	1983 年	1984 年	1985 年	1986 年	1987 年
贸易开放度	0.0945	0.1112	0.1245	0.1521	0.1466	0.1431	0.1712	0.2246	0.2457	0.2527
城乡收入差距	2.5704	2.5281	2.4966	2.2399	1.9819	1.8225	1.8354	1.8589	2.1258	2.1662
地方政府竞争	0.9910	1.1181	1.0594	0.9682	1.0146	1.0311	1.0354	0.9997	1.0391	1.0286

变量	1988 年	1989 年	1990 年	1991 年	1992 年	1993 年	1994 年	1995 年	1996 年	1997 年
贸易开放度	0.2520	0.2448	0.2926	0.3283	0.3357	0.3161	0.4193	0.3824	0.3356	0.3381
城乡收入差距	2.1659	2.2841	2.2004	2.3999	2.5849	2.7967	2.8634	2.7147	2.5123	2.4689
地方政府竞争	1.0568	1.0596	1.0499	1.0753	1.0743	1.0675	1.1101	1.0932	1.0715	1.0673

变量	1998 年	1999 年	2000 年	2001 年	2002 年	2003 年	2004 年	2005 年	2006 年	2007 年
贸易开放度	0.3148	0.3296	0.3915	0.3805	0.4221	0.5126	0.5905	0.6218	0.6395	0.6125
城乡收入差距	2.5093	2.6485	2.7869	2.8987	3.1115	3.2310	3.2086	3.2238	3.2784	3.3296
地方政府竞争	1.0934	1.1524	1.1860	1.1536	1.1666	1.1351	1.0792	1.0721	1.0429	0.9700

续表

变量	2008 年	2009 年	2010 年	2011 年	2012 年	2013 年	2014 年	2015 年	2016 年
贸易开放度	0.5572	0.4320	0.4874	0.4807	0.4518	0.4327	0.4103	0.3573	0.3292
城乡收入差距	3.3149	3.3328	3.2285	3.1258	3.1029	3.0301	2.9702	2.9512	2.7190
地方政府竞争	1.0206	1.1136	1.0815	1.0517	1.0742	1.0852	1.0813	1.1550	1.1764

　　第二阶段为贸易开放度缩小阶段（1994～1998 年），贸易开放度由 1994 年的 0.4193 下降至 1998 年的 0.3148。这一时期尤为显著的一个变化是进口壁垒不断下降。20 世纪 90 年代初期，虽然中国在不断刺激出口增长，但进口壁垒仍维持在一个较高的水平，这妨碍了中国经济改革的进一步深化，也与经济全球化的大趋势相违背。在此背景下，中国的外贸改革重点转向进口制度方面，实行了一系列贸易自由化措施，如关税减让，减少、规范非关税措施等。

　　第三阶段是贸易开放度扩大阶段（1998～2006 年），贸易开放度由 1998 年的 0.3148 上升到 2006 年的 0.6395，经历了较大幅度的上升。20 世纪 90 年代后期，中国依据 WTO 的规则，对中国的涉外法律体系加以完善。2001 年，中国加入 WTO，承诺对贸易制度和与贸易有关的政策进行全面改进。中国顺利融入多边贸易体制内，关税不断下降，开放程度越来越高，从而推动了对外贸易的快速发展，贸易开放度在 2006 年达到改革开放后的峰值。

　　第四阶段是贸易开放度波动下降阶段（2006～2016 年）。贸易开放度由 2006 年的 0.6395 下降至 2016 年的 0.3292。这一阶段受全球经济危机和国内经济发展形势的影响，中国贸易开放度波动下降。从国际情况看，贸易保护主义持续升温，中国成为遭遇贸易摩擦最多的国家。从国内情况看，随着经济持续增长，中国的劳动力、土地、资源生产要素成本集中上升，环境承载能力接近上限，低成本制造的优势明显削弱。这些因素综合导致了我国贸易开放度波动下降。

　　在相关性分析的基础上，本章利用 2003～2014 年我国 31 个省（区、市）的面板数据，灵活设定计量模型形式，并通过工具变量法（Instrumental Variable Analysis，IVA）处理内生性问题，实证检验了贸易开放度、地方政府竞争对城乡收入差距的影响，在贸易开放条件下重新审视了地方政府竞争对城乡收入差距的影响机制。与已有研究不同，本章重点将贸易开放度作为研究地方政府竞争影响城乡收入差距的前提条件，重新审视地方政府竞争对城乡收入差距的影响机理和作用途径，进一步丰富和发展地方政府竞争外部性研究。也就是说，在开放的全球发展环境中，将贸易开放度因素纳入研究框架，研究地方政府竞争对城乡收入差距会产生怎样的影响。这也是实现城乡协调发展和全面建成小康社会目标需要研究解决的重大现实问题。研究发现：地方政府竞争显著扩大了城乡收入差距，贸易开放度有利于缩小城乡收入差距，同时贸易开放度具有明显的调节作用，显著弱化了地方政府竞争对城乡收入差距的正向影响；分区域看，地方政府竞争扩大了东部地区和西部地区的城乡收入差距，缩小了中部地区收入差距，贸易开放度对地方政府竞争扩大城乡收入差距的阻碍作用，中部地区最大、东部地区次之、西部地区最小。基于变换模型形式、考虑国际金融危机冲击、采用工具变量估计的稳健性检验表明，回归结果具有较强的可信度，这也反映出研究结论符合经济发展的内在逻辑。本章认为，缩小城乡收入差距的关键在于构建更加科学合理的政策导向和协调机制，促进形成地方政府良性竞争的可持续路径，降低地方政府竞争的负外部性。

4.3.2　模型与变量

为了实证检验贸易开放度、地方政府竞争对城乡收入差距的影响，本章以城乡收入差距为被解释变量，分别以地方政府竞争、贸易开放度及两者的交叉项为解释变量构建双对数回归模型，选取产业结构、地区发展水平、政府干预及教育发展水平为控制变量，同时控制了时间与地区效应。同时为了降低模型异方差等因素干扰，获得更加稳健的结果，综合采用双对数回归模型，取被解释变量和解释变量的对数形式进入回归模型。具体模型如下：

$$
\ln(Gap_{i,t}) = \alpha_0 + \alpha_1 \times \ln(Compete_{i,t}) + \alpha_j \times \sum \ln(control_{i,t})
$$
$$
+ \alpha_y \times \sum Year + \alpha_a \times \sum Area + \varepsilon_{i,t} \qquad (4-21)
$$

$$
\ln(Gap_{i,t}) = \beta_0 + \beta_1 \times \ln(Open_{i,t}) + \beta_j \times \sum \ln(control_{i,t})
$$
$$
+ \beta_y \times \sum Year + \beta_a \times \sum Area + \varphi_{i,t} \qquad (4-22)
$$

$$
\ln(Gap_{i,t}) = \chi_0 + \chi_1 \times \ln(Compete_{i,t}) + \chi_2 \times \ln(Open_{i,t})
$$
$$
+ \chi_3 \times \ln(Open_{i,t}) \times \ln(Compete_{i,t}) + \chi_j \times \sum \ln(control_{i,t})
$$
$$
+ \chi_y \times \sum Year + \chi_a \times \sum Area + \varphi_{i,t} \qquad (4-23)
$$

其中，被解释变量城乡收入差距采用常见的城乡居民人均收入倍差，即城镇居民人均可支配收入和农村居民人均纯收入之比来衡量。借鉴傅强和马青（2015）的研究成果，采用地方财政一般性支出与地方财政一般性收入之比衡量地方政府竞争。贸易开放指标则采用进出口总额占 GDP 的比重予以衡量。

控制变量中，产业结构变迁是影响城乡收入差距的重要因素之一，尤其是我国长期实施的重工业优先发展战略被认为是城乡收入差距扩大的重要原因（陈斌开和林毅夫，2013；林毅夫和陈斌开，2013），由此形成了偏重的产业结构。本章借鉴干春晖等（2011）的做法，采用产业结构高级化水平即第三产业增加值与第二产业增加值之比来衡量产业结构变迁程度。地区发展水平的高低也是影响城乡收入差距的重要因素，经典库兹涅茨倒 U 形假说就发现收入差距会随着经济发展经历先扩大后缩小的倒 U 形过程，因此本章采用人均 GDP 指标加以衡量。在完善的市场竞争条件下，理论上市场这只"看不见的手"能够引导资源实现最优配置，而在市场失灵领域需要政府这只"看得见的手"加以宏观调控，故而政府干预会对城乡收入差距产生直接影响，这也间接反映了政府的强势程度，具体采用政府财政收入占地区生产总值的比重来衡量。教育发展水平会改变技能劳动力的结构，从而使"技能溢价"成为收入获取的主要来源，进而影响到城乡收入差距，在此采用各地区高等教育在校人数占地区人口总数的比重来衡量。

本章研究的样本区间为 2003～2014 年，选择的数据为中国 31 个省（区、市）的面板数据，主要指标的基础数据来源于相关年份《中国统计年鉴》，少量缺失数据通过线性插值法加以填补。表 4 - 2 汇报了被解释变量、主要解释变量和控制变量的描述性统计结果。

表 4 - 2　变量的描述性统计

变量名称	变量符号	量纲	样本数量（个）	最小值	最大值	均值	标准差
城乡收入差距	Gap	—	372	1.85	5.18	3.0000	0.60169
地方政府竞争	Compete	—	372	1.05	17.90	2.5928	2.26504
贸易开放度	Open	—	372	0.04	1.72	0.3316	0.41013

变量名称	变量符号	量纲	样本数量（个）	最小值	最大值	均值	标准差
产业结构变迁	*Advance*	—	372	0.50	3.66	0.9592	0.48030
地区发展水平	*Pgdp*	万元	372	0.37	10.37	2.9124	2.00700
政府干预	*Intervention*	—	372	0.04	0.19	0.0910	0.03015
教育发展水平	*Education*	—	372	0.00	0.04	0.0155	0.00668

4.3.3　模型的计量分析

依据前文构建的计量模型，分别运用面板数据的 F 检验、豪斯曼检验，并根据检验结果分别采用混合普通最小二乘（Ordinary Least Square, OLS）模型、固定效应模型和随机效应模型检验贸易开放度、地方政府竞争对城乡收入差距的影响。其中，混合 OLS 模型并不区分样本地区和时间差异性，固定效应模型则分为时点固定效应模型和个体固定效应模型，固定效应模型和随机效应模型主要考察未观测效应和随机干扰项构成的误差成分和解释变量是否相关，固定效应模型认为这种未观测效应和解释变量相关，而随机效应模型则认为两者不相关。本章通过豪斯曼检验加以确定。

1. 全国层面

表 4 - 3 汇报了水平（Level）模型下的计量回归结果，即根据计量模型，直接采用对数化数据进行回归检验，从而考察解释变量影响的弹性数值。从中可以发现，列（1）、列（5）、列（7）、列（8）中的回归结果均显示地方政府竞争变量的系数在 1% 的置信水平上显著为正，说明地方政府竞争对城乡收入差距产生显著的正向影响，地方政府竞争扩大了城乡收入差距，这与已有研究成果（张建武等，2014；傅强和马青，2015）保持一致。在"以 GDP 增长率论英雄"的政绩考评机制下，地方政府普遍采取了服务于经济增长的城镇偏向型发展战略，重投资、轻服务，重城镇、轻农村，此时地方政府竞争的直接结果是将更多资源投入城镇建设发展进程中，通过基础设施、财政金融、科教文卫等资源的集中配置，形成了稳定的路径依赖，从而获得"短期""显性"的经济增长收益，这也直接加剧了城乡收入差距不断扩大。与地方政府竞争影响

不同，列（2）、列（3）、列（4）、列（6）、列（7）中的回归结果均显示贸易开放度的系数均在 1% 的置信水平上显著为负，即贸易开放度的不断提升有利于缩小城乡两部门之间的收入差距。合理的解释是中国在参与国际产业链分工进程中，主要承担了"世界工厂"的角色，承接了加工、组装等低技能劳动力密集型生产工序，虽然附加值相对较低，但能够吸引广大农村地区劳动力通过"候鸟式迁徙"实现转移就业，拓宽了乡村低技能劳动力的收入来源渠道，有效增加农村劳动力的工资性收入，对推动城乡收入差距不断缩小起到良好的促进作用。

表 4 - 3　水平模型的主要回归结果

解释变量	（1）	（2）	（3）	（4）	（5）	（6）	（7）	（8）
Compete	0.223 ***	—	0.056	0.010	0.127 ***	—	0.079 ***	0.089 **
	(0.016)		(0.037)	(0.047)	(0.015)		(0.018)	(0.037)
Open	—	-0.090 ***	-0.090 ***	-0.049 ***	—	-0.067 ***	-0.040 ***	-0.002
		(0.011)	(0.011)	(0.013)		(0.008)	(0.010)	(0.012)
Compete × *Open*	—	—	—	-0.057 ***	—	—	—	-0.085 ***
				(0.020)				(0.016)
Advance	—	—	—	—	-0.075 ***	0.015	-0.027	-0.057 **
					(0.020)	(0.021)	(0.023)	(0.023)
Pgdp	—	—	—	—	-0.162 ***	-0.127 ***	-0.138 ***	-0.170 ***
					(0.017)	(0.018)	(0.018)	(0.018)
Intervention	—	—	—	—	0.267 ***	0.219 ***	0.244 ***	0.263 ***
					(0.030)	(0.030)	(0.030)	(0.029)
Education	—	—	—	—	-0.103 ***	-0.135 ***	-0.111 ***	-0.079 ***
					(0.023)	(0.023)	(0.023)	(0.023)
Cons	0.905 ***	0.930 ***	0.885 ***	0.898 ***	1.323 ***	1.036 **	1.188 ***	1.458 ***
	(0.015)	(0.019)	(0.035)	(0.020)	(0.137)	(0.137)	(0.139)	(0.144)
Area	No	Yes	Yes	Yes	No	No	No	No
Year	No	Yes	Yes	Yes	No	No	No	No
F	190.1 ***	135.6 ***	133.1 ***	91.5 ***	124.2 ***	270.2 **	110.7 ***	105.5 ***

注：*** 、** 和 * 分别表示在 1% 、5% 和 10% 置信水平上显著；括号中数值为标准误差；解释变量均为原始数值的对数形式；本节余同。

　　值得引起注意的是，列（4）和列（8）中的回归结果均显示地方政府竞争与贸易开放度交互项（$Compete \times Open$）的回归系数在1%的置信水平上显著为负，说明贸易开放度对城乡收入差距具有明显的调节作用，显著弱化了地方政府竞争对城乡收入差距的正向影响。在地区内部，地方政府会优先采取城镇偏向型发展战略，而从全球视角看，地方政府竞争会引致地方政府更加注重吸引外资、扩大进出口，向外需借力助推增长。也就是说，在贸易开放度更高的地区，地方政府竞争不单采取城市偏向的发展战略，更多地需要考虑外向型城市发展战略，政府的资源配置会综合考虑外向型战略的综合配套设施，给予外资"国民待遇"，不断优化贸易、投融资等营商环境，这刺激了贸易开放的不断扩张，缩小了城乡收入差距。这也印证了在开放经济条件下，贸易开放度与地方政府竞争有强有力的互动机制，有利于推动城乡收入差距不断缩小。

　　控制变量中，产业结构高级化有利于缩小城乡收入差距，且效果较为显著。主要原因是随着地区产业结构由"二三一"向"三二一"演进升级，低技能劳动力能够有效分享产业结构升级所带来的效益溢出，低技能劳动力能够有效成长为第二产业、第三产业熟练的劳动力资源，并获得更高的技能溢价，从而有效降低城乡收入差距。模型中地区发展水平变量的系数均在1%的置信水平上显著为负，这与许多研究判断"我国目前处于库兹涅茨倒U形曲线右侧下降阶段"的观点相一致。随着地区经济不断发展，人们收入水平快速上升，经济发展所带来的福祉能够快速提高低收入群体收入水平，其主要存在两种作用机理。第一，随着地区经济不断发展，农村地区经济发展潜力不断释放，农村各种资源得到更为有效的配置和利用，从而带来生产效率和收入水平的快速上升。第二，中华人民共和国成立以来，国家为了加快工业化进程采取的"工农业农产品价格剪刀差"政策促进了城镇部门发展，拉大了城乡收入差距。近年来，随着"工业反哺农业、城市支持农村"力度不断加大，一系列惠农政策不断落地，能够加速缩小城乡收入差距。

　　政府干预对城乡收入差距具有显著的正向影响，政府干预程度的高低反映出地方政府在经济活动中资源分配及控制能力的大小，政府干预往往是为地区经济发展服务的，这也印证了地方政府竞争的结论，也在一定程度上反映出政策制度、资源分配的不足。教育发展水平变量的系数在 1% 的置信水平上显著为负，这说明随着地区教育发展水平的不断提升，有利于低技能劳动力通过教育投资成长为高技能劳动力和高层次的人力资本，这也反映出缩小城乡收入差距过程中"授人以鱼不如授人以渔"的深远影响，短期内通过收入二次分配来提高农村地区收入是可行而且必要的，但是从长期看需要通过教育投资渠道"变输血为造血"，不断缩小低技能劳动力规模，使技能溢价成为提高所有群体收入的重要渠道，从而建立起有效缩小城乡收入差距的长效机制。

2. 地区层面

中国东中西部之间发展基础、产业结构、城乡结构等具有明显不同，因此区域间贸易开放度、地方政府竞争对城乡收入差距的影响也会有显著差异。本章按照东中西部地区的区域划分标准，分地区进一步深化对上述问题的认识。

表 4 - 4 汇报了东中西部地区①的计量回归结果。研究发现，不同区域地方政府竞争对城乡收入差距的影响具有明显的异质性。其中，东部地区和西部地区具有较为显著的正向影响，并且从弹性数值看，东部地区大于西部地区，即东部地区和西部地区地方政府竞争扩大了城乡收入差距，东部地区影响较西部地区更明显。中部地区地方政府竞争的回归系数在 1%、5% 的置信区间内均显著为负，该区域内地方政府竞争不仅没有扩大城乡收入差距，反而使城乡收入差距不断缩小。产生这一结果的可能原因主要有三个方面：第一，中部地区工业化发展最为快速，在承接产业转移、培育技能型劳动力方面具有明显优势，有利于农村劳动力收入水平的提高；第二，中部地区产业结构高级化进展相对较慢，高端产业并不健全，第三产业发展不完善，导致城市部门的人均收入水平并不高，故而在一定程度上地方政府竞争有利于降低城乡收入差距；第三，中部地区的干部晋升锦标赛存在一定特殊性，中部地区在地理区位、要素禀赋、产业结构、经济状况，甚至是自然环境各方面，均存在较大程度上的相似性，导致政府在各项事业发展进程中会更加偏向社会民生，

---

① 根据国家统计局划分，东部地区主要包括北京、天津、河北、辽宁、上海、江苏、浙江、福建、山东、广东、海南；中部地区主要包括山西、吉林、黑龙江、安徽、江西、河南、湖北、湖南；西部地区主要包括内蒙古、广西、重庆、四川、贵州、云南、西藏、陕西、甘肃、青海、宁夏、新疆。

从而在晋升锦标赛中获得独特优势。

表 4 - 4　东中西部地区的计量回归结果

解释变量	东部			中部			西部		
	(1)	(2)	(3)	(4)	(5)	(6)	(7)	(8)	(9)
Compete	0.177 ***	0.010	0.331 ***	- 0.386 ***	- 1.246 **	- 1.056 ***	0.064 ***	0.223	0.009
	(0.038)	(0.108)	(0.102)	(0.078)	(0.529)	(0.410)	(0.023)	(0.143)	(0.071)
Open	—	0.129 ***	0.096 ***	—	0.267	0.262 *	—	- 0.095 *	- 0.062 **
		(0.042)	(0.033)		(0.210)	(0.162)		(0.053)	(0.032)
Compete × Open		- 0.177 **	- 0.028		- 0.443 *	- 0.469 **		- 0.001	- 0.021
		(0.085)	(0.058)		(0.243)	(0.186)		(0.037)	(0.022)
Advance	—		0.031			- 0.053			- 0.159 ***
			(0.028)			(0.039)			(0.040)
Pgdp	—		0.100 ***			- 0.181 ***			- 0.131 ***
			(0.034)			(0.033)			(0.034)
Intervention	—		- 0.180 ***			0.208 ***			- 0.149 ***
			(0.060)			(0.062)			(0.054)
Education	—		- 0.157 ***			0.013			0.086 *
			(0.030)			(0.046)			(0.046)
Cons	0.872 ***	0.944 ***	- 0.323	1.335 ***	1.830 ***	2.314 ***	1.184 ***	0.779 ***	1.129 ***
	(0.016)	(0.038)	(0.227)	(0.066)	(0.463)	(0.401)	(0.029)	(0.172)	(0.287)
Area	No	Yes	No	No	No	No	No	Yes	Yes
Year	No	No	No	No	No	No	No	No	No
F	21.3 ***	27.0	14.2 ***	24.5 ***	15.7 ***	22.9 ***	7.9 **	17.0 ***	44.4 ***

从地方政府竞争和贸易开放度的交互项看，贸易开放度弱化了地方政府竞争对城乡收入差距的正向影响，并且从程度看呈现中部地区最大、东部地区次之、西部地区最小的发展态势，贸易开放的调节作用有利于缩小地方政府竞争带来的城乡收入差距，而各个区域的检验结果符合地方政府竞争的预期，尤其是西部地区，贸易开放的调节作用最小，这也说明该地区为了促进区域经济增长，地方政府竞争的结果是将更多的资源投入城市发展与建设，城市偏向型发展战略的实施导致城乡收入差距不断扩大。

4.3.4　稳健性检验

为了进一步验证上文回归结果的可信度，本章进一步通过变换模型形式、考虑国际金融危机冲击、采用工具变量估计等进行稳健性检验。

1. 变换模型形式

与上文采用的水平模型不同，在此采用变化（Change）模型，即消除变量的趋势项影响，在一定程度上降低内生性等问题对回归结果的干扰，模型中被解释变量和解释变量均采用差分形式表示。表 4-5 给出了变换模型的主要回归结果。

表 4-5　变换模型的主要回归结果

解释变量	（1）	（2）	（3）	（4）	（5）	（6）	（7）	（8）
$Compete$	0.114***	—	0.088**	0.081***	0.1249***	—	0.111***	0.111***
	(0.034)		(0.035)	(0.001)	(0.039)		(0.041)	(0.041)
$Open$	—	-0.040***	-0.029**	-0.021***	—	-0.049***	-0.037***	-0.038***
		(0.012)	(0.013)	(0.006)		(0.012)	(0.013)	(0.013)
$Compete \times$ $Open$	—	—	—	-0.035	—	—	—	0.059
				(0.044)				(0.124)
$Advance$	—	—	—	—	-0.078**	-0.094**	-0.088**	-0.088**
					(0.039)	(0.039)	(0.039)	(0.039)
$Pgdp$	—	—	—	—	-0.040	-0.039	-0.021	-0.024
					(0.056)	(0.056)	(0.056)	(0.056)
$Intervention$	—	—	—	—	0.077*	-0.004	0.057	0.062
					(0.044)	(0.038)	(0.044)	(0.045)
$Education$	—	—	—	—	0.089**	0.091***	0.089***	0.090***
					(0.035)	(0.035)	(0.035)	(0.035)
$Cons$	-0.015***	-0.015***	-0.015***	-0.014***	-0.019**	-0.016**	-0.021***	-0.020***
	(0.002)	(0.002)	(0.002)	(0.001)	(0.008)	(0.008)	(0.008)	(0.008)
$Area$	No	No	No	No	No	No	No	No
$Year$	No	No	No	No	No	No	No	No
F	11.5***	10.7***	8.5***	16.7***	5.7***	5.9**	6.2***	5.4***

从表 4-5 中可以发现，核心解释变量的回归系数均未发生显著变化，主要回归结果均保持一致，这也说明了前文计量结果具有较高的稳

健性。尤其是消除长期趋势后的地方政府竞争仍然对城乡收入差距具有显著的正向影响，而消除长期趋势后的贸易开放度也有利于降低城乡收入差距，这进一步印证了这一结论的稳健性。值得关注的是，变换模型中交互项的系数不再显著，这也从反面印证了地方政府竞争与贸易开放度对城乡收入差距影响的长期动态调整机制的存在性，因为在水平模型下，它们之间的长期互动关系得以展现，而短期中纯粹的地方政府竞争和贸易开放度的差分因素并不能产生互动关联。

2. 考虑国际金融危机冲击

2008 年以来，以美国次贷危机为诱因的全球金融危机深刻改变了全球贸易格局，打破了原有的竞争与合作格局，尤其是对经济发展外向型程度较高的中国而言，对外贸易出现严重下滑，拉动经济增长的"三驾马车"在不同程度上呈现疲软态势。国际金融危机可谓对贸易开放产生冲击的重大事件。故而，本节选择以 2008 年为年份断点，继续考察 2003 ~ 2008 年以及 2009 ~ 2014 年两个时间区间的贸易开放度、地方政府竞争对城乡收入差距的影响。

表 4 - 6 的回归结果显示，国际金融危机爆发后，贸易开放度、地方政府竞争对城乡收入差距并没有产生实质性变化，但是影响程度发生改变。其中最为明显的变化是地方政府竞争对城乡收入差距的影响力呈现下降趋势，而贸易开放度对城乡收入差距的缩小作用也不断下降，这也印证了在经济发展"新常态"背景下，地方政府竞争更加关注事关人民福祉的各项社会事项，基本公共服务均等化、促进城乡一体化发展等政策措施陆续出台，资源配置进一步向"三农"倾斜，推动城乡收入迈向更加公平协调的发展道路。与此相一致的是，政府干预的系数均在 1% 的置信水平上显著为正，但它对城乡收入差距扩大的影响力逐步下降。

表 4 - 6　考虑国际金融危机影响的主要回归结果

解释变量	2003 ~ 2008 年				2009 ~ 2014 年			
	(1)	(2)	(3)	(4)	(5)	(6)	(7)	(8)
Compete	0.255 *** (0.022)	—	- 0.057 (0.080)	- 0.006 (0.067)	0.193 *** (0.022)		0.015 (0.054)	0.182 *** (0.044)

续表

解释变量	2003～2008 年				2009～2014 年			
	(1)	(2)	(3)	(4)	(5)	(6)	(7)	(8)
Open	—	-0.126 ***	-0.052 ***	-0.019	—	-0.105 ***	-0.046 ***	-0.004
		(0.011)	(0.016)	(0.021)		(0.011)	(0.018)	(0.019)
Compete × *Open*		—	-0.090 ***	-0.078 ***		—	-0.047 **	-0.076 ***
			(0.032)	(0.029)			(0.024)	(0.020)
Advance	—	—	—	-0.071 **	—	—	—	-0.028
				(0.034)				(0.032)
Pgdp	—	—	—	-0.099 ***	—	—	—	-0.255 ***
				(0.037)				(0.028)
Intervention	—	—	—	0.353 ***	—	—	—	0.186 ***
				(0.044)				(0.040)
Education	—	—	—	-0.113 ***	—	—	—	-0.115 ***
				(0.032)				(0.037)
Cons	0.922 ***	0.916 ***	0.937 ***	1.421 ***	0.887 ***	0.860 ***	0.870 ***	1.341 ***
	(0.021)	(0.021)	(0.029)	(0.206)	(0.020)	(0.022)	(0.027)	(0.212)
Area	No	No	No	No	No	No	No	No
Year	No	No	No	No	No	No	No	No
F	131.1 ***	133.7 ***	66.8 ***	63.0 ***	79.2 ***	90.6 **	39.7 ***	53.6 ***

3. 采用工具变量估计

严格意义上来讲，贸易开放度、地方政府竞争并不是完全的外生变量，它们对城乡收入差距的影响可能受到历史惯性、互为因果、测量偏误等因素的困扰而陷入内生性困境。为了充分降低内生性问题，本节采用工具变量法，运用两阶段最小二乘法（Two Stage Least Square，2SLS），再次检验贸易开放度、地方政府竞争对城乡收入差距的影响。主要选择的工具变量有三个，分别是贸易开放度滞后一期变量、地方政府竞争滞后一期变量和信息化水平，选择核心解释变量地方政府竞争和贸易开放度交互项的滞后一期变量作为工具变量，有利于排除由经济增长惯性带来的内生性问题。同时选取信息化水平（用信息化发展指数表示，数据来源于相关年份《中国信息年鉴》）作为工具变量，主要是基于信息化发展水平与贸易开放度及地方政府竞争具有较强的相关性，而在信息不对称条件中，地方政府之间的行为存在较大的博弈空间，并且处于干部晋升锦标赛的制度安排下（周黎安，2007），信息成为地方政府竞争重要的前提条件，同时信息化水平并不直接与城乡收入差距相关，符合工具变量的适用条件。

2SLS 工具变量检验结果（见表 4 - 7）显示，核心解释变量地方政府竞争的回归系数依然显著为正，贸易开放度的回归系数显著为负，并且两者的交互项显著为负，同基本回归结果保持一致。研究发现充分证明，主要研究命题并未受到内生性问题的影响。地方政府竞争显著加剧了城乡收入差距，而贸易开放缩小了城乡收入差距，贸易开放的调节作用也降低了地方政府竞争对城乡收入差距的正向影响。

表 4 - 7　2SLS 工具变量检验的主要回归结果

解释变量	Level				Change			
	(1)	(2)	(3)	(4)	(5)	(6)	(7)	(8)
Compete	0.214 ***	—	0.121 ***	0.344 ***	0.120 *	—	0.079	1.717
	(0.017)		(0.022)	(0.101)	(0.070)		(0.077)	(1.132)
Open	—	-0.112 ***	-0.071 ***	-0.115 ***		-0.127 **	-0.113 **	-0.350
		(0.009)	(0.011)	(0.020)		(0.052)	(0.053)	(0.313)
Compete × *Open*	—	—	—	-0.110 ***	—	—	—	-3.319
				(0.047)				(4.325)
Cons	0.909 ***	0.890 ***	0.864 ***	0.794 ***	-0.015 ***	-0.014 ***	-0.014 ***	-0.012
	(0.016)	(0.017)	(0.016)	(0.034)	(0.002)	(0.002)	(0.002)	(0.013)
Area	No	No	No	No	Yes	Yes	Yes	No
Year	No	No	No	Yes	Yes	Yes	Yes	No
F	155.9 ***	168.7 ***	107.3 ***	25.9 ***	4.9 ***	5.1 **	5.0 ***	21.8 ***

缩小城乡收入差距、促进城乡一体化发展是协调发展理念的重要内容，是事关中国成功跨越"中等收入陷阱"、提高人民群众福祉的重大理论现实问题，对实现"两个一百年"奋斗目标具有全局意义和深远影响。基于此，本章围绕城乡收入差距难题，聚焦贸易开放条件下的地方政府治理行为，运用 2003 ~ 2014 年中国 31 个省（区、市）的面板数据，采用混合 OLS 检验、固定效应模型、随机效应模型等分析了贸易开放度、地方政府竞争对城乡收入差距的影响，并多角度进行了稳健性检验。

研究发现：地方政府竞争显著提高了城乡收入差距，而贸易开放有利于缩小城乡收入差距；贸易开放显著弱化了地方政府竞争对城乡收入差距扩大的激励作用，说明贸易开放的调节作用有利于缩小地方政府竞争所带来的城乡收入差距；分地区看，地方政府竞争扩大了东部地区和西部地区的城乡收入差距，并缩小了中部地区的城乡收入差距，贸易开放阻碍地方政府竞争对城乡收入差距的正向影响力呈现中部最大、东部次之、西部最小的态势。稳健性检验表明：无论是变换模型形式、考虑国际金融危机冲击还是采用工具变量估计，回归结果都是一致的，证明研究结论是稳健的。

4.4　走向"为协调而竞争"：贸易的力量

本节重点关注新的政绩考评机制和贸易开放背景下地方政府竞争对城乡收入差距的影响。然而，准确识别贸易开放的作用是实证研究面临的一项重要挑战。传统关于贸易开放影响的计量检验得到的是变量间的相关关系，而不是基于具体贸易政策或具体事件做出的因果推断。可喜的是，2001 年中国加入 WTO 构成中国对外贸易发展历程中的"准自然实验"为本章评估贸易开放的作用和影响提供了良好契机。从中可以观测到一个典型事实：沿海发达省份和内陆省份两个组别在吸引外资和对外贸易中具有明显的差异，而这种天然差别可视为符合"准自然实验"的分组要求，但此时的政策效果评价并不是纯粹的自然实验过程，两者之间的区别在于实验样本和分组并不是完全随机的过程，而是基于研究设计进行的选择。据此分析，以中国加入 WTO 的年份为时间断点，分别选择沿海和内陆省份作为实验组和对照组，借助 DID 方法识别贸易开放政策的处理效应。

本节结合国家相关政绩考核评价制度体系，综合考虑地方政府的经济绩效和社会绩效，进一步将贸易开放因素纳入地方干部的晋升博弈框架，重点关注贸易因素对社会发展的交叉影响，并将社会发展抽象为城乡协调作为研究的具体内容，分析贸易开放能否促进地方政府为缩小城乡收入差距而竞争。本章的主要创新点和边际贡献体现在：借助"中国加入 WTO"这一准自然实验，采用 DID 方法研究加入 WTO 这一重大贸易规则改变事件所带来的影响，为有效识别贸易开放促进地方政府"为协调而竞争"提供了经验证据。研究发现：现阶段，贸易开放有利于缩小城乡收入差距，同时确实有促进"为协调而竞争"的积极作用，这说明加快开放型经济发展进程，既有利于分享经济全球化红利，也能促进城乡协调发展，能够实现"鱼"和"熊掌"兼得，这也是未来政策制定的发力点。

4.4.1　模型设定、变量选择和数据来源

1. 模型设定

（1）DID模型。构建DID模型，应同时考虑其分组效应和时间效应，也就是合理设定影响贸易的两个虚拟变量。第一，实验组和对照组的选择，主要从地理区位上将东部沿海12省（区、市）① 设定为实验组，将中西部内陆18个省（区、市）② 设为对照组，进行这种分组主要基于以下两方面考虑。一方面，沿海地区利用区位条件和先发优势，成为中国改革开放的排头兵，2015年东部沿海12个省（区、市）进出口总额占全国进出口总额的86.51%，而余下的18个省（区、市）仅占到13.49%，这也印证了东部沿海地区凭借天然的区位优势能够更深度参与国际贸易竞争。广大中西部地区受区位等因素的制约，在FDI和对外贸易等领域的发展基础薄弱、动力不足，对外贸易在经济增长中所占的份额较低，对经济发展的作用有限。另一方面，从典型地区之间的比较来看，存在较强的匹配性。例如，山东与山西、江苏与安徽、福建与江西、广东与湖南、广西与贵州、辽宁与吉林等两两对照的组别中，它们在区位上相邻或者相近，具有较为一致的发展前置因素；但是在现实贸易中，每个组别中的前者拥有更加优良的贸易区位优势，所以这种划分能够充分体现出"准自然实验"性质，便于识别考察贸易因素的影响。第二，政策实施的具体的时间。2001年11月10日在多哈召开的WTO第四次部长级会议审议通过中国加入WTO，并且于2001年12月11日生效，中国正式加入WTO。

---

① 12个省（区、市）包含北京、天津、河北、辽宁、上海、江苏、浙江、福建、山东、广东、广西、海南，其中广西和海南在经济上并非发达省（区），但是均属于沿海省（区），在对外贸易上具有天然优势。

② 由于西藏的数据缺失较为严重，所以并未考虑。

因此，"中国加入 WTO"对于中国国际贸易而言具有深刻的影响，是反映国际贸易政策性影响的宏观变量。于是，设定加入 WTO 之后的年份取值为 1，加入 WTO 之前的年份取值为 0。考虑到中国于 2001 年末才正式加入 WTO，这一变革的效果在当年并未显现，在 2001 年的取值也为 0。

基于以上考虑，我们可以将样本划分为四种主要类型，即加入 WTO 之前的实验组、加入 WTO 之后的实验组、加入 WTO 之前的对照组和加入 WTO 之后的对照组。所以 DID 模型可以表述为：

$$inequality = \alpha_0 + \alpha_1\, group + \alpha_2\, wto + \alpha_3\, group \times wto + \varepsilon$$

$$gdpgrowth = \alpha_0 + \alpha_1\, group + \alpha_2\, wto + \alpha_3\, group \times wto + \varepsilon$$

其中，$inequality$ 为城乡收入差距；$gdpgrowth$ 为人均 GDP 增长率；$group$ 则表示是否是实验组；wto 则代表当年是否已经加入 WTO。

根据上述模型，对于实验组而言，城乡收入差距可以表述为：

$$inequality = \begin{cases} \alpha_0 + \alpha_1 & \text{加入 WTO 之前} \\ \alpha_0 + \alpha_1 + \alpha_2 + \alpha_3 & \text{加入 WTO 之后} \end{cases}$$

其净影响为 $\alpha_2 + \alpha_3$。

同理，对于对照组则没有 $group$ 的影响，所以加入 WTO 前后的城乡收入差距分别可以表述为：

$$inequality = \begin{cases} \alpha_0 & \text{加入 WTO 之前} \\ \alpha_0 + \alpha_2 & \text{加入 WTO 之后} \end{cases}$$

其净影响为 α_2。

由此可得，加入 WTO 这一准自然实验的净影响为 α_3，也是两个虚拟变量交叉项的系数值。当 $\alpha_3 > 0$ 时，则说明贸易开放对城乡收入差距、人均 GDP 增长率存在正向影响，反之则相反。利用 DID 模型进行估计，能够大大排除样本中除贸易外其他固有因素的影响，降低模型估计的内生性，从而获得更加科学准确的影响结果。

（2）计量回归模型。在 DID 检验的基础上，本章进一步构建贸易开放度、地方政府竞争对城乡收入差距影响的面板回归模型，计量方程如下：

$$inequality = \alpha_0 + \alpha_1\, open + \alpha_2\, compete + \alpha_3\, CV + \varepsilon \qquad (4-24)$$

$$gdpgrowth = \alpha_0 + \alpha_1\, open + \alpha_2\, compete + \alpha_3\, CV + \varepsilon \qquad (4-25)$$

其中，*open* 表示贸易开放度，而 *compete* 表示地方政府竞争，*CV* 表示控制变量。

为了考察因变量滞后一期所带来的持续影响，进一步构建动态面板回归模型：

$$gap = \alpha_0 + \beta gap_1(-1) + \alpha_1 open + \alpha_2 compete + \alpha_3 CV + \varepsilon \qquad (4-26)$$

$$rate = \alpha_0 + \beta rate_1(-1) + \alpha_1 open + \alpha_2 compete + \alpha_3 CV + \varepsilon \qquad (4-27)$$

其中，$gap_1(-1)$ 和 $rate_1(-1)$ 分别代表因变量的滞后一期。

2. 变量选择和数据来源

本节重点考察经济社会协调发展的问题，分别采用人均 GDP 增长率和城乡收入差距予以衡量。核心解释变量中，贸易开放度采用进出口总额占 GDP 比重衡量，地方政府竞争采用财政支出占财政收入的比重予以衡量。

其他控制变量中，分别考察产业结构高级化（*structure*）、城乡收入差距的初始水平（*inequality*0）、人力资本水平（*human*）和是否为粮食主产区（*food*）的影响。其中，产业结构高级化采用第三产业增加值与第二产业增加值之比，衡量地区产业结构变迁因素对经济发展、社会发展的中观产业层面的影响；城乡收入差距的初始水平则是 1978 年各地区城乡收入差距水平，代表了地区协调发展的初始水平；人力资本水平则采用地区大学生数量占地区总人口的比重予以衡量，代表人力资本因素的影响；是否为粮食主产区则代表了地区农业生产情况。

本节研究的对象是中国 30 个省（区、市），数据来源于《中国统计年鉴》、各省区市统计年鉴和国家统计局网站，样本研究区间为 1978~2015 年。根据研究开展需要满足平行趋势假定的若干条件，本节所选择的实验组是东部沿海 12 个省（区、市），而余下的 18 个省（区、市）构成了对照组。关于贸易影响的时间节点以加入 WTO 为标准，所以将 1978~2001 年和 2002~2015 年分别设定为贸易规则发生根本性改变的两个时间区间。表 4-8 给出了主要变量的描述性统计结果。

表4-8 主要变量的描述性统计结果

变量	样本量（个）	最小值	最大值	均值	标准差
gap	1140	0.40	4.76	2.55	0.67

续表

变量	样本量（个）	最小值	最大值	均值	标准差
rate	1110	-0.29	1.25	0.15	0.10
group	1140	0.00	1.00	0.40	0.49
wto	1140	0.00	1.00	0.37	0.48
open	1140	0.00	2.20	0.23	0.33
compete	1140	0.11	8.98	1.75	0.95
structure	1140	0.21	4.04	0.82	0.39
*gap*0	1140	1.44	4.04	2.54	0.59
human	1140	0.00	0.03	0.01	0.01
food	1140	0.00	1.00	0.43	0.50

4.4.2　DID 检验

根据本章的研究逻辑，采用三重差分法能够巧妙地评估贸易开放度、地方政府竞争对城乡收入差距的影响。然而，由于根据贸易条件变化和地方政府竞争程度进行的分组存在趋同，此时使用三重差分法不再具有良好的估计效果。于是，我们首先采用 DID 方法评估"中国加入 WTO"的政策影响。

本章采用 DID 方法，通过构建加入 WTO 的"实验组"和尚未加入 WTO 的"对照组"，考察 2001 年中国加入 WTO 的准自然实验过程。通过控制其他因素对城乡收入差距的影响，进而对比加入 WTO 这一准自然实验对实验组和对照组影响的差异性，从而直接检验加入 WTO 这种对贸易规则、贸易行为产生重大影响事件的实际效果。

平行趋势假定是使用 DID 方法的前提。图 4-8 给出了加入 WTO 前后实验组和对照组城乡收入差距的历年省级平均值。从图 4-8 中可以看出，实验组和对照组两个组别之间存在较为显著的城乡收入差距，总的看来，实验组的城乡收入差距更小，而对照组的城乡收入差距保持较高水平。在传统分析中，若是将这种组别之间固有的收入差距归结为贸易因素的影响，会产生较强的内生性，其他可能是这些地区存在的其他影响因素所造成的组间差别被归纳到贸易因素中。

在 DID 模型中，需要着重考虑实验组和对照组在加入 WTO 之前城乡

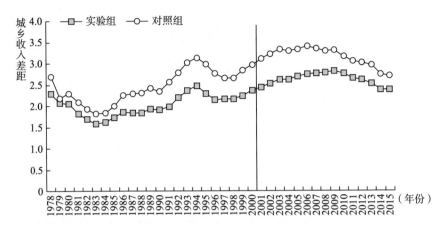

图 4 - 8　1978 ~ 2015 年实验组和对照组城乡收入差距

资料来源：笔者绘制。

收入差距的差别是固定的，这样才能够认为所挑选的对照组是适合的。从图 4 - 8 和表 4 - 9 中可以看出，加入 WTO 之前两个组别虽然存在固定的差距，但是它们的走势基本一致，当实验组城乡收入差距下降时，对照组也呈现相同的变化趋势，并且每一年的变化趋势均是保持同向变化，这初步可以判定对照组的选择是恰当的。加入 WTO 之后，实验组和对照组之间的差距发生了显著变化，也就印证了加入 WTO 以来，实验组相对于对照组，其城乡收入差距出现下降的趋势，这是从图 4 - 8 中的直观观测中所获得信息并构成实证检验的重点。

表 4 - 9　实验组和对照组城乡收入差距

组别	1978 年	1982 年	1986 年	1990 年	1994 年	1998 年	2002 年	2006 年	2010 年	2015 年
实验组	2.2883	1.6903	1.8625	1.9002	2.4663	2.1600	2.5300	2.7389	2.7637	2.3894
对照组	2.6892	1.9343	2.2474	2.3397	3.1329	2.6540	3.2265	3.3916	3.1709	2.7151

图 4 - 9 和表 4 - 10 中给出了人均 GDP 增长率的对比结果，从中可以发现同城乡收入差距类似的变化趋势，在加入 WTO 之前的实验组和对照组人均 GDP 增长率均表现出相同的变化趋势。加入 WTO 之后，可以看出实验组和对照组之间差异越来越大；在加入 WTO 之前，实验组的人均 GDP 增长率略微高于对照组，而加入 WTO 之后则完全相反，实验组

的指标值小于对照组数据，这也说明相对于对照组，加入 WTO 使得实验组的人均 GDP 增长率下降。

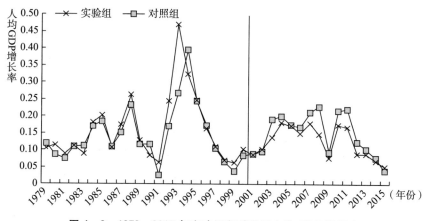

图 4 - 9　1979 ~ 2015 年实验组和对照组人均 GDP 增长率

表 4 - 10　实验组和对照组人均 GDP 增长率

组别	1979 年	1983 年	1987 年	1991 年	1995 年	1999 年	2003 年	2007 年	2011 年	2015 年
实验组	0.1044	0.0895	0.1754	0.0638	0.2464	0.0633	0.1362	0.1780	0.1669	0.0504
对照组	0.1188	0.1116	0.1510	0.0260	0.2452	0.0374	0.1900	0.2105	0.2209	0.0400

进一步采用城乡收入差距的一阶差分和二阶差分作为因变量，以是否是实验组为解释变量，考察加入 WTO 之前（1978 ~ 2001 年）消除城乡收入差距趋势项之后部分是否受到实验组和对照组的影响。回归结果（见表 4 - 11）显示，虚拟项 *group* 的影响并不显著，也就意味着加入 WTO 之前，实验组和对照组并没有显著差异，分组的划分并非内生影响，这也为后续加入 WTO 的研究提供基础保障。

表 4 - 11　加入 WTO 前实验组和对照组城乡收入差距的回归

变量	*inequality* 的一阶差分	*inequality* 的二阶差分	*gdpgrowth* 的一阶差分	*gdpgrowth* 的二阶差分
group	- 0.0116 (0.0201)	- 0.0161 (0.0279)	- 0.0079 (1.0552)	- 0.0196 (1.7825)

续表

变量	*inequality* 的一阶差分	*inequality* 的二阶差分	*gdpgrowth* 的一阶差分	*gdpgrowth* 的二阶差分
C	0.0179 (0.0127)	0.0293 * (0.0177)	0.3814 (0.6674)	- 0.5254 (1.1274)
N	690	660	690	660

注：＊表示变量在10%的水平上通过显著性检验；括号中为变量 *t* 检验的标准误差值。

综合来看，实验组和对照组的划分符合平行趋势假定，表4－12给出了DID估计结果。在控制了产业结构高级化、城乡收入差距的初始水平、人力资本水平和是否为粮食主产区等一系列变量后，加入WTO对沿海发达地区影响的估计变量 *group* × *wto* 对城乡收入差距的影响在5%的显著性水平上为负，并且估计值为 - 0.0636；估计变量 *group* × *wto* 对人均GDP增长率的影响则是在1%的显著性水平上显著为负，系数值为 - 0.0361。两个结果共同说明：与内陆地区相比，沿海发达地区更容易融入全球贸易的进程中，并且沿海发达地区在2001年中国加入WTO之后城乡收入差距显著缩小。但是沿海发达地区在2001年中国加入WTO之后，人均GDP增长率也呈现下降趋势，从而证实了推论4－2的基本结果。

表4－12　DID检验

变量	*inequality*	*inequality*	*gdpgrowth*	*gdpgrowth*
group	- 0.4537 *** (0.1527)	- 0.3969 *** (0.1033)	0.0147 ** (0.0076)	0.0171 ** (0.0081)
wto	0.6603 *** (0.1007)	0.8579 *** (0.1005)	0.0177 ** (0.0079)	0.0412 *** (0.0114)
group × *wto*	- 0.0674 ** (0.0324)	- 0.0636 ** (0.0338)	- 0.0403 *** (0.0126)	- 0.0361 *** (0.0127)
structure	—	0.1429 *** (0.0336)	—	- 0.0006 (0.0084)
*gap*0	—	0.2190 *** (0.0852)	—	- 0.0045 (0.0057)
human	—	- 18.2019 *** (3.5667)	—	- 1.9711 *** (0.7070)

续表

变量	inequality	inequality	gdpgrowth	gdpgrowth
food	—	-0.3956 *** (0.0953)	—	0.0017 (0.0063)
C	2.4953 *** (0.1136)	2.0310 *** (0.2573)	0.1349 *** (0.0048)	0.1504 *** (0.0185)
Adj. R^2	0.0432	0.1125	0.0064	0.0103
N	1140	1140	1140	1140

注：**、***分别表示变量在5%和1%的水平上通过显著性检验；括号中为变量 t 检验的标准误差值。

在走向"为协调而竞争"的发展道路中，可以看出贸易因素影响的异质性。一方面，贸易开放能够带来城乡收入差距的缩小，推动城乡协调发展，主要作用路径和机理就是在全球贸易框架体系下的，中国在全球产业链和价值链分工中的地位主要集中于附加值相对较低的加工、组装和制造环节，中国在对外贸易的发展中充分发挥劳动力比较优势，依赖大量农村剩余劳动力向城市和沿海地区转移，推动劳动密集型的产业蓬勃发展，贸易开放能够为更多农村地区带来显著的福利水平提升，拓宽农民收入来源，从而有利于缩小城乡收入差距。另一方面，随着生产能力和水平的提升，贸易开放对人均 GDP 增长率的影响却是负向的。对比回归结果中加入 WTO 的系数值显著为正，即对应一般的计量结果中加入 WTO 会带来人均 GDP 增长率的提升，但是从 DID 考察实验组和对照组的结果看，2001 年加入 WTO 后沿海地区的人均 GDP 增长率有所下降，这说明对照组获得比实验组更高的增长率水平。所以说，现阶段中国贸易对人均 GDP 增长率存在负向影响，这与中国贸易的粗放型发展特征高度相关，大量的附加值以国外跨国公司的利润为转移，而国内仅获得低廉的人工成本和微薄的企业经营利润。

表 4-13 汇报了考虑了核心解释变量后的 DID 回归结果。为了进一步验证模型的稳健性，综合采用混合 OLS 检验和面板数据的随机效应模型检验，两种回归结果均具有较好的可信度，并且反映 2001 年中国加入 WTO 之后对实验组和对照组的影响并未发生质的改变，这也印证了 DID 检验结果的稳健性较强。

表 4 – 13　DID 检验：进一步的考察

变量	混合 OLS *inequality*	随机效应 *inequality*	混合 OLS *gdpgrowth*	随机效应 *gdpgrowth*
group	– 0. 2794 *** (0. 0414)	– 04290 *** (0. 1455)	0. 0105 (0. 0086)	0. 0210 *** (0. 0063)
wto	0. 4657 *** (0. 0373)	0. 6479 *** (0. 0684)	0. 0133 (0. 0088)	0. 0148 (0. 0237)
group × wto		– 0. 0478 (0. 0364)	– 0. 0455 *** (0. 0130)	– 0. 0352 *** (0. 0085)
open	– 0. 0015 (0. 0580)	– 0. 0471 (0. 0466)	0. 0246 ** (0. 0114)	– 0. 0129 (0. 0084)
compete	0. 2222 *** (0. 0204)	0. 0161 (0. 0180)	0. 0034 (0. 0039)	0. 0038 (0. 0029)
CV	No	No	No	No
C	2. 0987 *** (0. 0441)	2. 4695 *** (0. 1040)	0. 1275 *** (0. 0085)	0. 1288 *** (0. 0153)
Adj. R^2	0. 3910	0. 0861	0. 0092	0. 0208
N	1140	1140	1140	1140

注：** 、 *** 分别表示变量在 5% 和 1% 的水平上通过显著性检验；括号中为变量 t 检验的标准误差值。

4.4.3　计量回归分析

本节进一步通过面板计量模型考察贸易开放条件下地方政府竞争对城乡收入差距的影响。

1. 静态面板回归分析

上述充分考察了贸易因素对城乡协调的影响，分析的逻辑起点和根源是一项对贸易形式、贸易格局、贸易规则具有重要影响的事件——2001 年中国加入 WTO，并且充分考察了以沿海发达地区为实验组和以内陆地区为对照组的相关情况。在更加一般的背景中，中国省级层面的竞争已经深入贸易竞争领域，通过吸引 FDI 等形式推动地区经济增长，并且招商引资成为实际操作中干部晋升的重要依据之一。因此，本章接下来的计量检验将着重考察地方政府竞争行为、贸易开放度对经济和社会发展的影响。

表 4 – 14 给出了贸易开放度、地方政府竞争与城乡协调的回归结果。

其中列（1）和列（2）中的因变量是城乡收入差距，而列（5）和列（6）中的因变量是人均 GDP 增长率。回归结果显示，贸易开放度对城乡收入差距的影响系数均在 1% 的置信水平上显著为负，而地方政府竞争的回归系数则均在 1% 的置信水平上显著为正。所以贸易开放度越高，越能促进城乡协调发展，从而证实了推论 4 - 3 的基本假设。通过农民工收入水平的提升带动农村收入水平的提升，有效降低城乡收入差距。地方政府竞争行为所带来的效果则是推动城乡收入差距的扩大。在干部晋升锦标赛模式下，地方政府竞争行为带来的是经济效益高于社会综合效益、推动经济增长成为干部之间晋升的主要依据，所以这种竞争的直接效果是城乡收入差距的扩大。从城乡协调的另一个维度——人均 GDP 增长率的回归结果看，列（5）中地方政府竞争对人均 GDP 增长率具有显著的正向影响，这也再次验证了经济效益导向的政府行为模式选择，从而直接证实了推论 4 - 2 的基本假设。列（3）中贸易开放和地方政府竞争的交互项系数在 10% 的水平上显著为负，所以从深层次的作用机制看，贸易开放能够缓解地方政府竞争对城乡收入差距的正向作用。

表 4 - 14　贸易开放度、地方政府竞争与城乡协调的回归结果

变量	(1) inequality	(2) inequality	(3) inequality	(4) inequality	(5) gdpgrowth	(6) gdpgrowth	(7) gdpgrowth	(8) gdpgrowth
open	- 0.4213 *** (0.0474)	- 0.4573 *** (0.0469)	- 0.2014 (0.1674)	- 0.1851 (0.1759)	- 0.0250 ** (0.0108)	- 0.0128 (0.0084)	- 0.0551 * (0.0298)	- 0.0575 * (0.0320)
compete	0.2132 *** (0.0175)	0.0463 *** (0.0158)	0.0579 *** (0.0174)	0.0583 *** (0.0182)	0.0158 *** (0.0044)	0.0023 (0.0028)	0.0004 (0.0031)	0.0011 (0.0033)
open × compete			- 0.2213 * (0.1309)	- 0.2158 (0.1455)			0.0366 (0.0247)	0.0385 (0.0265)
structure		0.1975 *** (0.0352)	0.2024 *** (0.0353)	0.2300 *** (0.0405)		- 0.0016 (0.0063)	- 0.0024 (0.0063)	- 0.0050 (0.0074)
gap0		0.1391 *** (0.0223)	0.1432 *** (0.0224)	0.1470 *** (0.0236)		- 0.0067 * (0.0040)	- 0.0074 * (0.0040)	- 0.0075 * (0.0043)
human		- 43.6504 *** (3.2936)	- 44.0336 *** (3.3001)	- 47.1996 *** (3.6057)		- 0.8372 (0.5862)	- 0.7738 (0.5874)	- 0.7022 (0.6561)
food		- 0.4075 *** (0.0242)	- 0.4079 *** (0.0242)	- 0.4104 *** (0.0254)		- 0.0001 (0.0043)	0.0001 (0.0043)	0.0009 (0.0046)
C	2.2692 *** (0.0389)	2.5529 *** (0.0756)	2.5348 *** (0.0764)	2.4700 *** (0.0791)	0.1194 *** (0.0085)	0.1649 *** (0.0135)	0.1679 *** (0.0136)	0.1734 *** (0.0144)

变量	(1) inequality	(2) inequality	(3) inequality	(4) inequality	(5) gdpgrowth	(6) gdpgrowth	(7) gdpgrowth	(8) gdpgrowth
Adj. R^2	0.5335	0.7010	0.7014	0.7085	0.5859	0.5769	0.5773	0.5612
N	1140	1140	1140	1050	1140	1140	1140	1050

注：*、**、***分别表示变量在10%、5%和1%的水平上通过显著性检验；括号中为变量 t 检验的标准误差值。

检验中继续考察对政绩考核影响较大的时间节点——党的十八大。党的十八大报告明确提出更加注重干部晋升中对社会效应的考察。所以表4-14中列（4）和列（8）参照列（3）和列（7），汇报了样本区间1978~2012年的回归结果。其中，最为核心的交叉项 $open \times compete$ 不仅显著性水平较低，同时系数的绝对值也较小，为0.2158，小于包含整个研究区间面板数据的回归系数的绝对值0.2213，这充分表明党的十八大以来，随着干部晋升考评体系对社会绩效考察力度的加强，贸易开放和地方政府竞争的共同影响对缩短城乡收入差距的作用更大，这也进一步证实完善政绩考核评价机制对社会发展具有积极影响。

2. GMM 估计

考虑到城乡收入差距是一个渐进累积的过程，所以继续在动态面板模型框架下采用 GMM 估计方法进行检验。GMM 模型设置时考察因变量滞后一期的影响，工具变量为解释变量滞后一期的变量，从而获得动态变化中的内在影响机制。表4-15给出了 GMM 估计结果。

表4-15　动态面板回归模型结果

变量	(1) inequality	(2) inequality	(3) inequality	(4) gdpgrowth	(5) gdpgrowth	(6) gdpgrowth
gap (-1)	0.0223 *** (0.0021)	0.0261 *** (0.0037)	0.1976 *** (0.0003)	—	—	—
rate (-1)	—	—	—	-0.5172 *** (0.0021)	-0.5217 *** (0.0018)	-0.3944 *** (0.0041)
open	-0.1056 *** (0.0068)	-0.0945 *** (0.0102)	0.2858 *** (0.0030)	-0.1581 *** (0.0021)	-0.1571 *** (0.0016)	-0.1139 *** (0.0133)
compete	0.0350 *** (0.0017)	0.0303 *** (0.0035)	0.1035 *** (0.0003)	-0.0194 *** (0.0004)	-0.0148 *** (0.0004)	0.0037 *** (0.0011)

续表

变量	(1) inequality	(2) inequality	(3) inequality	(4) gdpgrowth	(5) gdpgrowth	(6) gdpgrowth
open × compete	—	—	-0.1559*** (0.0016)	—	—	0.0806*** (0.0067)
CV	No	Yes	No	No	Yes	No
J-statistic	590.7961	581.3490	592.0002	612.9519	600.2394	606.2244
N	1080	1080	1080	1080	1080	1080

注：*** 表示变量在1%的水平上通过显著性检验；括号中为变量 t 检验的标准误差值。

从城乡收入差距看，无论是否考虑控制变量，滞后一期的城乡收入差距对城乡收入差距均存在显著的正向影响。这种结果印证了城乡收入差距存在较为显著的惯性，地区城乡收入差距的调整并不是突变的过程，而是渐进式量变过程。从核心解释变量的系数来看，贸易开放度对城乡收入差距的负向影响依然得到验证，而地方政府竞争对城乡收入差距的正向影响也均在1%的置信水平上通过显著性检验。

从人均 GDP 增长率的回归结果看，滞后一期的人均 GDP 增长率对地区人均 GDP 增长率具有显著的负向影响。这说明人均 GDP 增长具有波动性特征，当人均 GDP 增长率过高时，那么经济增长的潜力在较大程度上发挥，尤其是经济增长超过合意的经济增长，即超过平衡增长路径中经济增速，那么将会对下一期的经济增长产生负向影响，从而负向调节人均 GDP 增长率。

从控制变量的回归结果看，贸易开放和地方政府竞争均会带来人均 GDP 增长率的下降，其中贸易开放的影响机制同静态模型一致。考虑交叉项的影响，存在两个显著的特征。第一，在列（3）中是贸易开放度的系数符号发生改变，在列（6）中则是地方政府竞争的符号发生改变，说明在城乡收入差距动态模型中，贸易开放对城乡收入差距更多的是通过调节效应得以实现，贸易开放更多地表现为调节地方政府竞争对城乡收入差距的影响；而在人均 GDP 增长率的动态模型中，地方政府竞争对人均 GDP 增长率的作用也是通过调节贸易的影响机制得以实现。第二，列（3）中交叉项 open × compete 的系数值在1%的置信水平上显著为负，而列（6）中交叉项 open × compete 的系数值在1%的置信水平上显著为正，这种结果和静态回归模型的结果保持高度一致，印证了检验结果的稳健性。

我国经济已由高速增长转向高质量发展阶段，如何统筹协调经济增长和社会发展的关系，不断满足人民日益增长的美好生活需要，是决胜全面建成小康社会、跨越"中等收入陷阱"需要研究解决的重大现实问题。"为协调而竞争"要求正确处理好经济增长和社会发展的关系，促进实现经济社会良性互动、同步发展。具体而言，主要包括两个层次的含义：一方面，经济增长是协调的基础前提，只有做大经济蛋糕，才能为社会民生事业发展提供充足的物质保障；另一方面，在增长的基础上实现协调，即在"做大蛋糕"的同时要"分好蛋糕"，发展的成果需要更多更公平地惠及全体人民。

本章引入经济增长和社会发展双重目标导向，进一步丰富拓展干部晋升锦标赛的理论研究框架，系统考察贸易开放对经济社会协调发展的影响及作用机理。基于1978～2015年的30个省（区、市）的面板数据，综合采用DID检验、静态回归检验和动态GMM检验等方式考察了贸易开放度、地方政府竞争对城乡收入差距的影响。结果表明：与内陆地区相比，沿海发达地区更容易融入全球贸易进程，并且沿海发达地区在2001年中国加入WTO之后城乡收入差距显著缩小。但是沿海发达地区在2001年中国加入WTO之后，人均GDP增长率呈下降趋势。贸易开放度对城乡收入差距的影响系数均在1%的置信水平上显著为负，而地方政府竞争的回归系数则均在1%的置信水平上显著为正。所以贸易开放度越高，越能够促进城乡协调发展，通过提升农民工收入水平带动农村收入水平的提升，有效降低城乡收入差距。地方政府竞争行为所带来的效果则是推动城乡收入差距的扩大。贸易开放度和地方政府竞争的交叉项系数在10%的水平上显著为负，说明贸易开放能够缓解地方政府竞争对城乡收入差距的正向作用。动态GMM估计显示，滞后一期的城乡收入差距存在显著的正向影响，贸易开放对城乡收入差距的负向影响依然得到验证，而地方政府竞争对城乡收入差距的正向影响也均在1%的置信水平上通过显著性检验。

第 5 章　碳约束、引致性技术进步
与城乡收入差距动态演变

　　从收入构成看，城乡收入差距源于物质资本、人力资本等生产要素回报的城乡异质性（Nguyen et al.，2007），但在很大程度上与政府发展战略有关（林毅夫和陈斌开，2013；陈斌开和林毅夫，2013）。许多学者从不同层面研究证实，中华人民共和国成立初期政府实施的具有明显赶超特征的重工业优先发展战略及相关配套政策是城乡收入差距扩大的重要原因（Krueger et al.，1991；林毅夫等，1994；蔡昉和杨涛，2000；蔡昉，2003；林毅夫和刘明兴，2003；Kanbur and Zhang，2005；林毅夫和陈斌开，2009，2013；Lin and Chen，2011；陈斌开和林毅夫，2013）。重工业优先发展战略违背了发展劳动密集型产业的比较优势规律（陈斌开和林毅夫，2010），其影响城乡收入差距的关键在于扭曲了农民增收的制度基础，加剧了城市部门资本要素回报率远高于农村部门劳动要素回报率的分配失衡格局。需要强调的是，虽然重工业优先发展战略逐渐取消，但其长期实施导致形成了支撑城乡收入差距持续扩大的工业结构。从图 5 - 1 可以看出，重工业比重由改革开放初期的 56.9% 上升到 2011 年的

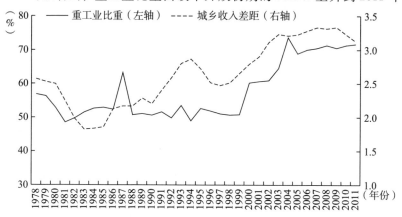

图 5 - 1　重工业比重和城乡收入差距演变轨迹

数据来源：《中国经济与社会发展统计数据库》。

70%以上，城乡收入差距演变轨迹和其基本相似。

文献发现和统计分析均表明：重工业优先发展战略及由此形成的重化工业结构对城乡收入差距具有重要影响，尤其是现阶段广泛存在的"两个70%"（重工业占工业的70%、工业能源消费占能源消费总量的70%）的发展结构调整相对缓慢。随着重工业优先发展战略目标的逐步显现及资源环境压力日趋增强，碳排放成为制约中国可持续发展的重要因素。2014年以来中国碳排放持平或者略有下降，但是2017年碳排放出现反弹。2018年的统计公报显示：2017年碳排放强度下降5.1%，GDP增幅为6.9%，碳排放增幅为1.4%。中国的碳排放持续处于世界第一的水平，是中国经济快速增长的必然要求，同时也面临极为严重的环境污染问题。并且，主要产生于工业、城镇的碳排放进一步加剧了城乡收入不平等（陈斌开和林毅夫，2013），不符合高质量发展的内在要求。若以此为研究的逻辑起点，对重工业发展施加碳约束，是否会影响城乡收入差距的演变轨迹呢？短期影响和中长期影响是否存在不同？其内在影响机理为何？中国政府实施并不断强化的碳约束政策为回答上述问题创造了有利条件。

近年来，国家高度重视生态文明建设，提出绿色发展新理念，着力加强体制机制改革顶层设计，积极履行大国责任，应对气候变化，实施能源消费和二氧化碳排放"总量+强度"双控行动，提出二氧化碳排放2030年达到峰值并争取尽早达峰的目标，未来以碳减排为代表的生态环境约束将不断强化。在此背景下，工业尤其是重化工业企业的节能减排降碳压力日益凸显，转型升级阵痛愈加明显，企业经营困难重重，纷纷寄希望于通过技术改造创新和优化内部资源要素配置寻找出路。解决这些难题和挑战，根本出路在于推动经济发展方式向质量效益集约型转变、产业结构向中高端迈进，在更大程度上依靠创新驱动和技术进步。而技术进步作为经济增长的源泉，是产业结构优化调整的关键支撑，也自然成为居民收入分配的主要贡献要素。这也进一步明晰了本章"以碳约束为切入点、以技术进步为中间机制"建立的"碳约束—技术进步—城乡收入分配"逻辑分析框架。

陈斌开和林毅夫（2010）、林毅夫和陈斌开（2013）分别从理论上探讨了政府发展战略通过城市化、产业结构影响收入分配的实现机制，为本章研究提供了有益启迪，也成为理论建模的逻辑起点。我们试图弥补文献研究的空白，抓住碳约束下生产技术条件跃迁、技术效率提升等趋势特征，从技术进步视角通过理论分析和政策模拟构建碳约束影响城乡收入差距的系统性解释框架，既刻画了碳约束背景下经济转型升级的具体路径，又能反映有效供给导向下支撑城乡收入差距演变的重要动力源，生动再现了由规制政策到实际效果的传导过程，为深度挖掘城乡收入差距演变机制提供较强的理论和实践基础。

5.1 文献综述

达成共识的是，城乡收入差距根植于城乡分割的二元经济结构（国家统计局农调总队课题组，1994；刘社建和徐艳，2004），但随着户籍制度改革的逐渐深化，城乡发展呈现由分割向融合演进的趋势（陈钊和陆铭，2008）。然而，以重工业优先发展战略等为代表的具有明显城市偏向的制度安排，引致城乡在资源配置上的不均等（Yang，1999；Zhang and Song，2003；Kanbur and Zhang，2005），导致城乡收入差距演变形成了稳定的路径依赖，所带来的直接后果是农业收入条件的持续恶化（Shifa，2013）和城乡收入不平等程度的加剧（Sicular et al.，2007）。而致力于生态文明建设和绿色发展的环境规制政策，有利于扭转产业结构"偏重"的倾向，有利于促进转变经济发展方式，进而有利于加快形成适应于城乡协调发展的经济结构。

围绕"碳约束—技术进步—城乡收入差距"主线，已有研究发现，以碳约束作为重要手段的环境规制能够促进技术进步。张成等（2011）构建环境规制强度与企业生产技术进步关系的数理模型，对省级工业部门检验发现：较弱的环境规制削弱了企业的生产技术进步率，增强环境规制会逐步提高企业的生产技术进步率。王杰和刘斌（2014）在建立环境规制与企业 TFP 关系数理模型的基础上，以 1998～2011 年中国工业企业数据为样本，通过计量检验发现：当环境规制强度较弱时，企业环境成本较低，技术创新的动机不够，TFP 会降低；当环境规制提高到能够促进企业技术创新时，只要环境规制处于合理的范围内，就会促进企业 TFP 的提高。以上文献能够充分说明环境约束对企业而言具有一定的

"倒逼效应"，企业的节能减排压力已经转化成技术创新的动力。

关于碳排放（环境质量）与收入分配的关系，目前主流文献关注的焦点主要集中于收入分配对碳排放（环境质量）的影响。Boyce（1994）在政治经济学框架下从理论视角分析了不平等导致环境退化的重要原因，主要包括三个方面：一是由于权力社会决策规则的不对称性，低收入群体对环境的保护能力弱于高收入群体对环境的破坏力；二是高收入群体从环境污染中获得收益，而成本往往由低收入群体承担；三是权力的不平等，使低收入群体更加贫穷，高收入群体也具有政治上的不安全感，进而提升了他们利用环境资源的时间偏好，于是更高的不平等将会导致更大程度的环境退化。从实证视角，Torras 和 Boyce（1998）基于 GEMS（Global Environment Monitoring System）数据和计量回归模型，采用七种水和空气质量指标分析了收入分配对环境质量的影响，结果支持 Boyce（1994）的假说，发现更加公平的收入分配会产生更好的环境质量，而且这种效应在低收入国家更为显著。对于碳排放而言，Padilla 和 Serrano（2006）创新性地应用收入分配分析工具，研究国与国之间的碳排放差异现象，结合非参数估计方法将碳排放差异分解为不同收入水平国家的收入差距和同一收入水平国家不同收入组别差距，研究发现不同收入组别差距是碳排放差异的主要原因，缩小中低收入组别差距对减轻碳排放差异的贡献更为明显。李海鹏等（2006）基于中国二氧化碳排放时间序列数据，通过拓展"环境库兹涅茨假说"分析了收入差距对碳排放的影响，结果发现收入差距扩大刺激二氧化碳排放，而且差距越大刺激效果越明显；此外，收入差距将通过作用于经济增长加剧环境污染。Baek 和 Gweisah（2013）在"增长—不均等—环境"框架下采用自回归分布滞后模型，研究了美国收入差距变化对碳排放变化的短期及长期效应，研究发现无论是短期还是长期，收入差距扩大均促进了二氧化碳排放。Zhang 和 Zhao（2014）利用 1995～2010 年中国 28 个省（区、市）的面板数据，分析了收入差距对碳排放的影响，并比较了东中西部的影响差异，研究发现东部地区收入差距对碳排放的影响较西部地区更为明显，而收入差距缩小对碳减排的积极作用在东西部均显著。从城乡收入差距的视角，肖容和李阳阳（2013）实证检验了城乡收入差距和人均碳排放量的关系，结果表明全国及中西部地区城乡收入差距对碳排放影响显著为正，收入差距扩大会加重经济增长对环境的破坏程度。以上研究均不同程度地证实收入差距与碳排放存在正相关关系，然而 Ravallion 等（1997）研究发现，国家之间、国家内部更高程度的不均等往往伴随着更低的碳排放。Heerink 等（2001）质疑了 Boyce（1994）的观点，认为收入差距扩大对二氧化碳排放具有显著的负向影响。

梳理文献发现，收入分配影响碳排放的主要机制基本清晰，但施加碳约束对收入分配的影响路径尚不明晰，而从理论视角探索碳约束影响城乡收入差距的内在机理，恰是深层次解析城乡收入差距演变机制的前提与关键。现有的理论和实证研究均相对较少，没有深入挖掘关注焦点由碳排放向碳约束转变这种供给侧结构性改革带来的实质性影响，对未来碳约束政策的模拟研究更是匮乏。本章试图弥补文献的这一空缺，以碳约束为研究主线，依据"技术进步—产业结构优化（尤其是工业内部结构优化）—适应碳约束要求"的事实逻辑，从技术进步的视角建立碳约束与城乡收入差距的理论联系，结合实证检验和政策模拟形成碳约束影响城乡收入差距的逻辑一致的解释性框架，为判断中长期城乡收入差距演变趋势、制定城乡协调发展相关政策提供有力参考。

5.2　基本假设和理论模型

5.2.1　城乡收入差距的理论框架[①]

借鉴都阳等（2014）的研究构建城镇化影响城乡收入差距的两部门理论模型，假设城市经济分为两个生产部门：工业部门和服务业部门，它们的生产函数分别满足：

$$Y_C = K_C^{\alpha_1} \left[X_C A \left(\beta s \right)^{\frac{\sigma-1}{\sigma}} \right]^{1-\alpha_1}, \quad Y_L = K_L^{\alpha_2} \left[X_L A \left(\beta s \right)^{\frac{\sigma-1}{\sigma}} \right]^{1-\alpha_2} \qquad (5-1)$$

其中，$X_i (i = C, L)$ 为部门初始劳动力；β 反映生产率的技能偏向程度；s 表示城镇化率。两部门工资分别为：

$$w_C = (1-\alpha_1) A^{1-\alpha_1} \left(\frac{K_C}{H_C} \right)^{\alpha_1}, \quad w_L = (1-\alpha_2) A^{1-\alpha_2} \left(\frac{K_L}{H_L} \right)^{\alpha_2} \qquad (5-2)$$

---

① 本节的理论分析框架沿用了孙华臣（2017）关于城乡两部门理论模型的分析逻辑。

其中，$H_i = X_i \, (\beta s)^{\frac{\sigma-1}{\sigma}}$ （$i = C$，L）表示部门生产的实际劳动力，本节将城市平均工资设定为：

$$\overline{w} = \frac{H_C}{H} w_C + \frac{H_L}{H} w_L \qquad (5-3)$$

其中，H 表示城市劳动总人口。假设农村地区拥有单一的农业生产部门：

$$Y_a = A_a T_a^{\gamma} H_a^{1-\gamma} \qquad (5-4)$$

则农村部门工资为：

$$w_a = \frac{Y_a}{H_a} = A_a \left(\frac{T_a}{H_a} \right)^{\gamma} \qquad (5-5)$$

其中，$H_a = X_a \left[(1-\beta)(1-s) \right]^{\frac{\sigma-1}{\sigma}}$，城乡收入差距可表示为：

$$\eta = \frac{\overline{w}}{w_a} = \frac{(H_C w_C + H_L w_L) H_a^{\gamma}}{H A_a T_a^{\gamma}} \qquad (5-6)$$

在碳约束的条件中，城乡收入差距是关于资本收益率的关系式，而要素收益是关于碳约束所带来影响的表达式，基于此，本节继续探讨碳约束所带来的城乡收入差距影响与作用机理。

5.2.2　考虑政府实施碳约束行为的影响

现阶段，碳约束作为一项推动经济内涵式增长的重要方式，主要通过"碳总量约束"和"单位 GDP 碳约束"两种途径实现。

（1）考虑碳排放的直接影响，即控制碳排放总量。"碳总量约束"越发成为经济增长进程中亟须考虑的重要命题，而它对农业部门和城市服务部门的影响并不显著，主要对城市工业部门产生较大的约束力。假设已有的碳排放总量为 Q_M，考虑碳约束的情景中碳排放量控制为 $\overline{Q}_M$，引入碳总量约束强度指标 υ，并且存在：

$$\upsilon = \frac{\overline{Q}_M}{Q_M} \qquad (5-7)$$

其中，碳约束强度 υ 衡量了政府的宏观意志，碳约束强度 υ 越小，说明政府的碳约束越紧。同时考虑到城市发展中碳约束的主要对象是工业，所以可假设工业产值与碳排放存在线性关系：

$$Q_M = \xi Y_c \qquad (5-8)$$

其中，ξ 为碳排放因子，即衡量了碳约束的另一方面——单位 GDP 碳约束，因此在碳约束条件下 $\overline{Y}_c = \dfrac{1}{\xi} \overline{Q}_M$，此时将式（5-7）和式（5-8）代入从而获得碳约束条件中工业部门产出的表达式：

$$\overline{Y}_c = \upsilon Y_c \qquad (5-9)$$

建立在哈罗德中性条件下的工业经济增长模型为：

$$Y_c = K_t^{\alpha} (A_t \cdot L_t)^{1-\alpha} \qquad (5-10)$$

其中，A_t 为技术进步因素。因此资本积累方程为：

$$\dot{K}_t = Y_c - C_t - \delta K_t \qquad (5-11)$$

技术水平 $\dot{A}_t / A_t = g$，资本折旧速率为 δ，所以资本的动态变化方程为：

$$\dot{k}_t = y_c - c_t - (n + g + \delta) k_t \qquad (5-12)$$

其中，资本的动态变化为资本深化的过程，它受到多种力量的共同作用：第一，产出水平成为资本深化的活水之源；第二，资本广化项目中，包含人口增加、技术进步和折旧三项因素。基于此，本节构建消费者的决策模型。消费者的效用函数形式为：

$$U = \int_{t=0}^{\infty} e^{-\rho t} u(C_t) \, dt \qquad (5-13)$$

其中，U 为消费者的效用，它是关于所有时期瞬时效用函数的折现值，其中有 CRRA 效用函数，所以瞬时效用函数：

$$u[C(t)] = \frac{C(t)^{1-\theta}}{1-\theta}, \theta > 0 \qquad (5-14)$$

在厂商、消费者均衡最优决策的基础上，构建消费者效用最大化的目标函数集：

$$\max U = \int_{t=0}^{\infty} e^{-\rho t} u(c_t) \, dt \qquad (5-15)$$

$$\text{s. t.} \begin{cases} \dot{k}_t = y_c - c_t - (n + g + \delta) k_t \\ y_c = k_t \end{cases} \tag{5-16}$$

构造现值哈密尔顿函数形式如下：

$$H = u(c) + \lambda [y_c - c - (n + g + \delta) k] \tag{5-17}$$

其中，λ 为 k 的影子价格。求现值哈密尔顿函数关于消费 c 和资本 k 的一阶偏导数，并令其值为零，从而获得最优均衡解，即 $\partial \Gamma / \partial c = 0$，$\partial \Gamma / \partial k = 0$，进而获得系统均衡解：

$$\begin{cases} \dot{k} = y_c - c - (n + g + \delta) k \\ \dot{c} = \dfrac{c}{\theta} \left[\dfrac{\mathrm{d}y}{\mathrm{d}k} - (n + g + \delta + \rho) \right] \end{cases} \tag{5-18}$$

所以完全竞争条件下，系统的均衡解 (k^*, c^*) 为：

$$\left[\left(\frac{\alpha}{n + g + \delta + \rho} \right)^{\frac{1}{1-\alpha}}, (1 - n - g - \delta) \left(\frac{\alpha}{n + g + \delta + \rho} \right)^{\frac{1}{1-\alpha}} \right] \tag{5-19}$$

系统均衡条件下，城市工业部门的人均有效产出水平为：

$$y_c^* = \left(\frac{\alpha}{n + g + \delta + \rho} \right)^{\frac{\alpha}{1-\alpha}} \tag{5-20}$$

根据 RCK 模型，Y_c 和 y_c 之间存在关系，所以平衡增长路径中的工业部门产出水平为：

$$Y_c^* = \left(\frac{\alpha}{n + g + \delta + \rho} \right)^{\frac{\alpha}{1-\alpha}} A_t L_c \tag{5-21}$$

其中，包含技术进步的公式。因为 $\dfrac{\dot{A}}{A} = g$，假设第一期的技术进步水平为 1，所以得出指数型的技术进步水平公式：

$$A_t = (1 + g)^{t-1} \tag{5-22}$$

则在碳约束条件下的平衡增长路径中，稳态中城市工业产出水平可以具体化为：

$$Y_c^* = \left(\frac{\alpha}{n+g+\delta+\rho} \right)^{\frac{\alpha}{1-\alpha}} (1+g)^{t-1} L_c \tag{5-23}$$

从产出视角转换到分配视角看，参与生产的两种要素——人力资本和物质资本共同获得所有的产出值，并且均按照对应的收益率水平获得产出回报，所以能够构建出两种收益率的相互关系式：

$$\omega_c L_c + \omega_k K = Y_c^* \tag{5-24}$$

两种资源获取所有的产出，城市两种资源的价格受到碳约束的影响而变成内生变量，所以需要消除内生性的影响，联立可解得：

$$\omega_c = \frac{(1-\theta) Y_c^*}{L_c} \tag{5-25}$$

考虑到碳约束的影响，碳约束之后的产出水平 $\overline{Y}_c = \upsilon Y_c$，所以在碳约束条件下，城市人力资本收益率：

$$\overline{\omega}_c = \frac{(1-\theta) \upsilon Y_c^*}{L_c} \tag{5-26}$$

再次结合式（5-3），能够解得城乡收入差距关于碳总量约束和技术进步的关系式：

$$Range = \frac{H_c \left[\upsilon(1-\theta) \left(\frac{\alpha}{n+g+\delta+\rho} \right)^{\frac{\alpha}{1-\alpha}} \cdot (1+g)^{t-1} \right] + H_L \omega_L}{A_a T_a^\gamma} \cdot \frac{H_a^\gamma}{H} \tag{5-27}$$

其中，城乡收入差距是关于 υ 的增函数，同时考虑到 υ 是关于政府碳约束强度的减函数，所以政府的碳约束越强，城乡收入差距越小。所以说，碳约束政策的实施初期，能够有效降低城乡收入差距。基本结论依然保持不变，只不过影响程度降低。这也和现实含义相吻合：把城市经济考虑成工业和服务业，并且假设服务业基本不参与碳排放，就相当于降低了这一比例。在后面的政策建议中，其实也暗含着城市经济部门需要大力发展服务业。

（2）考虑单位 GDP 碳约束的影响，也就是随着经济增长，控制每单位产出所产生的碳排放 ξ。在前文关于碳总量约束的分析中，工业产值与碳排放存在线性关系：$Q_M = \xi Y_c$。在更加复杂和真实的环境中，碳排放因子，即单位 GDP 碳排放量并不是一成不变的固定系数值，ξ 值也处于不断下降的通道中，这也刻画了单位 GDP 碳约束这一条件。

此时，产值与碳排放所存在的线性关系：

$$Q_M = \xi Y_c, \overline{Q}_M = \overline{\xi} Y_c \qquad (5-28)$$

进一步假设碳排放的单位 GDP 碳排放的约束为 η，即：

$$\eta = \frac{\overline{\xi}}{\xi} \qquad (5-29)$$

故而更加真实的条件中，$\upsilon = \dfrac{\overline{Q}_M}{Q_M}$，所以在碳总量约束和单位 GDP 碳约束下的工业产出水平 $\overline{Y}_c = \dfrac{\upsilon}{\eta} Y_c$。经济稳态条件下，工业产出水平为 $Y_c^* = \left(\dfrac{\alpha}{n+g+\delta+\rho} \right)^{\frac{\alpha}{1-\alpha}} (1+g)^{t-1} L_c$，考虑到单位 GDP 碳约束的影响，稳态条件中人力资本收益率：

$$\overline{\omega}_c = \frac{(1-\theta)\upsilon Y_c^*}{\eta L_c} \qquad (5-30)$$

城乡收入差距关于碳总量约束和技术进步的关系式：

$$Range = \frac{\dfrac{H_c}{\eta} \left[\upsilon(1-\theta) \left(\dfrac{\alpha}{n+g+\delta+\rho} \right)^{\frac{\alpha}{1-\alpha}} \cdot (1+g)^{t-1} \right] + H_L \omega_L}{A_a T_a^{\gamma}} \cdot \frac{H_a^{\gamma}}{H} \qquad (5-31)$$

其中，城乡收入差距是关于 υ 的增函数，政府的碳约束越强，城乡收入差距越小。城乡收入差距还是关于碳约束的减函数，单位 GDP 碳排放约束得越紧，系数 η 越小，城乡收入差距越大。这也反映了碳约束的总量和单位量两种影响路径产生相反的作用力。

在此背景下，还有一种更加贴近现实情景的分析：基于中国经济发展阶段而言，中国的碳约束政策所能够保证的是单位 GDP 碳排放量处于不断降低的区间内，但是中国的碳排放总量仍然处于不断上升的通道中，主要原因是中国经济仍然处于中高速的快速发展阶段，经济规模的不断壮大势必带来碳排放的不断增长，在达到增长极限后，则处于不断降低的过程；而单位 GDP 处于不断降低的通道中。

中国的碳约束存在多个划分阶段，在 $[0, t_1]$ 区间中，单位碳排放量快速下降，但是碳排放总量仍然处于快速上升阶段；在 $[t_1, t_2]$ 阶段中，单位碳排放量下降的速度降低，同期碳排放总量缓慢上升；在 $[t_2, t_3]$ 阶段中，单位碳排放量下降的速度较为缓慢，而发生重大变化的是碳排放总量处于下降的通道中；在 $[t_3, t_4]$ 阶段中，单位碳排放量和碳排放总量均趋于稳定（见图 5 - 2）。所以说，碳约束的直接效应对城乡收入差距的影响存在多重影响，并且这一影响在不同发展阶段存在异质性。

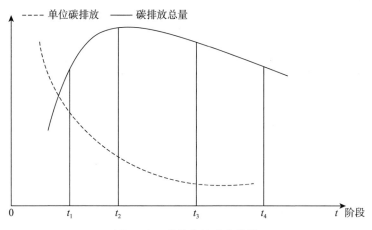

图 5 - 2　碳约束的动态模拟

（3）碳约束所带来的技术进步作用机理。碳约束还会激励创新步伐和技术进步速度，"碳减排" 成为推动产业结构转型、破解经济发展困境，实现经济、社会、自然协调可持续发展的必然选择。归纳起来，"碳减排" 主要通过引致性技术进步，即加速技术进步速率的形式得以实现，导致技术进步得以更快发展，所以建立在碳约束条件下的工业增长模型为：

$$Y_c = K_t^{\alpha} (M_t A_t L_c)^{1-\alpha} \tag{5-32}$$

其中，M_t 构成碳约束；在哈罗德中性条件下，A_t 为技术进步因素，所以 M_t 可以理解成在已有的技术因子基础上，新引入碳排放（M_t）因子，加速技术进步步伐。碳排放 M_t 的动态变化设为 $\frac{\dot{M}}{M} = \mu$，所以资本的动态变化方程为：

$$\dot{k}_t = y_t - c_t - (n + \mu + g + \delta) k_t \qquad (5-33)$$

由此构建均衡条件中的最优决策模型：

$$\max U = \int_{t=0}^{\infty} e^{-\rho t} u(c_t) \, dt \qquad (5-34)$$

$$\text{s. t.} \begin{cases} \dot{k}_t = y_t - c_t - (n + \mu + g + \delta) k_t \\ y_t = k_t \end{cases} \qquad (5-35)$$

系统均衡条件下，城市部门人均有效产出水平：

$$y_c^* = \left(\frac{\alpha}{n + \mu + g + \delta + \rho} \right)^{\frac{\alpha}{1-\alpha}} \qquad (5-36)$$

根据 RCK 模型，可得平衡增长路径中的产出水平为：

$$Y_c^* = \left(\frac{\alpha}{n + \mu + g + \delta + \rho} \right)^{\frac{\alpha}{1-\alpha}} M_t A_t L_c \qquad (5-37)$$

假设第一期的碳排放水平为 1，获得碳排放水平的公式：

$$M_t = (1 + \mu)^{t-1} \qquad (5-38)$$

则在碳约束条件下的平衡增长路径中，稳态中产出水平可以具体化为：

$$Y_c^* = \left(\frac{\alpha}{n + \mu + g + \delta + \rho} \right)^{\frac{\alpha}{1-\alpha}} (1 + \mu)^{t-1} (1 + g)^{t-1} L_c \qquad (5-39)$$

从产出视角到分配视角看，$\omega_c L_c + \omega_k K = Y_c^*$，综合考虑碳排放初期"碳排放总量约束"的影响，即 $\overline{Y}_c = \upsilon Y_c$，所以它建立在"碳排放总量约束"和"碳约束引致性技术进步"的双重作用中。另外，碳约束所带来的城市经济部门引致性技术进步，通过外溢效应带动其他部门生产技术效率和技术进步速度。

假设碳约束所带来的城市部门引致性技术进步对其他部门的外溢系数为 ϕ，则由此所带来的其他部门技术进步速率：

$$\dot{a}_n = 1 + \phi \mu \qquad (5-40)$$

同理，城市经济中，服务业的技术进步水平也得到同等程度的提升，所以：

$$\overline{\omega}_L = (1 + \phi\mu)\,\omega_L \tag{5-41}$$

参照城市部门的假设，本节依然假定农村部门第一期的技术进步水平为 1，所以农业生产的工资水平：

$$\omega_n = \frac{Y_n}{L_n} = (1 + \phi\mu)^{(t-1)}\, a_n\, \frac{T_a^\gamma}{H_a^\gamma} \tag{5-42}$$

代入城乡收入差距的式子中，从而获得综合影响下城乡收入差距关于碳约束和技术进步的关系式：

$$Range = \frac{\dfrac{H_C}{\eta} \cdot \left[\upsilon(1-\theta)\left(\dfrac{\alpha}{n+g+\delta+\rho}\right)^{\frac{\alpha}{1-\alpha}} \cdot (1+\mu)^{t-1}(1+g)^{t-1} \right] + H_L(1+\phi\mu)\,\omega_L}{(1+\phi\mu)^{t-1} A_a T_a^\gamma} \cdot \frac{H_a^\gamma}{H}$$

$$(5-43)$$

"碳减排"约束所带来的碳排放总量控制和产业结构优化调整策略，有利于微观企业层面在节能环保领域投入更多的 R&D 费用，加快节能环保技术的更新速度，从而确保与"碳减排"政策相适应，加快技术进步步伐。

碳约束对城乡收入差距的影响并不是静态、单一的，而是存在复杂的作用机理。作为一项约束条件，它的出台能够在短时期内约束工业的碳排放强度，但是碳排放总量仍然处于上升的过程，这也导致了碳约束对城乡收入差距影响存在不确定性。中期来看，碳约束并不是一项只有消极作用的单向传导政策，它会促使企业更加注重技术进步，促使更有创新意识、更有技术进步和效率提升的企业获得更大的发展空间和发展步伐。另外，它会带来更高的生产效率和收入水平，加剧城乡收入差距的不断扩大。长期来看，随着中国碳排放总量达到一定峰值，碳排放总量在长期中处于微弱下降的通道中，势必带动产业结构优化调整步伐，并且碳约束越来越严格，有利于在长期缩小城乡收入差距。

5.3　政策效果模拟

在理论建模的基础上，进一步根据表达式（5-43）模拟碳总量约束、单位 GDP 碳约束和技术进步等因素对城乡收入差距的影响。

5.3.1　参数校准

张军等（2004）通过不同资本类型的估算分析得出折旧率为 9.6%。
人口的动态特征：人口增速可以结合实际和发展规划，"十三五"规划
纲要提到，人口年均自然增长率 0.6%。技术进步：依据 Reis 和 Sequeira
（2007）的做法，技术进步率 g 设定为 0.01。康立和龚六堂（2014）的
研究分析中，采用的贴现因子为 0.99，消费者风险规避系数为 2，劳动
供给弹性为 0.5。生产函数中，资本的份额设定为 0.33，依据 Reis 和 Se-
queira（2007）的做法，将主观时间偏好率设为 0.02。国家统计局统计：
2016 年农林牧渔业从业人员 21496 万人，农林牧渔产值 11.21 万亿元，
农作物总播种面积 16665 万公顷。基于此，对城乡收入差距进行模拟，
为了考察模拟的效果，不仅模拟了 2017～2020 年城乡收入差距的基本情
况，同时还为了验证模拟的效果，向前模拟了 2000～2016 年的结果。

5.3.2　模拟结果

图 5-3 模拟了 2000～2030 年碳约束、引致性技术进步视角下城乡
收入差距的动态演化进程。考虑了碳约束和引致性技术进步条件下，城
乡收入差距呈现倒 U 形运动特征，模拟结果显示 2013 年城乡收入差距达
到最大值，系数值达到 3.6955。随后城乡收入差距不断下降，到 2020 年

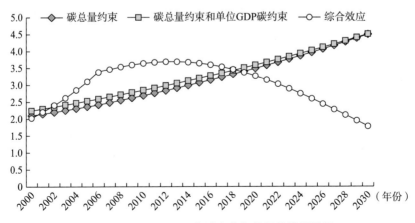

图 5-3　2000～2030 年城乡收入差距的模拟结果

城乡收入差距下降到 3.2714，到 2030 年显著下降到 1.7820，城乡收入差距的问题将会得到极大程度的缓解。

在构成城乡收入差距的结构性因素中，碳总量约束和单位 GDP 碳约束构成城乡收入差距增长的来源，而引致性技术进步则构成城乡收入差距下降趋势的来源。这里面分别存在碳排放总量变动、碳强度变动和技术进步的多重作用，这也印证了碳约束能够有效调整产业结构，加速工业部门碳利用效率的提升，获得更高的收益和扩大城乡收入差距，并且城乡收入差距扩大伴随着资源更为有效利用，是社会福利和人民福祉增进的过程。从长期发展看，碳排放总量约束直接缩小了城乡收入差距。

模拟效果分析。从图 5-4 来看，2000~2016 年的模拟结果十分契合我国城乡收入差距的发展实践。2013 年城乡收入差距达到最大，随后收

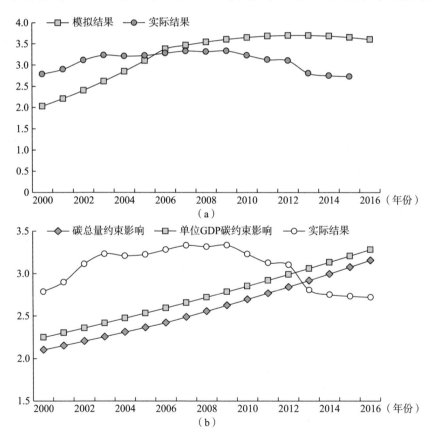

图 5-4 2000~2016 年城乡收入差距的模拟效果分析

入差距逐渐缩小。对比实际的城乡收入差距时，也几乎是在这一时点出现转折。实际上中国城乡收入差距最大的年份是 2009 年，数值达到 3.3328。这也间接证明了模拟结果与现实有较好的吻合。

图 5-5 中给出了城市部门对农村部门外溢系数差异化的条件下城乡收入差距的动态模拟结果，从中可以发现，碳约束的双重作用机制，导致外溢效应的提高对城乡收入差距并不是呈现线性变化趋势。

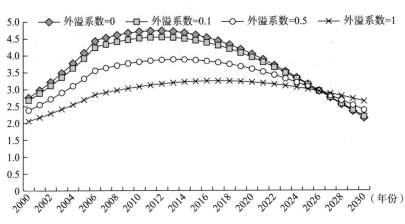

图 5-5　2000~2030 年城乡收入差距多情景模拟结果

第一，随着碳约束的政策效果不断显现，外溢效应在短中期的政策效果较为明显，能够有利于提升农村部门的生产效率进而降低城乡收入差距，但是从长期发展看，政策效果较为微弱。第二，在 2012 年之前，外溢系数越大，城乡收入差距越小，说明城市部门生产效率的提升所带来的"反哺"效应确实能够降低城乡收入差距。外溢系数越大，城乡收入差距能够越早地达到较为均衡的状态，而溢出效应越低，则收入差距需要经历越长时间的调整过程，并且在这段调整进程中，城乡收入差距不断扩大。

第6章　城乡收入差距对经济增长影响的门限效应

库兹涅茨（Kuznets，1955）认为，在经济发展的初始阶段，收入差距会有所扩大，随着经济发展达到一定阶段，收入差距将会逐渐缩小。改革开放以来，我国经济一直保持高速增长，但我国城乡收入差距在波动中呈逐步扩大的趋势（王少平和欧阳志刚，2008；蔡昉，2003；陆铭和陈钊，2004）。我国收入差距不断扩大与经济高速增长并存的现状向库兹涅茨倒U形假说提出了挑战，很多学者就库兹涅茨倒U形假说在我国是否具备适用条件进行了深入的研究。学者们通过研究发现，制度因素是造成我国经济持续增长背景下城乡收入差距不断扩大的内在原因（蔡昉和杨涛，2000；蔡昉，2003；陈钊和陆铭，2008）。

长期以来我国推行的重工业优先发展战略，带动了城市经济的快速发展和城市居民收入水平的迅速提高。农村以经营农业为主，农业基础设施落后，生产效率较低，农民收入得不到保障。重工业优先发展战略的实施，导致单位资本吸纳劳动力的减少，农业从业人员增加，农村收入水平下降，城乡收入差距扩大（林毅夫和陈斌开，2009；陈斌开和林毅夫，2010）。此外，由于我国农村基础教育水平落后、教育体系不健全、政府教育投入不足、农村人力资本积累缓慢，在一定程度上也阻碍了农村经济的发展和农民收入水平的提高。陈斌开等（2010）通过实证研究发现，教育水平差异是我国城乡收入差距最重要的影响因素，其贡献程度达到34.69%。我国长期坚持"效率优先、兼顾公平"的分配原则，允许一部分人先富起来，在一定程度上加剧了收入差距的扩大。城乡收入差距问题已引起我国政府的高度重视，社会主义新农村建设、科普惠农等一系列支农惠农政策的实施，都将有利于增加农民收入，缩小城乡收入差距，但城乡收入差距要想从根本意义上缩小，则需要政府持续的制度或政策支持。由此可见，城乡收入差距的扩大不仅仅是由人力资本、物质资本等生产要素的城乡差别导致的，更重要的是由国家推行的重工业优先发展战略，城市偏向的财政、教育政策等一系列制度安排引起的，城乡制度供给的不合理、不均衡才是真正的原因所在。

改革开放以来，我国城市化进程逐渐加快，城乡居民生活水平得到了很大的提高，但收入分配不合理、收入差距扩大等问题依然存在。收入差距的扩大引起了政府部门及社会各界的广泛关注。已有关于收入差距与经济增长之间关系的研究大多集中在经济增长对收入差距的影响，而关于不断扩大的收入差距对我国经济增长的影响，尤其是在各种相关制度实施的不同阶段，收入差距对经济增长产生非线性影响的相关研究并不多见。

6.1　城乡收入差距与经济增长

关于城乡收入差距与经济增长关系的研究，既包括城乡收入差距演变对经济增长的影响，也包括经济增长对城乡收入差距演变的作用，同时涵盖两者之间的相互影响、相互作用。起初，关于两者关系的研究并未引起广泛关注，自从 1955 年库兹涅茨提出倒 U 形假说以来，越来越多的学者开始关注两者之间的关系，掀起了城乡收入差距与经济增长之间关系研究的高潮。严格意义上来讲，库兹涅茨倒 U 形假说研究在经济增长过程中收入差距的变化特征，属于经济增长对收入差距影响的研究范畴。随着此项研究的深入，学者们逐渐将视野拓展到收入差距对经济增长的影响上。研究至今，关于两者之间关系的研究已成为发展经济学中比较传统而又具有现实研究意义的课题，在发展中国家更是如此。在我国，城乡收入差距与经济增长的关系问题，实质上就是公平与效率的关系问题，如何实现"鱼"和"熊掌"的兼得，即在经济增长过程中保持城乡收入差距稳定引起了理论界和实务界的极大兴趣，这也是实现社会稳定与和谐的关键所在。

由于本章主要关注的是改革开放以来我国城镇化进程中城乡收入差距演变对经济增长的影响效应，因此文献梳理的对象主要是收入差距对经济增长影响的方面，同时对经典的库兹涅茨倒 U 形假说的相关研究也略有涉及。最初的城乡收入差距与经济增长的关系，无非是两者之间正相关、负相关或者两者之间的关系不确定。随着学者们研究的深入及计量研究方法的进步，关于两者之间关系的研究变得更加细致，逐步从简单的线性研究拓展到非线性研究框架，学者们认为：随着社会进步和经济发展，两者之间的关系不是一成不变的，在经济发展的不同阶段，两者之间的关系可能会发生结构性的变化。下面将从线性关系与非线性关系两个方面对已有研究加以总结与评述。

6.1.1　城乡收入差距与经济增长的线性关系

城乡收入差距与经济增长之间的线性关系，即两者的关系不随着政策制度、经济环境等因素的影响而变化，两者之间长期保持着正相关或负相关关系，其相互之间的作用方向或影响系数大小均不发生明显变化。虽然库兹涅茨倒 U 形假说研究的两者之间的关系，是通过引入经济增长变量的平方项来考察的，属于非线性的研究范式，但在随后的众多研究中，学者们关注的焦点仍然是两者之间的线性关系。总体而言，关于两者之间正相关或负相关的研究结论均存在，研究结论因研究对象、研究区间或控制变量等因素的不同会发生一定的变化，但在计量方法的采用上，线性方法的研究模型必然得出两者之间存在线性关系。

Deininger 和 Squire（1998）采用新的收入及资产分配（土地作为替代变量）跨国数据研究了收入分配与经济增长的关系，经过不同视角的回归分析得出初始的资产不平等和经济增长之间有着明显的负相关关系，不平等阻碍了穷人的收入增长，但对富人不起阻碍作用，时间序列数据的结果为库兹涅茨倒 U 形假说提供了微弱支持。Aghion 等（1999）从两个方面研究了收入不平等与经济增长之间的关系：一方面研究了收入不平等对经济增长的影响，研究表明当资本市场不完善时公平与效率并不一定是均衡的，而且解释了初次分配不平等不利于经济增长和再分配有利于经济增长的结论；另一方面研究了经济增长影响工资不平等的机制，技术变化尤其是一般目的技术（General Purpose Technologies）的实施是工资不平等急剧上升的关键因素。Persson 和 Tabellini（1994）通过计量方法及敏感性分析得出收入不平等与经济增长具有统计显著、数量上十分重要的负相关关系。Panizza（2002）通过面板数据模型及截面回归模型证实收入差距与经济增长呈负相关关系，利用同样的数据通过结构方程检验了收入差距与经济增长联系的机制，得出财政机制是收入差距影响经济增长的关联渠道。Clarke（1995）的研究证实收入不平等与经济增长负相关，跨国数据表明收入不平等与经济增长的关系遵循库兹涅茨倒 U 形假说。Galor 和 Moav（2004）认为，在经济发展的初期，物质资本积累是经济增长的主要推动力量，收入不平等促进了经济增长。随着经济的发展，人力资本积累取代物质资本积累成为经济增长的主要引擎，收入不平等对经济增长的定性影响随之发生改变，此时的收入不平等将会加重信贷约束对人力资本积累的负面影响，从而不利于经济增长。

陈工等（2011）在简化世代交替模型的基础上，讨论了收入不平等、人力资本积累与经济增长之间的关系，理论模型表明：更公平的收入分配意味着更多人力资本积累和更快的经济增长，并利用我国省级面板数据进行验证，实证结果支持了理论模型的结论，即收入不平等和经济增长显著负相关，收入不平等和人力资本积累也存在负相关关系，而人力资本积累和经济增长显著正相关。准确地衡量城乡收入差距的大小对研究结果的精确程度具有十分重要的影响。用泰尔指数来测量城乡收入差距更能反映我国城乡二元经济结构的特征，但改革开放后城镇与农村人口数据、城镇居民可支配收入与农村居民纯收入数据的不完整导致测量结果有可能存在差异，曹裕等（2010）采用替代数据对城乡收入差距的泰尔指数进行了测算，表明我国城乡收入差距具有明显的阶段波动性并呈不断扩大的趋势。在进行面板单位根数据平稳性检验的基础上，基于城市化、城乡收入差距与经济增长的面板协整检验表明，城市化缩小城乡收入差距的作用显著，而城乡收入差距不利于经济增长，但其对经济增长的影响存在区域差异。陈昌兵（2008）基于内生增长理论，提出了收入分配影响经济增长的直接机制与间接机制，物质资本与人力资本是主要的影响渠道。工业化时期，物质资本是推动经济增长的主要因素，现代经济时期，经济增长主要由人力资本推动，现阶段收入差距扩大不利于经济增长。李子联（2011）基于需求的视角分析了收入分配影响经济增长的传导机制，分析表明收入分配不平等导致消费减少与社会总投资额下降，同时强化了政府在国民收入分配格局中的主导地位并促进了对外贸易的发展。总体上看，收入分配在给社会总需求带来"激励效应"的同时，也带来了"抑制效应"。钞小静和沈坤荣（2014）的研究发现，城乡收入差距通过影响劳动力的质量进而影响了我国的经济增长水平。

与目前比较认可的收入不平等与经济增长负相关的观点不同，Li 等（1998）通过理论研究得出结论：如果公共消费进入效用函数，则收入不平等会促进更高水平的经济增长；基于基线回归和敏感性分析的实证研究支持理论模型的结果，即收入不平等对经济增长有积极的影响，而且十分显著，这与 Alesina 和 Rodrik（1994）、Persson 和 Tabellini（1994）得出两者负相关的结论截然不同。Forbes（2000）在修正测量误差、采用面板估计方法控制非时变个体效应的基础上，得出了短期与中长期收入不平等的扩大对经济增长有积极影响的结论。传统的经济理论认为，劳动力的城乡流动会导致城乡收入差距的收敛，而事实上城乡收入差距却不断扩大，应瑞瑶和马少晔（2010）认为劳动力迁移导致的城乡分组变化是城乡收入差距统计值扩大的主要因素。在此基础上，应瑞瑶和马少晔（2011）将已经转变为城镇居民的农村居民进行还原对城乡收入差距进行估算并分析了影响城乡收入差距的主要因素，分析得出劳动力流动确实缩小了城乡收入差距，同时还发现经济增长扩大了城乡收入差距，但这种情况在最近的一个时期有所改善。另外，姜涛和杜两省（2014）采用 E‑G 两步法的研究也表明，我国城镇居民收入差距无论在短期还是在长期均会对经济增长产生正向影响。

6.1.2　城乡收入差距与经济增长的非线性关系

经济学研究的一般思路往往是从简单的线性关系逐渐向更具有现实意义的非线性关系过渡，而引起学者研究兴趣的库兹涅茨倒 U 形假说通过在解释变量中同时引入经济增长变量的一次项和平方项，打破了传统的研究思路，实则将此研究极早地拓展到非线性框架下。在随后的研究中，一系列关于库兹涅茨倒 U 形假说是否成立、是否在其他国家具备适用条件的研究开始涌现，相关数学模型的验证、支持与质疑也有大量学者关注。非线性关系是与两者的线性关系相对而言的，即随着外界条件或政策制度因素等的变化，城乡收入差距对经济增长的影响出现了方向或系数上的变化。随着计量研究方法的快速发展，平滑转移模型、阈值协整模型等比较典型的非线性方法开始应用到此研究中，也脱离了传统的仅在解释变量中引入经济增长的平方项这种简单的非线性研究，研究方法的进步解决了简单方法的局限性问题，研究结论也更有说服力。

　　库兹涅茨倒 U 形假说的提出是学者们关于收入差距与经济增长关系研究的转折点，随后一系列研究围绕此假说展开。Barro（2000）的面板数据估计结果表明，在贫穷国家收入不平等阻碍经济增长，而在富裕国家收入不平等有利于经济增长，计量结果同时为库兹涅茨倒 U 形假说提供支持，但并没有解释随着时间的变迁，不同国家收入差距扩大的现象。Clarke（1995）的研究同样遵循库兹涅茨倒 U 形假说。刘生龙（2009）基于拉姆齐模型从理论上证明了收入不平等对经济增长倒 U 形影响的存在，随后分别通过 OLS 和 GMM 估计给予了检验。他认为，在保持其他条件不变的情况下，收入不平等有最优值，即以基尼系数衡量不平等则基尼系数的最优值范围为 0.37 ~ 0.40。尹恒等（2005）基于内生财政政策理论的政治经济模型研究收入分配不平等对经济增长的影响，理论模型表明收入分配不平等与经济增长之间存在一定程度的库兹涅茨倒 U 形关系。余官胜（2009）利用 1978 ~ 2007 年省级面板数据通过面板单位根检验和协整检验发现，收入分配不公平与人均实际 GDP 均为一阶单整序列并存在面板协整关系，最后通过动态最小二乘法回归得出收入分配不公平对经济增长的影响是倒 U 形的结论，支持了库兹涅茨倒 U 形假说在中国的适用性。而在最新的研究中，王立勇等（2013）、郑万吉和叶阿忠（2015）、邵全权（2015）均证实城乡收入差距与经济增长之间存在倒 U 形或近似的非线性关系。

　　从最初的广泛支持到逐渐引起质疑，库兹涅茨倒 U 形假说的可信度有所下降，李实和李婷（2010）利用 2005 年全国 1% 人口抽样调查数据验证了经济增长与收入分配的关系，分析的结果没有为库兹涅茨倒 U 形假说提供支持。张继良等（2009）认为城乡收入差距的变动趋势在函数形式上近似具有库兹涅茨倒 U 形曲线的特征，但曲线的下降阶段具有很大的不确定性。通过对经济增长因素的分析发现，经济增长率对城乡收入差距的正向影响高度显著，经济增长拉大了城乡居民收入差距。王小鲁和樊纲（2005）认为，收入差距在各国表现出不同的演变特征是由各国的综合因素决定的，在中国主要受与经济增长有关的因素、收入再分配和社会保障、公共产品和基础设施的提供、制度方面的因素等的影响。通过 1996 ~ 2002 年省级面板数据对收入差距走势及其影响因素进行检验发现，城乡收入差距变动曲线只近似具有其上升阶段的特征，但下降阶段不能确证，说明中国的收入差距并不必然随着经济发展水平上升而无条件下降。教育机会不均等、社会保障体系的城乡差异、市场化过程中的资源分配扭曲等扩大了收入差距。吕炜和储德银（2011）的研究发现，中国城乡收入差距与经济增长之间存在非线性关系，但这种非线性关系对于东部地区和中西部地区的表现有所不同，并不完全表现为库兹涅茨倒 U 形曲线的特征。另外，范亚舟和王立勇（2012）对这方面的相关研究进行了简要的评述。

除围绕库兹涅茨倒 U 形假说的相关研究外，其他方面的非线性研究主要是利用较新的计量方法围绕经济发展的过程展开的。Shin（2012）通过构建随机最优增长模型对两者的关系进行研究得出：在经济发展初期高收入不平等阻碍增长，在经济稳定时期能促进经济增长；在经济稳定时期高收入税能够缩小收入差距，但在经济发展初期不起作用。Voit-chovsky（2005）研究了收入分配形成过程对经济增长的重要作用，基于卢森堡收入研究数据的实证研究表明：高收入国家的收入不平等对经济增长有积极影响，而低收入国家的收入不平等对经济增长起阻碍作用，与 Barro（2000）的研究结果相同。王少平和欧阳志刚（2007）在以泰尔指数测量我国地区城乡收入差距的基础上，通过面板协整模型和面板误差修正模型研究了城乡收入差距与经济增长的长期关系及短期动态调节效应。面板协整分析表明我国改革开放初期的城乡收入差距对经济增长产生促进效应，而现阶段城乡收入差距的扩大对经济的长期增长产生阻滞作用；面板误差修正模型的估计结果表明城乡收入差距与经济增长的长期稳定关系对短期经济增长具有抑制作用，对短期城乡收入差距的扩大具有刺激效应。王少平和欧阳志刚（2008）基于我国城乡二元经济结构的特征，不同于传统的以城镇居民可支配收入与农村居民纯收入之比来衡量城乡收入差距，他们认为用泰尔指数衡量我国的城乡收入差距更为贴切。在测量我国城乡收入差距和分析其演变特征的基础上，通过阈值协整模型分析了我国城乡收入差距与长期经济增长的非线性关系，分析表明：1978 ～ 1991 年城乡收入差距对实际经济增长效应为正；1992 ～ 1999 年，城乡收入差距对实际经济增长的作用由正向负平滑；1999 年以后，城乡收入差距对实际经济增长的效应为负，研究结果与其在 2007 年的研究结论近似。城乡收入差距不仅取决于城市工业化的速度，还取决于农村剩余劳动力向城市部门迁移的壁垒及城市部门努力提高其承载力进行公共建设投资的大小，只有城乡收入差距合理、农村剩余劳动力有序迁移、迁移人口规模同城市承载力相协调，经济效率才能不断改进。在此基础上，田新民等（2009）基于各自的收入最大化构建了政府、城市部门劳动者与农村部门劳动者三者之间的理论模型，得知当城市生产率在一定水平之上时，农村剩余劳动力转移会使城乡总收入增加，在城市部门经济效率下降前，应该鼓励农村剩余劳动力向城市迁移，在下降阶段到来后应努力提高城市部门的人口承载力，通过提升承载力实现顺利迁移。曹裕等（2010）利用面板协整的方法研究了城乡收入差距与经济增长的长期关系，研究结果表明，从总体来看，城乡收入差距不利于经济增长，但区域估计的结果表明，东北、西南地区城乡收入差距的扩大有利于经济增长，而华北、华东、华南、华中和西北地区城乡收入差距的扩大不利于经济增长。这就表明：在各地区的不同发展阶段，城乡收入差距对经济增长的影响存在差异。随着研究的深入，学者们开始意识到城乡收入差距对经济增长的非线性影响，研究两者之间的非线性关系更加符合实际。饶晓辉和廖进球（2009）基于1952~2004年的时间序列数据研究了城乡收入差距与经济增长之间的关系。他们利用平滑转换回归方法分析发现：两者之间的关系是非线性的，而且存在明显的区间转换动态特征。近年来，学者们关于两者关系的非线性研究均证实了非线性的存在，但关于制度实施及变迁过程中城乡收入差距对经济增长影响的结构性变化研究还并不多见，这也是本书研究的重点。

无论是线性研究还是非线性研究，关于两者关系的探索已经达到一个新的高度。随着研究的深入，学者们开始认同两者之间非线性关系的存在，非线性关系在中国同样适用。在本书的后续研究中，利用我国省级面板数据，引入相关的制度因素或经济方面的因素作为门限变量，其他的相关因素作为控制变量，采用面板门限回归模型进一步探索城乡收入差距对经济增长的非线性影响。同传统的线性研究相比，在制度变迁和经济发展的背景下对两者关系进行非线性研究更具有参考价值。

本节在利用线性面板回归模型研究城乡收入差距对经济增长影响的基础上，利用面板门限回归模型将此研究拓展到非线性框架。制度因素是一个复杂的综合体，为了研究的方便，主要选取城镇化水平、市场化程度、对外开放程度、财政农业支持等相关制度因素作为研究变量。改革开放以来，我国城乡收入差距在经济快速增长背景下呈逐渐扩大趋势。城乡居民没有同等地享受经济发展的成果，收入差距不断扩大，城乡制度供给的不合理、不均衡才是深层次的原因。本章在传统面板回归分析的基础上，采用 Hansen（1999，2000）提出的面板门限回归模型分析在相关制度实施的不同阶段城乡收入差距对经济增长的非线性影响。

本章旨在考察在制度实施的不同阶段城乡收入差距对经济增长产生的非线性影响，为以后深入研究制度变迁影响城乡收入差距与经济增长关系的内在机制提供启发。

6.2　模型构建及变量说明

收入差距的扩大会影响社会稳定，不利于经济的可持续增长。因此，如何解决我国收入差距过大、收入分配不合理的问题值得重点关注。在我国特殊的制度背景下，城市化水平滞后于工业化的发展，农村向城市的劳动力流动也没有带来城乡工资差距的均等化，城乡差距持续扩大（陈钊和陆铭，2008）。上文提到，制度因素是导致经济增长过程中收入差距扩大的内在原因。因此，考察在制度因素作用下收入差距对经济增长的影响，研究结果会更有价值。本章首先利用传统的线性面板回归模型分析城乡收入差距及各种制度因素对经济增长的影响，然后以经济增长为被解释变量，城乡收入差距为解释变量，相关制度因素作为门限变量，其他因素作为控制变量，利用 Hansen（1999，2000）提出的面板门限回归模型进行实证研究，通过实证检验分析在制度实施的不同阶段城乡收入差距对经济增长的非线性影响。

Hansen（1999）提出的面板门限回归模型解决了在静态面板数据下如何分析变量相互影响的非线性问题。Hansen 从模型的设想、提出到模型的检验、验证都给予了详细的论证。面板门限回归模型分为单门限回归模型及多门限回归模型，在多门限回归模型中，最常用的是双门限回归模型：

$$y_{it} = \mu_i + \beta_1' x_{it} I\ (q_{it} \leqslant \gamma_1)\ + \beta_2' x_{it} I\ (\gamma_1 < q_{it} \leqslant \gamma_2)\ + \beta_3' x_{it} I\ (\gamma_2 < q_{it})\ e_{it}$$

其中，y 为被解释变量；x 为解释变量；q 为门限变量；γ 为具体门限值。关于模型的求解过程请参考 Hansen（1999）的研究。

　　制度是一个很宽泛的概念，经济现实中很多因素可以视为制度因素。目前，在已有研究中常用的制度因素主要有城镇化水平、市场化水平、金融发展水平、对外开放程度、财政农业支持程度、教育发展水平，林毅夫和陈斌开（2009）、陆铭和陈钊（2004）对上述指标进行了详细的介绍，本章在借鉴林毅夫和陈斌开（2009）与陆铭和陈钊（2004）相关研究的基础上，选取上述六个制度因素指标。在制度实施的不同阶段，城乡收入差距会如何变化，是否会对经济增长产生不同的影响，在此先作定性分析。

　　（1）城镇化水平（$lcity$，用城镇人口数量/总人口数量表示）。改革开放以来，我国城镇化进程不断加快，城镇人口比重逐渐提升。城市化进程能够有效地促进经济增长（沈坤荣和蒋锐，2007），但与此同时我国城乡居民收入差距不断扩大。关于城市化对城乡收入差距的影响，国内学者的观点存在分歧。陆铭和陈钊（2004）认为，城市化对降低统计上的城乡收入差距有显著的作用；陈斌开和林毅夫（2010）认为，城市化水平越低，城乡工资差距越大；周云波（2009）认为，城市化是城乡收入差距倒 U 形现象出现的主要原因。而程开明和李金昌（2007）发现城市化与城市偏向是造成城乡收入差距扩大的原因。城市化最直接的表现是农村人口向城镇的流动和迁移，对缩小收入差距可能有积极作用，也可能产生一些负面影响（陆铭和陈钊，2004）。在我国城市化的初期，政府过度地追求经济增长，实施了一系列城市偏向政策，城镇居民的收入大于农村居民的收入，城镇居民收入差距扩大，而随着城市化进程的推进，政府采取一些支农惠农政策来扶持农村经济，有利于促进农村居民收入水平的提高，但随着城镇部门生产率的提高及城镇居民资本的积累，在资本回报率大于劳动回报率的现状下，城乡居民收入差距可能继续扩大。随着城镇化进程的推进，城乡收入差距对经济增长的影响是否会发生变化，本章将在实证检验中给出答案。

　　（2）市场化水平（$lmar$，用非国有企业就业人数/总就业人数表示）。我国经济体制由传统的计划经济向市场经济转型是比较典型的制度变迁。随着计划经济向市场经济的转型，我国经济市场化程度更高，竞争程度加强，有效地促进了经济增长。与此同时，居民生产的空间也逐渐扩大，参与生产的积极性有所提高，民营经济、私营经济等迅速发展。总体上看，市场化水平的提高促进了城乡居民收入水平的提高，也有利于经济增长，但对城乡收入差距的影响及在此基础上产生的对经济增长的效应需要实证来检验。

（3）金融发展水平（用存贷款总额/GDP 表示）。改革开放以来，我国金融业发展迅速，在经济增长中的作用越来越明显，但我国农村金融发展滞后也是不争的事实。我国金融业的发展主要集中在城市，城镇居民能够享受到金融行业发展带来的好处，获得财产性收入，收入会明显增加，因此，金融发展水平的提高在一定程度上拉大了城乡居民收入差距。在金融发展的不同阶段，城乡收入差距对经济增长的影响同样会发生变化。

（4）对外开放程度（$lopen$，用进出口总额/GDP 表示）。对外开放是我国经济发展的重要推动力。随着我国加入 WTO、金融业开始全面对外开放，我国的对外开放程度逐渐提高。对外开放为我国各地区的发展带来的机遇有很大差异，从区域角度讲，东部沿海地区更多地享受到了对外开放带来的好处。从城乡角度看，人力资本水平较高的城镇居民获得在外企工作的机会更多，工资收入更高，同时能够更多地获得技术提升的机会，而农村居民有可能获得在外资制造、农业加工企业工作的机会，工资收入相对较低。因此，对外开放在促进经济增长的同时有可能拉大城乡收入差距。

（5）财政农业支持程度（$lagr$，用财政农业支出/财政总支出表示）。政府对农业的支持会加快农业的发展，提高农业的生产率，同时会有效地提高农民收入，缩小城乡收入差距。政府农业支持对经济增长的促进作用不如支持城镇明显，但长期看有利于经济的可持续发展。

（6）教育发展水平（$ledu$，用每万名学生教师数来衡量）。教育是人力资本积累的重要途径。教育的发展意味着人力资本水平的提高，自从舒尔茨提出人力资本理论以来，教育发展对经济增长的积极影响就已达成共识。在教育发展过程中，由于城镇教育发展快于农村，城乡收入差距可能会有所扩大，但随着教育的发展及国家对农村教育的重视，城乡收入差距可能会呈缩小趋势。

以上六个因素是比较典型的制度因素，实证研究将选取上述六个因素作为控制变量来分析城乡收入差距对经济增长的影响。在门限分析中，将选取部分制度因素作为门限变量以分析在制度实施的不同阶段，城乡收入差距对经济增长影响的门限效应。

6.3　模型的面板数据分析

本章在利用传统面板数据模型分析城乡收入差距对经济增长影响的基础上，采用面板门限回归模型将此研究拓展到非线性框架下。随着各种政策及制度的实施，城乡收入差距对经济增长的影响在不同的阶段可能发生变化，因此，采用非线性模型研究两者关系更具有现实意义。

考虑到面板数据的平稳性，避免产生伪回归，尤其是非线性模型对数据的平稳性要求更高，本章首先进行面板单位根检验来分析面板数据的平稳性。在第 4 章城乡收入差距的影响因素研究时已经展示过如何开展描述性统计、相关性检验及面板单位根检验，在此不再重复。检验结果表明，金融发展水平非平稳，不适合进行面板门限回归分析。

6.3.1　非平衡面板回归分析

本章主要研究改革开放以来在经济快速增长及收入差距不断扩大的背景下，城乡收入差距对经济增长的影响。根据数据的可获得性，首先利用我国 29 个省（区、市）的非平衡面板数据[①]分析了城乡收入差距与经济增长之间的关系。由于金融发展变量未能通过平稳性检验，为了提高回归分析的可信度，将此变量在回归分析中予以剔除，实证检验的结果如表 6 - 1 所示。

表 6 - 1　面板数据模型的回归结果（29 个省区市）

解释变量	(1)	(2)	(3)	(4)	(5)	(6)	(7)	PCSE
Intercept	4. 15 *** (45. 99)	4. 68 *** (59. 84)	5. 68 *** (84. 31)	5. 64 *** (98. 1)	5. 12 *** (42. 7)	1. 21 * (1. 7)	0. 84 ** (2. 09)	0. 89 (0. 79)

---

① 　原始数据来源于相关年份各地区统计年鉴。

续表

解释变量	(1)	(2)	(3)	(4)	(5)	(6)	(7)	PCSE
lineq	0.57 *** (19.4)	0.4 *** (15.59)	0.21 *** (10.86)	0.16 *** (9.69)	0.16 *** (9.71)	0.147 *** (8.81)	0.21 *** (16.96)	−0.006 (−0.33)
lcity		0.99 *** (20.1)	0.62 *** (16.09)	0.36 *** (10.1)	0.35 *** (9.98)	0.36 *** (10.4)	0.24 *** (8.75)	0.19 (4.96)
lmar			1.42 *** (27.16)	1.26 *** (26.76)	1.19 *** (25.65)	1.21 *** (26.5)	0.8 *** (27.28)	0.71 *** (5.81)
lopen				0.3 *** (17.34)	0.26 *** (14.19)	0.21 *** (10.46)	0.24 *** (17.24)	0.16 ** (4.16)
lagr					−0.14 *** (−4.89)	−0.16 ** (−5.57)	−0.22 *** (−7.13)	−0.04 (−1.04)
ledu						0.6 *** (5.57)	0.56 *** (8.88)	0.48 *** (2.68)
F 值	36.93	34.21	52.11	47.01	39.05	35.81	—	—
Chi²	98.21	39.04	20.86	12.19	27.75	26.77	—	—
模型形式	固定效应	固定效应	固定效应	固定效应	固定效应	固定效应	FGLS	—

注：*** 表示在 1% 的显著性水平上通过检验，** 表示在 5% 的显著性水平上通过检验，* 表示在 10% 的显著性水平上通过检验；列 (1)~列 (7) 括号内数值为 T 统计量，PCSE 模型中括号内数值为 z 统计量。

在表 6 - 1 的回归模型中，被解释变量为经济增长，城乡收入差距（lineq）为解释变量，其他变量为控制变量。实证检验结果表明，列 (1)~列 (7) 及 PCSE 列中估计的结果均是稳健的，并且列 (1)~列 (6) 采用的均是固定效应模型。在实证分析过程中，通过 F 检验及豪斯曼检验进行模型的选取，即通过 F 检验判断是选取混合效应模型还是固定效应模型，通过豪斯曼检验判断是采用固定效应模型还是随机效应模型，检验结果表明两类检验均接受了固定效应模型。在列 (6) 中所做的估计后进行了面板数据的自相关及异方差检验，检验发现模型存在自相关和异方差，因此采用面板模型的广义最小二乘法及 PCSE 估计进行修正，列 (7) 的修正结果与列 (6) 相比符号没有变化，各变量回归系数均通过了显著性检验，只是系数大小有所不同。而 PCSE 估计城乡收入差距变量回归系数的符号发生了变化但不显著，其他变量符号未发生变化，仅财政农业支持变量未通过显著性检验。

　　实证检验结果表明，各变量在列（1）~列（7）中的系数符号均是一致的，而且所有变量都通过了显著性检验。从表6-1可以看出，改革开放过程中，城乡收入差距的扩大促进了经济增长，这与我国特殊的制度背景是相吻合的。由于城镇部门的劳动生产率远大于农村部门的劳动生产率，政府部门为了追求经济的快速增长，优先将资源配置在城镇部门。我国政府相继实施的重工业优先发展战略及城镇偏向的一系列政策安排，在促进经济增长的同时也拉大了城乡居民的收入差距。从表6-1的实证结果发现，对外开放、市场化、城镇化及教育发展均有利于经济增长，而财政农业支持则不利于经济增长。统计数据时发现，财政农业支出占财政总支出的比重呈缩小趋势，由此可知政府实行了带有明显城镇偏向的财政政策，在城镇部门生产率大于农村部门的背景下，政府对农业的支持就经济效率而言是低效率的，因此实证研究得出了政府对农业的支持没有起到促进经济增长的结论，但从长远来看，随着国家对"三农"问题重视程度的不断提高，对农业支持的力度不断加大，社会主义新农村建设、现代农业的快速发展等将强化农业生产的基础，有利于经济的可持续发展。我国追求经济增长的政绩考核导向导致地方政府普遍采取了城镇偏向的经济政策，从而在促进经济增长的同时漠视了农村地区的发展，在城镇生产效率大于农村生产效率的条件下，相同的财政支持用于城镇从经济增长的角度而言也许是更优的。

6.3.2　平衡面板的线性回归分析

　　由于在进行面板门限回归分析时，必须采用平衡面板数据。为了增加研究的可比性，在上文进行非平衡面板分析的基础上，对数据不全的省（区、市）予以剔除，利用平衡面板数据重新进行线性回归分析，回归分析的结果如表6-2所示。表6-2的回归结果涵盖样本中包括直辖市与不包括直辖市两种情况。表6-2的回归模型结果同表6-1对应部分的回归结果基本是一致的，包括直辖市和不包括直辖市的回归结果从符号上而言也基本是一致的，从而验证了面板回归分析结果的稳健性。由于各解释变量对经济增长的影响同表6-1基本一致，在此不再重复解释。

表 6 - 2　面板数据模型的回归结果

解释变量	27 个省区市（包括直辖市）				24 个省区市（不包括直辖市）			
	（1）	（2）	（3）	（4）	（5）	（6）	（7）	PCSE
Intercept	0.396 (0.99)	1.24 * (1.69)	0.82 ** (2.03)	1.1 (1.1)	1.5 *** (3.4)	2.54 *** (3.1)	1.3 *** (2.9)	1.17 (1.15)
lineq	0.18 *** (12.3)	0.15 *** (8.9)	0.2 *** (16.3)	− 0.01 (− 0.55)	0.26 *** (15.1)	0.18 *** (8.8)	0.25 *** (16.97)	− 0.002 (− 0.11)
lcity	0.25 *** (7.99)	0.35 *** (10.1)	0.24 *** (8.7)	0.18 *** (5.2)	0.21 *** (6.9)	0.33 *** (9.15)	0.21 *** (7.4)	0.17 *** (4.7)
lmar	0.72 *** (19.2)	1.14 *** (25.6)	0.8 *** (26.9)	0.7 *** (6.95)	0.76 *** (18.8)	1.29 *** (23.3)	0.78 *** (23.7)	0.68 *** (6.45)
lopen	0.22 *** (13.88)	0.21 *** (10.8)	0.24 *** (17.3)	0.16 *** (4.7)	0.23 *** (13.5)	0.22 *** (9.3)	0.25 *** (16.1)	0.16 *** (4.16)
lagr	− 0.32 *** (− 9.78)	− 0.19 *** (− 6.4)	− 0.21 *** (− 6.8)	− 0.05 (− 1.36)	− 0.22 *** (− 6.3)	− 0.17 *** (− 5.5)	− 0.18 *** (− 5.94)	− 0.047 (− 1.3)
ledu	0.55 (8.88)	0.57 *** (5.8)	0.57 *** (8.9)	0.44 *** (2.9)	0.45 (6.9)	0.41 *** (3.27)	0.52 *** (7.7)	0.42 ** (2.57)
F 值	468.83	34.96	—	—	349.43	30.1	—	—
Chi^2	—	12.02	—	—	—	59.3	—	—
模型形式	混合效应	固定效应	FGLS	PCSE	混合效应	固定效应	FGLS	PCSE

注：*** 表示在 1% 的显著性水平上通过检验，** 表示在 5% 的显著性水平上通过检验；列（1）、列（2）、列（5）、列（6）括号内数值为 *T* 统计量，FGLS 模型中、PCSE 模型中括号内数值为 *z* 统计量。

6.4　面板门限回归分析

改革开放以来，伴随着各项制度安排的实施及一系列制度的变迁，城乡收入差距对经济增长的影响是否一成不变呢？在各项制度安排实施初期及实施的中后期，城乡收入差距对经济增长的影响是否存在结构上的变化呢？本节采用 Hansen（1999，2000）提出的面板门限回归模型来回答上述问题。

面板门限回归模型求解的第一步是通过门限效应检验确定门限效应是否存在及门限效应存在情况下门限的个数。如果通过门限效应检验发现不存在显著的门限效应，则面板门限回归模型演变为普通的线性面板回归模型。本节利用 Matlab 数据分析软件[①]对面板门限回归模型进行求

---

① 在此感谢 Hansen（1999）在其个人主页上提供的 Matlab 程序。

解。由于考虑的制度因素较多，结合变量的平稳性，在此选择比较有代表性的城镇化、财政农业支持及对外开放作为门限变量以考察城乡收入差距对经济增长的非线性影响。

6.4.1 门限效应检验

门限效应检验是求解门限回归模型的关键。若不存在门限效应，即使门限回归模型回归系数的显著性很高，也没有实际意义。因此，在进行门限回归分析之前，首先进行门限效应检验以确定门限效应是否存在及门限效应存在情况下门限的个数。当门限效应存在时，若门限个数为1，则面板门限回归模型为单门限回归模型；若门限个数为2，则模型为双门限回归模型，以此类推，表6-3汇报了门限效应检验的结果。

表6-3　门限效应检验（一）

检验形式		城镇化	财政农业支持	对外开放
单门限检验	F_1	88.75***	83.56***	90.72***
	Bootstrap P-value	0.0000	0.0033	0.0067
	（10%，5%，1%）临界值	49.82，62.90，72.25	50.27，58.45，76.17	50.02，59.05，81.25
双门限检验	F_2	68.35**	21.46	29.75
	Bootstrap P-value	0.0333	0.43	0.2033
	（10%，5%，1%）临界值	48.47，57.52，75.11	38.82，48.05，61.15	38.17，46.12，52.58
三门限检验	F_3	38.97	10.63	11.59
	Bootstrap P-value	0.1633	0.7967	0.6867
	（10%，5%，1%）临界值	43.85，51.78，70.72	31.02，35.15，46.28	29.02，33.64，44.28

注：*** 表示在1%的显著性水平上通过检验，** 表示在5%的显著性水平上通过检验。

从表6-3汇报的结果中可以看出，在选取财政农业支持及对外开放两个因素作为门限变量时，城乡收入差距对经济增长的影响仅存在单门限效应，而当城镇化作为门限变量时，城乡收入差距对经济增长的影响存在双门限效应。当城镇化作为门限变量时，单门限检验值 F_1 在1%的显著性水平上通过检验，双门限检验值 F_2 在5%的显著性水平上通过检验，而三门限检验未能通过，因此此时存在双门限效应；当财政农业支持及对外开放分别作为门限变量时，单门限检验值 F_1 均在 1% 的显著性水平上通过检验，而双门限检验 F_2 均未通过检验，因此此时仅存在单门限效应。

6.4.2　门限值的确定

Hansen（1999）利用 Chong（1994）、Bai（1997）提出的序贯估计法对门限回归模型中的门限值进行求解，并据此构建了门限值的置信区间。门限值求解的结果如表 6 - 4 及图 6 - 1 ~ 图 6 - 3 所示。

从表 6 - 4 的结果中可以看出，三个变量的门限值均位于相应的 95% 水平的置信区间内。为了更形象地理解门限值的概念及求解原理，图 6 - 1 ~ 图 6 - 3 分别刻画了三个门限变量门限值的具体数值。很明显，从图 6 - 1 ~ 图 6 - 3 可以得知曲线与横轴的交点即门限值的具体数值，即当似然比（Likelihood Ratio）等于零时，门限变量的大小就是确定的门限值。

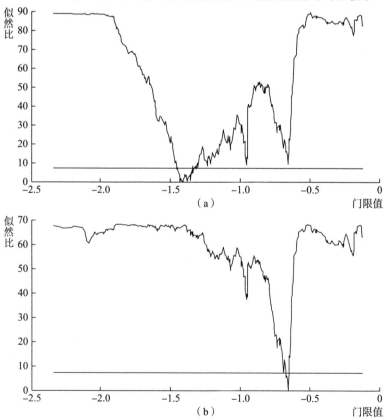

图 6 - 1　门限变量：城镇化（一）

表 6 – 4　门限值求解结果（一）

门限变量（取对数）	代码	门限估计值	95%水平置信区间
城镇化	R_{c1}	– 1.416	[– 1.454， – 1.315]
	R_{c2}	– 0.656	[– 0.691， – 0.648]
财政农业支持	R_{a1}	– 2.499	[– 2.511， – 2.481]
对外开放	R_0	– 1.716	[– 1.966， – 1.713]

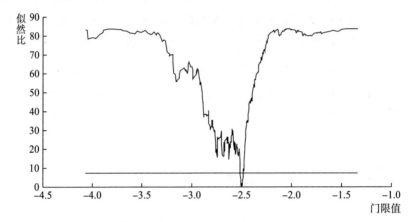

图 6 – 2　门限变量：财政农业支持（一）

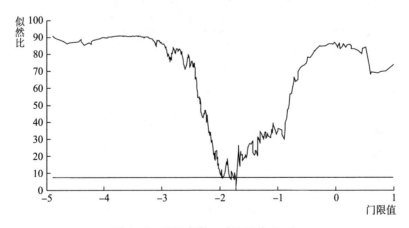

图 6 – 3　门限变量：对外开放（一）

6.4.3　门限回归分析

在对面板门限回归模型进行门限效应检验及门限值确定的基础上，对该模型进行回归分析，面板门限回归分析的结果如表 6 – 5 所示。

表 6 – 5　面板门限模型估计结果（一）

解释变量	门限变量：城镇化			门限变量：财政农业支持			门限变量：对外开放		
	回归系数	OLS SE	White SE	回归系数	OLS SE	White SE	回归系数	OLS SE	White SE
$lcity$	—	—	—	0.2966	0.0354	0.0386	0.3979	0.0347	0.0406
$lmar$	1.1922	0.046	0.0466	1.1715	0.046	0.0518	1.2227	0.0481	0.0540
$lopen$	0.2109	0.0207	0.0214	0.25	0.0197	0.0202	—	—	—
$lagr$	– 0.2009	0.0297	0.0262	—	—	—	– 0.3161	0.0286	0.0267
$ledu$	0.3486	0.1083	0.1081	0.3917	0.11	0.1052	0.8088	0.1057	0.1035
$Lineq$ $(thresh < R)$ $[Lineq$ $(thresh < R_1)]$	0.2514	0.0178	0.0264	0.0934	0.017	0.0269	0.1906	0.0173	0.0297
$Lineq$ $(thresh > R)$ $[Lineq$ $(R_1 < thresh$ $< R_2)]$	0.1684	0.0176	0.0301	0.1694	0.0165	0.0296	0.0743	0.0184	0.0275
$[Lineq$ $(thresh > R_2)]$	0.0769	0.017	0.0214	—	—	—	—	—	—

注：[ ] 内表示城镇化作为门限变量时，城乡收入差距对经济增长影响存在双门限效应的估计值；当财政农业支持及对外开放作为门限变量时，由于仅存在单门限效应，用 $Lineq$（$thresh < R$）及 $Lineq$（$thresh > R$）表示。

从表 6 – 5 的回归结果可以看出，当城镇化作为门限变量时，随着城镇化水平的提高及城镇化进程的加快，虽然城乡收入差距对经济增长有促进作用，但促进作用在逐渐减弱。这说明在城镇化进程中，短期内城乡收入差距促进了经济增长，随着城镇化程度的不断提高，城乡收入差距对经济增长的促进作用越来越弱：当 $lcity$ 跨过 – 1.416 的门限时，城乡收入差距对经济增长的影响系数由 0.2514 下降到 0.1684，而当跨过 – 0.656 的门限时，促进作用继续减弱，下降到 0.0769。当财政农业支持作为门限变量时，随着支持力度的加大，城乡收入差距对经济增长的促进作用不断加强，跨过门限值，门限回归系数由 0.0934 提高到 0.1694；随着政府对农业财政支持力度的加大，农民收入水平会有效提高，此时会有利于缩小城乡收入差距，在此背景下的城乡收入差距扩大需要城镇经济更快更好地发展，因此随着城乡收入差距的扩大经济增长会更明显。当对外开放作为门限变量时，跨过门限值，门限回归系数由 0.1906 下降为 0.0743，门限效应极为显著，随着对外开放程度的提高，城乡收入差距对经济增长的促进作用逐渐收敛。从经济含义上来讲，城镇化及对外开放两个变量分别作为门限变量时，随着我国城镇化进程的加快及对外开放水平的提高，城乡收入差距对经济增长的影响存在"收敛效应"，即当两个变量分别跨过各自的门限时，城乡收入差距对经济增长的促进作用均有所减弱。当财政农业支持作为门限变量时，随着政府对农业财政支持力度的加大，城乡收入差距对经济增长的促进作用逐渐增强，此时城乡收入差距的扩大意味着城镇经济比农村经济更好地发展，因此总体经济增长更为显著。

根据各门限变量门限个数及门限值的大小，可以将城镇化、财政农业支持、对外开放的发展阶段进行分类。当城镇化作为门限变量时，存在双门限效应，因此可以分为低城镇化、中城镇化及高城镇化三类；当财政农业支持作为门限变量时可以分为财政农业小支持和财政农业大支持两类；当对外开放作为门限变量时，可以分为低开放程度和高开放程度两类。依据上述分类，可以判断每年落入每类区间的省（区、市）个数，汇总结果分别如表 6-6～表 6-8 所示。从表 6-6 可以清楚地看出，1979～2008 年，城镇化进程在逐步推进，低城镇化地区个数在减少，中、高城镇化地区个数在增加，但大部分地区还处于中城镇化阶段，2002 年以后低城镇化地区个数为 0，高城镇化地区约为 1/3。与统计数据发现的现象相同，政府财政农业支持的力度在减小，财政农业大支持地区的个数下降明显，而且年份之间具有很大的跳跃性，说明财政农业支持受政策的影响较大，不具备良好的持续性。随着我国改革开放进程的加快，对外开放程度日益提高，低开放程度的地区个数在减少，而高开放程度的地区个数在增加，但总体上看，大部分地区处于低开放阶段。

表 6 – 6　1979 ~ 2008 年不同城镇化水平省（区、市）个数

单位：个

类别	1979 年	1980 年	1981 年	1982 年	1983 年	1984 年	1985 年	1986 年	1987 年	1988 年
低城镇化	17	18	18	14	17	14	11	10	9	9
中城镇化	6	5	5	9	6	8	11	12	13	13
高城镇化	4	4	4	4	4	5	5	5	5	5

类别	1989 年	1990 年	1991 年	1992 年	1993 年	1994 年	1995 年	1996 年	1997 年	1998 年
低城镇化	9	10	10	10	9	8	7	5	5	5
中城镇化	12	12	12	11	11	11	11	13	13	13
高城镇化	6	5	5	6	7	8	9	9	9	9

类别	1999 年	2000 年	2001 年	2002 年	2003 年	2004 年	2005 年	2006 年	2007 年	2008 年
低城镇化	4	5	2	0	0	0	0	0	0	0
中城镇化	13	14	17	18	18	19	18	17	17	17
高城镇化	10	8	8	9	9	8	9	10	10	10

表 6 – 7　1979 ~ 2008 年不同财政农业支持程度省（区、市）个数

单位：个

类别	1979 年	1980 年	1981 年	1982 年	1983 年	1984 年	1985 年	1986 年	1987 年	1988 年
财政农业小支持	4	4	4	4	6	5	6	9	9	8
财政农业大支持	23	23	23	23	21	22	21	18	18	19

类别	1989 年	1990 年	1991 年	1992 年	1993 年	1994 年	1995 年	1996 年	1997 年	1998 年
财政农业小支持	8	8	11	10	10	12	15	14	18	20
财政农业大支持	19	19	16	17	17	15	12	13	9	7

类别	1999 年	2000 年	2001 年	2002 年	2003 年	2004 年	2005 年	2006 年	2007 年	2008 年
财政农业小支持	23	23	24	21	25	16	21	23	14	9
财政农业大支持	4	4	3	6	2	11	6	4	13	18

表 6 – 8　1979 ~ 2008 年不同开放程度省（区、市）个数

单位：个

类别	1979 年	1980 年	1981 年	1982 年	1983 年	1984 年	1985 年	1986 年	1987 年	1988 年
低开放程度	23	22	21	21	21	22	21	20	20	19

续表

类别	1979 年	1980 年	1981 年	1982 年	1983 年	1984 年	1985 年	1986 年	1987 年	1988 年
高开放程度	4	5	6	6	6	5	6	7	7	8

类别	1989 年	1990 年	1991 年	1992 年	1993 年	1994 年	1995 年	1996 年	1997 年	1998 年
低开放程度	20	20	19	17	18	16	16	17	17	17
高开放程度	7	7	8	10	9	11	11	10	10	10

类别	1999 年	2000 年	2001 年	2002 年	2003 年	2004 年	2005 年	2006 年	2007 年	2008 年
低开放程度	17	17	17	17	15	15	16	16	15	15
高开放程度	10	10	10	10	12	12	11	11	12	12

6.4.4　稳健性检验

前文利用我国 27 个省（区、市）的平衡面板数据研究了城乡收入差距对经济增长影响的门限效应，为了进一步验证门限回归分析的结果，同时考虑到直辖市城镇化进程与其他地区具有明显的差异，因此本节剔除北京、上海及天津三个直辖市的样本对前文的门限回归分析进行稳健性检验。稳健性检验与门限回归分析的步骤相同，仅在研究样本上存在差异，检验目的是验证去除异常值后门限效应是否会发生显著的变化。

1. 门限效应检验

从表 6-9 汇报的结果中可以看出，在选取财政农业支持及对外开放两个因素作为门限变量时，城乡收入差距对经济增长的影响仅存在单门限效应，而当城镇化作为门限变量时，城乡收入差距对经济增长的影响存在双门限效应，与前文的研究结果相同。当城镇化作为门限变量时，单门限检验值 F_1 和双门限检验值 F_2 均在 5% 的显著性水平上通过检验，而三门限检验未能通过，因此此时存在双门限效应；当财政农业支持及对外开放分别作为门限变量时，单门限检验值 F_1 分别在 5% 和 1% 的显著性水平上通过检验，而双门限检验 F_2 均未通过检验，因此此时仅存在单门限效应。

表 6 - 9 门限效应检验 （二）

检验形式		城镇化	财政农业支持	对外开放
单门限检验	F_1	68.24 **	61.04 **	68.00 ***
	Bootstrap P-value	0.0133	0.03	0.0067
	（10%，5%，1%）临界值	45.08，49.96，74.35	50.38，55.66，69.14	39.35，48.74，62.9
双门限检验	F_2	53.8 **	26.24	24.76
	Bootstrap P-value	0.0333	0.3333	0.1567
	（10%，5%，1%）临界值	44.21，50.49，62.11	38.82，44.13，58.97	30.56，38.53，56.89
三门限检验	F_3	39.87	13.38	11.24
	Bootstrap P-value	0.11	0.7333	0.6033
	（10%，5%，1%）临界值	42.31，49.14，70.46	37.79，43.01，56.66	25.99，31.15，39.57

注： *** 表示在1%的显著性水平上通过检验， ** 表示在5%的显著性水平上通过检验。

Hansen（1999）利用 Chong（1994）、Bai（1997）提出的序贯估计法对门限回归模型中的门限值进行求解，并据此构建了门限值的置信区间。门限值求解的结果如表 6 - 10 及图 6 - 4 ~ 图 6 - 6 所示。

表 6 - 10 门限值求解结果 （二）

门限变量（取对数）	代码	门限估计值	95%水平置信区间
城镇化	R_{c1}	- 1.415	[- 1.454， - 1.317]
	R_{c2}	- 0.656	[- 0.691， - 0.648]
财政农业支持	R_{a1}	- 2.492	[- 2.51， - 2.473]
对外开放	R_0	- 1.716	[- 1.985， - 1.394]

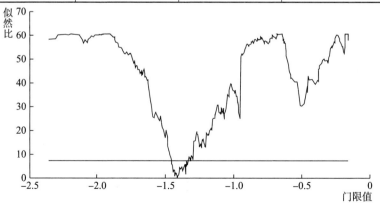

图 6 - 4 门限变量：城镇化 （二）

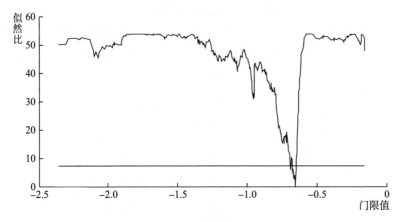

图 6-4　门限变量：城镇化（二）（续）

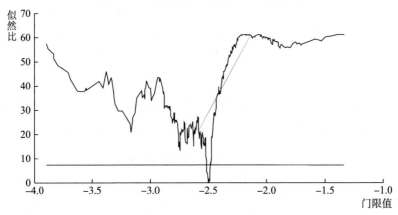

图 6-5　门限变量：财政农业支持（二）

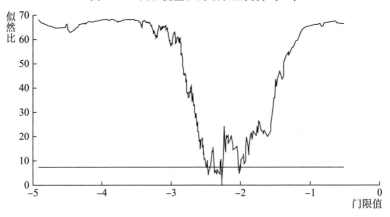

图 6-6　门限变量：对外开放（二）

　　从表 6 - 10 的结果中可以看出，三个变量的门限值均落在了其相应的 95% 水平的置信区间内。为了更形象地理解门限值的概念及求解原理，图 6 - 4 ~ 图 6 - 6 分别刻画了三个门限变量门限值的具体数值。很明显，从图 6 - 4 ~ 图 6 - 6 可以得知曲线与横轴的交点即门限值的具体数值，即当似然比等于零时，门限变量的大小就是确定的门限值。同前文的结果相比，门限值的大小基本未发生明显的变化，其中城镇化变量的第二个门限值及对外开放的门限值与前文的结果完全相同，城镇化变量的第一个门限值及财政农业支持门限值与前文的门限值相比仅发生了微小的变化。

　　2. 门限回归分析

　　在对面板门限回归模型进行门限效应检验及门限值确定的基础上，对该模型进行回归分析，面板门限回归分析的结果如表 6 - 11 所示。

表 6 - 11　面板门限模型估计结果（二）

解释变量	门限变量：城镇化			门限变量：财政农业支持			门限变量：对外开放		
	回归系数	OLS SE	White SE	回归系数	OLS SE	White SE	回归系数	OLS SE	White SE
lcity	—	—	—	0.2876	0.0372	0.0397	0.3946	0.0358	0.0414
lmar	1.2536	0.0564	0.0587	1.2331	0.0564	0.0693	1.2886	0.0581	0.0694
lopen	0.2295	0.0234	0.0244	0.2561	0.0228	0.025	—	—	—
lagr	- 0.2032	0.0317	0.0275	—	—	—	- 0.3167	0.0307	0.0292
ledu	0.1802	0.1224	0.1228	0.2735	0.1243	0.1169	0.7392	0.1147	0.1132
Lineq (*thresh* < *R*) [*Lineq* (*thresh* < *R*$_1$)]	0.2468	0.021	0.0332	0.1109	0.0215	0.0393	0.1972	0.0207	0.0392
Lineq (*thresh* > *R*) [*Lineq* (*R*$_1$ < *thresh* < *R*$_2$)]	0.1703	0.0212	0.0376	0.1797	0.0203	0.0412	0.0887	0.0238	0.0411
[*Lineq* (*thresh* > *R*$_2$)]	0.0831	0.0217	0.03	—	—	—	—	—	—

　　注：[ ] 内表示城镇化作为门限变量时，城乡收入差距对经济增长影响存在双门限效应的估计值；当财政农业支持及对外开放作为门限变量时，由于仅存在单门限效应，用 *Lineq*（*thresh* < *R*）及 *Lineq*（*thresh* > *R*）表示。

通过门限效应检验及门限值确定发现，本节的研究结论同前文相比未发生特别明显的变化。表6－11的估计结果得出了与表6－5回归结果类似的结论，即当城镇化与对外开放作为门限变量时，城乡收入差距对经济增长的促进作用随着城镇化与对外开放水平的提高逐渐减弱，而当财政农业支持作为门限变量时，城乡收入差距对经济增长的促进作用有所增强。

综合门限效应检验、门限值确定及面板门限回归分析的结果，可以得出结论：城乡收入差距对经济增长的面板门限效应研究结果是稳健的。

6.5　动态门限效应分析

正如前文所述，城乡收入差距的形成和演变是一个历史延续的过程，其成因包含历史、制度、政策等多方面因素。这也充分说明城乡收入差距是动态变化的，是连续累积的。此时，采用动态面板门限回归模型更能反映城乡收入差距的演变特征和变化特点。另外，由于城乡收入差距和经济增长存在相互作用的关系，两者之间相互作用在计量模型中会产生反向因果偏误，导致内生性的出现，这也需要在动态门限回归模型中解决。

6.5.1　动态面板门限回归模型

Hansen（1999）提出的静态面板门限回归模型在现实研究中得到了广泛的应用。然而，其在实际应用中需要满足一些过强的研究假设（如变量的外生性等），使得应用效果受到很大影响，尤其是在向动态模型的拓展上存在不少的困难。针对这些难题，国外很多学者进行着有益的尝试。然而在传统的门限模型中，均假定变量为外生变量（Chan，1993；Hansen，1999，2000；Caner，2002），这就使得模型在实际应用中存在一定的障碍，同时对于动态门限模型的应用产生限制。Caner 和 Hansen（2004）提出了针对门限模型的工具变量估计方法，不仅可以很好地解决内生性问题，对动态门限模型的应用也起到了推进作用。Kremer 等（2013）综合了 Arellano 和 Bover（1995）与 Caner 和 Hansen（2004）的研究方法的优势，将面板数据运用到动态门限模型中，并同时解决了内生性的问题。但是，这仍然要求至少解释变量或门限变量是外生的。刘冰和孙华臣（2015）运用此方法研究了能源消费总量控制对产业结构调整的影响。

在上述研究的基础上，Seo 和 Shin（2016）将 Hansen（1999，2000）与 Caner 和 Hansen（2004）的框架运用到动态面板模型，能够有效地解决内生性问题。其模型形式为：

$$y_{it} = \mu_i + y_{it-1} + \beta_1' z_{it} I(q_{it} \leq \gamma) + \beta_2' z_{it} I(q_{it} > \gamma) + \varepsilon_{it}, \varepsilon_{it} \overset{iid}{\sim} (0, \sigma^2)$$

其中，z_{it} 为解释变量向量，可能包括被解释变量的滞后期，也可能包括内生变量，采用的估计方法为 FD - GMM，在估计前应进行线性和外生性检验。在动态门限效应分析过程中，维持被解释变量和解释变量、门限变量基本不变，将研究年份延长到 2017 年，并结合数据性质将样本研究区间调整为 [1995，2017]。变量的描述性统计如表 6 - 12 所示。

表 6 - 12 变量的描述性统计

变量	样本量（个）	均值	标准误	最小值	最大值
经济增长	690	8.3927	0.8582	6.3945	10.6400
财政农业支持	686	0.0874	0.0372	0.0091	0.1897
泰尔指数	659	0.0918	0.0566	0.0011	0.2964
市场化	688	0.8664	0.0918	- 0.3271	0.9983
对外开放	690	0.3314	0.5306	0.0013	6.9366
城乡收入比	667	2.7460	0.6337	0.0000	4.7586
城镇化	690	0.4569	0.1695	0.0930	0.9009
教育水平	690	6.6340	0.3374	6.1974	7.8835

6.5.2 动态门限回归分析

在延续静态门限回归分析逻辑范式基础上，借鉴 Seo 和 Shin（2016）的计量思路，分别用泰尔指数和城乡收入比衡量城乡收入差距，以城镇化、财政农业支持和对外开放三个变量作为门限变量，回归结果如表 6 - 13所示。

表 6 - 13　动态面板门限回归结果

因变量		对数人均 GDP					
城乡收入差距		泰尔指数			城乡收入比		
门限变量		城镇化	财政农业支持	对外开放	城镇化	财政农业支持	对外开放
cons		- 0.7055	3.1256 *	- 5.8465 ***	7.2393 ***	- 0.0804	- 6.2765 ***
小于等于门限值	lag_y	0.9028 ***	0.9378 ***	0.9623 ***	1.2484 ***	1.0279 ***	0.9620 ***
	城乡收入比	—	—	—	0.0932 **	0.0029	0.0354 ***
	泰尔指数	0.5160	0.8175 **	0.3575	—	—	—
	教育水平	- 0.0159	0.0879	- 0.0689	0.3428 ***	0.0000 *	- 0.1905
	市场化	0.9195 **	0.2287	- 0.2516	- 0.3028	0.7369 ***	- 0.3969
	城镇化	—	0.1168	- 0.1405		0.3437 ***	0.2001
	财政农业支持	0.7120 **	—	0.5664	1.2079 **		- 0.2451
	对外开放	0.1661	0.3893 ***	—	0.1192	0.0184	
大于门限值	lag_y	0.0520	- 0.0008	0.1046	- 0.3391 ***	- 0.1220 **	- 0.2271 ***
	城乡收入比	—	—	—	- 0.1309 **	0.0073	- 0.1185 **
	泰尔指数	- 7.5451 ***	- 1.3604 ***	2.0942	—	—	—
	教育水平	0.2564	- 0.3767 **	0.6357 ***	- 0.6592 ***	0.0001	1.1088 ***
	市场化	- 0.8740	- 0.2436	0.8529 **	0.3458	1.0741 ***	1.8917 **
	城镇化	—	- 0.4030	0.8611		0.2251	- 0.3380
	财政农业支持	0.3679	—	- 3.8383 **	- 1.6103 **		3.2587 ***
	对外开放	- 0.1375	- 0.3700 **	—	- 0.1216	0.0207	
threshold		0.5137 ***	0.0999 ***	0.4673 ***	0.3920 ***	0.1077 ***	0.5521 ***

注：*** 表示在 1% 的水平上显著；** 表示在 5% 的水平上显著；* 表示在 10% 的水平上显著。

　　从表 6 - 13 可以看出，在六种回归情形下，门限估计值均在 1% 的显著性水平上通过检验，说明动态面板门限回归模型具有良好的适用性，能够较好地揭示城乡收入差距对经济增长影响的动态门限特征。总的来看，当门限变量处于小于等于门限值的区间时，城乡收入差距促进经济增长；而当门限变量处于大于门限值的区间时，城乡收入差距阻碍经济增长，这同静态门限分析的研究发现基本是一致的。

　　另外一个重要发现是，当小于等于门限值时，下一期的经济增长与前期的经济增长正相关，而当大于门限值时，下一期的经济增长与前期的经济增长负相关。这与我国经济增长的阶段性特征较为吻合。回顾我国改革开放 40 多年的发展历程，在前 30 年的时间，经济维持着较高的增长速度。自 2008 年国际金融危机以来，经济发展开始结构性调整，增长速度呈阶梯形下降趋势，逐渐向潜在增长率回归。

对其他解释变量而言，无论是小于等于门限值还是大于门限值，市场化程度的提高均有利于经济增长。关于财政农业支持变量，当小于等于门限值时其与经济增长正相关，而当大于门限值时其与下一期经济增长负相关。

第7章 城乡收入差距影响经济增长的 新机制：产业结构偏离

在全面建成小康社会的决胜阶段，在中国特色社会主义进入新时代的关键时期，解决发展不平衡不充分难题，既是处理好我国社会主要矛盾的必然要求，也是实现经济高质量发展的根本要义。当前，我国城乡发展不平衡、农村发展不充分的问题最为突出，城乡收入差距依然较大，2017 年城乡居民人均可支配收入倍差为 2.71，绝对差距高达 22964 元[①]，缩小城乡收入差距仍任重道远。已经形成共识的是，城乡收入差距过大会降低整体的社会福利，导致经济效率损失，不利于长期经济增长（王少平和欧阳志刚，2007，2008；钞小静和沈坤荣，2014；Barro，1991；Clarke，1995；Benjamin et al.，2011）。因此，在城乡融合短期内难以充分实现的背景下，深刻揭示城乡收入差距影响经济增长的内在机制变得尤为重要，这有利于明晰缓解并降低城乡收入差距对经济增长负面影响的可行路径。

就城乡收入差距影响经济增长的路径机制而言，Lewis（1954）、Kaldor（1955）及陆铭等（2005）认为收入分配通过储蓄－投资渠道影响经济增长；Hodge 等（2011）、Johnson 等（2011）提出收入差距通过引发社会冲突阻碍经济增长；杨汝岱和朱诗娥（2007）认为收入差距通过抑制居民消费需求和市场规模阻碍经济增长；Woo（2005）、Ayala 和 Málaga（2011）认为不同收入群体在政府最优经济政策上的分歧将导致财政政策波动，从而不利于经济增长。近年来，城乡收入差距通过人力资本投资渠道影响经济增长得到广泛关注。Galor 和 Zeira（1993）认为，在信贷约束和人力资本投资不可分的条件下，财富分配不均通过人力资本投资渠道影响总产出。钞小静和沈坤荣（2014）则从劳动力供给视角出发，在 Galor 和 Zeira（1993）的跨期模型中引入规模报酬不变的现代部门与规模报酬

---

① 根据《中华人民共和国 2017 年国民经济和社会发展统计公报》公布数据计算。

递减的传统部门，揭示了城乡收入差距通过制约劳动力质量提高进而影响经济增长的内在机理。事实上，沿着"城乡收入差距—劳动力质量—经济增长"的研究路线，对城乡收入差距影响劳动力质量的讨论一般围绕农村人力资本投资展开，但劳动力质量如何影响经济增长，除直接从要素视角根据人力资本对经济增长的积极作用进行判断外，还需要进一步挖掘更为具体的实现机制，这也是本章研究的出发点和立足点。

党的十九大报告提出"着力加快建设实体经济、科技创新、现代金融、人力资源协同发展的产业体系"，这对产业转型升级提出了更高的要求，同时指明了最优产业结构的发展方向。在产业体系建设过程中，促进人力资源与实体经济相协同、保持就业结构与产业结构相匹配是产业结构优化升级的本质要求。与最优产业结构相比，产业结构存在偏离，现实产业结构的协同度、匹配度还不够高，劳动力供给不能很好地适应产业发展需求的变化，劳动力市场在一定程度上存在的"劳工荒"、大学生就业难等现象就是突出表现。产业结构的高度偏离会形成路径依赖，从而进一步降低经济增长的质量和效益（熊映梧等，1990）。在此背景下，提高劳动力质量成为产业结构高级化背景下保持产业结构与就业结构相互协调、降低产业结构偏离度的重要条件（齐鹰飞和王伟同，2014；肖兴志等，2012）。这是因为较高的人力资本水平会通过强化创新、知识外溢、加速要素流动和技术转移等方式促进产业转型升级（Acemoglu，2003a，2003b；Romalis，2004；Hausman et al.，2007）。

关于城乡收入差距如何通过影响农村居民受教育水平降低劳动力质量，现有研究认为，一方面是由于相对贫困的农村居民面临信贷约束无力进行人力资本投资，另一方面则由于低收入家庭倾向提高生育率而疏于对子女的人力资本投资（钞小静和沈坤荣，2014）。城乡收入差距除通过家庭人力资本投资总量影响劳动力质量外，还会通过人力资本投资在子女间的分配结构进一步影响个体劳动力质量，量质权衡理论（Quantity-Quality Tradeoff 理论，即 Q - Q 理论）（Becker and Lewis，1973）对此具有清晰的阐释。再加上我国农村地区的生育行为具有明显的数量偏好特征，这在难以增加子女教育投资总量的同时，又通过稀释作用减少了每个子女所得到的教育资源，所以生育的不同偏好可能导致子代教育资源的差异，最终会体现在劳动力质量的差别上，这也是本章研究的一个重点内容。

综合前文所述，我们在此提出以下几个问题：城乡收入差距过大是否通过增加农村抚养负担①降低农村子女受教育水平，最终通过提高产业结构偏离度阻碍我国经济增长？城乡收入差距导致的劳动力质量下降是否影响产业结构偏离？对上述问题的回答，将贯穿本章研究的全过程。

7.1　影响机制与研究推论

钞小静和沈坤荣（2014）聚焦人力资本要素，分析了城乡收入差距通过劳动力质量影响经济增长的内在机制。本章从两个方面对其进行了拓展，一方面从抚养负担视角建立了城乡收入差距与劳动力质量的有机联系，另一方面从减少人力资本投资视角分析了城乡收入差距通过影响产业结构偏离进而影响经济增长的实现机制，研究路线如图7-1所示。

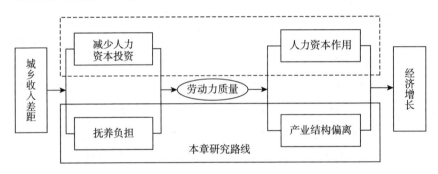

图 7 - 1　研究路线

依托总体机制，我们对影响逻辑的中间链条进行了细化，从城乡收入差距如何影响家庭生育行为、家庭生育行为如何影响个体劳动力质量、劳动力质量如何影响产业结构偏离三个方面进行了详细的阐释。

7.1.1　分机制一：城乡收入差距如何影响家庭生育行为

家庭生育行为由生育动机和抚养成本构成（Becker and Lewis，1973）。从生育动机来讲，家庭生育通常是为了获得物质利益或精神享受。前者包括获取劳动力和养老保障，后者主要指从抚养子女的过程中获取愉悦和欣

---

① 由于本章聚焦家庭生育行为产生的抚养负担，因此本章提到的抚养负担专指 15 岁及以下人口的抚养负担。

慰，两者分别体现了生育的自利性和利他性（Levy，1984；Cox，1987）。抚养成本主要包括时间和金钱，前者可以理解为机会成本，后者可视为产品成本（Barro，2000）。在生育动机和抚养成本的约束下，家庭对子女兼具数量和质量需求（Becker and Lewis，1973）。就生育动机而言：在自利动机下，家庭生育主要为获取劳动力和养老保障，此时子女类似于耐用生产品；在利他动机下，家庭生育主要为获取愉悦和欣慰，此时子女类似于耐用消费品（Becker and Lewis，1973）。因此无论生育动机为何，随着家庭收入不断提高，父辈总可以通过购买子女的替代品（如养老保险、旅行）获得抚育子女的效用，因此生育率随收入提高而下降。就抚养成本而言，由于生育率较高，低收入阶段以产品成本为主。随着收入水平提高，抚育子女的机会成本上升，产品成本相对下降。收入水平越高，机会成本越大，所以生育率随收入提高而下降。所以无论从生育动机还是从抚养成本来看，生育率都随收入提高而下降（Becker and Lewis，1973）。在我国城乡收入差距还将长期存在的大背景下，相对贫困的农村居民由于具有较强的生育动机和较低的生育成本，所以生育率较高。综上，本章提出如下推论：

推论 7-1　城乡收入差距提高了农村生育率，从而加重了农村抚养负担。

7.1.2　分机制二：家庭生育行为如何影响个体劳动力质量

Q-Q 理论从生育动机和抚养成本两方面分析了城乡生育率差异。由于子女数量和质量相互替代，所以生育率较高的农村个体教育成就（质量）较低。除 Q-Q 理论外，资源稀释说、拓展的资源稀释说等均表明父辈生育行为对个体教育成就具有重要影响。

资源稀释说认为较高的生育率稀释了每个子女所能得到的家庭资源从而降低了个体获得教育的机会。家庭资源包括物质资源和非物质资源两类：前者指对子女的教育投资，后者指对子女的陪护（Blake，1981）。由于时间和精力有限，父母对每个子女的陪护随家庭生育率的提高而递减。即使在集体相处的情形下，父母对每个子女的关注时间和沟通机会也会减少（Downey，1995）。较高的生育率也加重了家庭经济负担，父母必须更加勤奋工作以维持家庭开支，这也限制了父母对子女的陪护时间。在家庭收入一定的条件下，较高的生育率会降低每个子女所得的经济资源。即使父母更加勤奋工作以赚取更多的收入，收入仍很难与生育率保持同步提高（钟粤俊和董志强，2018）。所以生育率越高，每个子女所得到的物质资源和非物质教育资源就越少。在传统男性偏好的背景下，在收入一定的条件下，父辈更可能通过牺牲年长子女（特别是女孩）的教育机会，集中家庭资源支持年幼子女（特别是男孩）的教育（Chu et al. ,2007）。但是随着经济社会发展程度的逐步提高，以及家庭规模逐步缩小，男女性别间的教育差异趋于缩小，甚至消失（郭剑雄和刘琦，2013）。

所以，父辈生育行为通过量质权衡、资源稀释等渠道影响个体劳动力质量，而且生育率越高，个体劳动力质量就越低。因此，在推论7-1的基础上提出如下推论：

推论7-2：农村抚养负担加重降低了社会平均劳动力质量。

7.1.3　分机制三：劳动力质量如何影响产业结构偏离

产业结构变化创造新的劳动力需求。产业结构优化升级提高了对劳动力要素的质量要求，所以高质量劳动力供给能否满足产业结构优化升级的需要，将影响一国产业结构升级的效率（杨成钢，2018），具体表现为产业结构的偏离程度。从国际经验来看，人均受教育年限不断提高和人力资本有效积累在一定程度上促进了美国、欧洲和日本的产业转型升级（Romer，1989）。

提高劳动力质量，满足产业升级对高质量劳动的需求在我国产业结构优化升级的背景下对于降低产业结构偏离程度意义更为重大。这是因为：①由于存在知识外溢、干中学等效应，劳动力质量的提高将有力推动技术的创新、引进和吸收（Acemoglu，2003a，2003b），这将有利于推动产业结构升级；②劳动力质量提高通过增加收入引致消费升级，这会增加对高端产品的需求，能够为产业升级提供方向和动力（阳立高等，

2018）；③高质量劳动者偏好高端产业部门，社会平均劳动力质量的提高将促进劳动力不断从低端产业部门向高端产业部门流动，并带动产业转型升级（阳立高等，2018）。于是，可提出如下推论：

推论7－3：提高劳动力质量有利于提高就业结构和产业结构的匹配度，从而有利于提高经济发展质量、促进经济增长。

归纳如上3条推论可知：城乡收入差距过大增加了农村抚养负担，这会降低社会平均劳动力质量，而劳动力质量降低会通过影响产业结构偏离最终阻碍经济增长。

7.2　模型与变量

前文阐释了城乡收入差距如何增加农村抚养负担进而降低社会平均受教育水平，并通过提高产业结构偏离最终影响经济增长的机制。本节基于1997～2016年我国30个省区市（不含西藏）的面板数据，通过构建包含经济增长方程、产业结构偏离方程、劳动力质量方程、抚养负担方程和城乡收入差距方程的联立方程模型进一步检验上述机制。

7.2.1　联立方程模型

收入差距会影响经济增长，反过来，经济增长也会影响收入差距（Kuznets，1955），所以两者之间可能呈现双向互动关系，在计量模型中会产生反向因果偏误。由于单方程模型不能刻画多个变量之间的相互关系，故而可能存在模型误设和内生性问题。因此，本节通过构建联立方程模型，将经济增长、产业结构偏离、劳动力质量、抚养负担和城乡收入差距置于同一框架之内，同时考察上述变量之间的相互作用关系及内在反馈机制，这样也有助于最大限度地控制模型内生性，使得回归结果更为可信。

城乡收入差距过大会降低社会平均受教育水平的结论已被大量文献证实，但是鲜有文献深入探讨其中的机制。作为本节的重要推论和前提之一，我们首先验证城乡收入差距是否通过增加农村抚养负担降低社会平均受教育水平。建立回归模型：

$$edu_{it} = \beta_0 + \beta_1 rf_{it} \sum_{j=2}^{4} \beta_j X_{jit} + \varepsilon_{eit} \qquad (7-1)$$

$$rf_{it} = \eta_0 + \eta_1 ine_{it} + \sum_{j=2}^{5} \eta_j X_{jit} + \varepsilon_{rit} \qquad (7-2)$$

$$ine_{it} + \eta_0 + \eta_1 edu_{it} + \sum_{j=2}^{5} \eta_j X_{jit} + \varepsilon_{rit} \qquad (7-3)$$

该模型由三个方程组成，分别是劳动力质量方程、抚养负担方程和城乡收入差距方程；i 为各省级行政区标识，t 为年份标识，ε_{eit} 和 ε_{rit} 分别为两个方程的随机误差项。在式（7-1）中，我们重点探讨农村抚养负担对劳动力质量的影响，并以社会平均受教育年限表示劳动力质量（edu）。X 表示控制变量，变量选取同陆铭等（2005）的研究类似。除 rf 外，考虑到受教育水平随区域及时间而变的事实，我们还控制了区域类别变量（以中部地区为基准组）和年份变量。在式（7-2）中，我们重点考察城乡收入差距是否影响农村抚养负担，控制变量包括对外开放度、市场化水平、就业人数，以及对生育率具有重要影响的城镇化水平、刻画生育率变化趋势的年份变量。式（7-3）考察的是劳动力质量对收入差距的影响，此外，还控制了城镇化率、对外开放度、市场化水平及政府干预度。所以系数 $\eta_1\beta_1$ 度量了城乡收入差距变化 1 个单位对劳动力质量产生的影响。

上文已述：降低产业结构偏离程度有利于提高经济效益，而提高劳动者质量有利于降低产业结构偏离程度。本节对此推论和前提进行验证，建立计量模型：

$$\ln gdp_{it} = \beta_0 + \beta_1 jgpl_{it} + \sum_{j=2}^{4} \beta_j X_{jit} + \varepsilon_{lit} \qquad (7-4)$$

$$jgpl_{it} = \eta_0 + \eta_1 edu_{it} + \sum_{j=2}^{5} \eta_j X_{jit} + \varepsilon_{jit} \qquad (7-5)$$

$$edu_{it} = \eta_0 + \eta_1 \ln gdp_{it} + \sum_{j=2}^{5} \eta_j X_{jit} + \varepsilon_{eit} \qquad (7-6)$$

该模型由三个方程组成，式（7-4）~式（7-6）分别是经济增长方程、产业结构偏离方程和劳动力质量方程。式（7-4）考察产业结构偏离对经济增长的影响。其中，以人均实际 GDP 对数表示经济增长（$\ln gdp$）。

经济增长的实证文献中通常还控制政府干预度（gocs）及通货膨胀率（cpi）（陆铭等，2005）。此外，本节在后述分析中还控制了产业结构高级化（inst）、对外开放度（open）、城镇化率（urban）三个反映转型期中国经济发展特征的结构性变量，以考察其对经济增长的影响。式（7－5）考察劳动力质量对产业结构偏离的影响。根据张抗私和王振波（2014）、钞小静和沈坤荣（2014）的研究，选取的控制变量主要包括产业结构高级化（inst）、对外开放度（open）、市场化程度（mark）、城镇化率（urban）和政府干预度（gocs）等。式（7－6）为劳动力质量方程，除增加变量 $\ln gdp$ 外，控制变量与式（7－1）相同。

在上述机制有效的前提下，本节逐步检验经济增长、产业结构偏离、劳动力质量、抚养负担和城乡收入差距的相互关系及内在反馈机制。按照由简至繁的原则，我们首先检验城乡收入差距是否通过提高产业结构偏离阻碍经济增长。相应的计量模型如下：

$$\ln gdp_{it} = \alpha_0 + \alpha_1 jgpl_{it} + \sum_{j=2}^{6} \alpha_j X_{jit} + \varepsilon_{git} \tag{7-7}$$

$$jgpl_{it} = \beta_0 + \beta_1 ine_{it} + \sum_{j=2}^{4} \beta_j X_{jit} + \varepsilon_{eit} \tag{7-8}$$

$$ine_{it} = \lambda_0 + \lambda_1 \ln gdp_{it} + \sum_{j=2}^{5} \lambda_j X_{jit} + \varepsilon_{iit} \tag{7-9}$$

该模型由三个方程组成，式（7－7）~式（7－9）分别是经济增长方程、产业结构偏离方程和城乡收入差距方程。式（7－7）考察产业结构偏离对经济增长的影响，控制变量与式（7－4）相同；式（7－8）考察城乡收入差距对产业结构偏离的影响，控制变量与式（7－5）相同；式（7－9）主要考察经济增长对城乡收入差距的影响。在控制变量中，我们还考虑了城镇化率、对外开放度、市场化程度以及政府干预度。系数 α_1 度量了产业结构偏离对经济增长的影响，系数 β_1 度量了城乡收入差距对产业结构偏离的影响，所以 $\alpha_1\beta_1$ 度量了城乡收入差距变动 1 个单位通过产业结构偏离影响经济增长的总效应。

以上述模型为基础，我们进一步将劳动力质量作为内生变量纳入联立方程模型，以考察城乡收入差距是否通过降低劳动力质量，提高产业结构偏离而阻碍经济增长。相应的计量模型由式（7－10）~式（7－13）组成，依次分别为经济增长方程、产业结构偏离方程、劳动力质量方程和收入差距方程。其中，式（7–10）和式（7–11）分别与式（7–7）和式（7–5）形式相同；在该部分的劳动力质量方程中，我们重点探讨城乡收入差距对劳动力质量的影响，控制变量与式（7–1）相同；系数 α_1 度量了产业结构偏离对经济增长的影响，系数 β_1 度量了劳动力质量对产业结构偏离的影响，系数 η_1 度量了城乡收入差距对劳动力质量的影响。所以 $\alpha_1\beta_1\eta_1$ 度量了城乡收入差距变动 1 个单位通过劳动力质量作用于产业结构偏离并最终影响经济增长的效应。

$$\ln gdp_{it} = \alpha_0 + \alpha_1 jgpl_{it} + \sum_{j=2}^{6} \alpha_j X_{jit} + \varepsilon_{git} \qquad (7-10)$$

$$jgpl_{it} = \beta_0 + \beta_1 edu_{it} + \sum_{j=2}^{4} \beta_j X_{jit} + \varepsilon_{eit} \qquad (7-11)$$

$$edu_{it} = \eta_0 + \eta_1 ine_{it} + \sum_{j=2}^{5} \eta_j X_{jit} + \varepsilon_{rit} \qquad (7-12)$$

$$ine_{it} = \lambda_0 + \lambda_1 \ln gdp_{it} + \sum_{j=2}^{5} \lambda_j X_{jit} + \varepsilon_{iit} \qquad (7-13)$$

最后，我们将抚养负担作为内生变量纳入联立方程，相应的模型由式（7–14）~式（7–18）组成，依次为经济增长方程、产业结构偏离方程、劳动力质量方程、抚养负担方程和收入差距方程，式（7–14）~式（7–16）和式（7–18）分别与式（7–10）~式（7–13）形式相同。我们在式（7–17）中重点探讨城乡收入差距对抚养负担的影响。此外，就业会因为提高生育的机会成本而促使生育率下降，而且市场开放也会通过多种机制促进女性就业（熊永莲和谢建国，2016）；乡镇企业的发展是我国市场化程度（mark）的一个重要表现（陆铭等，2005），其对女性就业也具有促进作用。所以式（7–17）的控制变量包括对外开放度、市场化程度、就业人数以及对生育率具有重要影响的城镇化水平、刻画生育率变化趋势的年份变量。$\alpha_1\beta_1\eta_1\lambda_1$ 度量了城乡收入差距通过提高抚养负担作用于劳动力质量，并最终通过产业结构偏离对经济增长的影响。

$$\ln gdp_{it} = \alpha_0 + \alpha_1 jgpl_{it} + \sum_{j=2}^{6} \alpha_j X_{jit} + \varepsilon_{git} \qquad (7-14)$$

$$jgpl_{it} = \beta_0 + \beta_1 edu_{it} + \sum_{j=2}^{4} \beta_j + X_{jit} + \varepsilon_{eit} \qquad (7-15)$$

$$edu_{it} = \eta_0 + \eta_1 rf_{it} + \sum_{j=2}^{5} \eta_j X_{jit} + \varepsilon_{rit} \qquad (7-16)$$

$$rf_{it} = \lambda_0 + \lambda_1 ine_{it} + \sum_{j=2}^{5} \lambda_j X_{jit} + \varepsilon_{iit} \qquad (7-17)$$

$$ine_{it} = \tau_0 + \tau_1 \ln gdp_{it} + \sum_{j=2}^{5} \tau_j X_{jit} + \varepsilon_{iit} \qquad (7-18)$$

7.2.2　变量与数据来源

本节研究的数据区间为 1997 ~ 2016 年。之所以选择面板数据主要是基于以下两点考虑。其一，收入差距对经济增长的影响与经济社会发展水平有关。随着经济社会发展，两者的关系在不同省（区、市）具有不同的特征性质，而且在同一时点，两者的关系在具有不同发展水平的不同省（区、市）也具有不同表现。所以两者的关系兼具截面和时序特征。其二，面板数据能够有效地增加样本容量，进而提高估计的稳健性和可靠性。本节所需变量的标识、含义和说明如表 7-1 所示。

表 7-1　变量标识、含义和说明

含义	标识	变量说明
经济增长	gdp	用对数人均实际 GDP 表示，具体计算方法如下：将各地区各个时期人均 GDP 实际增长指数相乘以求得以 1997 为基期的定基指数，然后用各地区人均 GDP 除以该指数，并取对数
劳动力质量	edu	借鉴钞小静和沈坤荣（2014）的做法，劳动力质量用平均受教育年限表示，由各学历层次年限乘以其所占总人口比重加总计算。其中，文盲受教育年限为 0 年、小学为 6 年、初中为 9 年、高中及中专为 12 年、大专及以上为 16 年
产业结构偏离度	jgpl	三次产业结构偏离数的绝对值之和，借鉴段禄峰（2016）的研究，产业结构偏离度用某次产业的就业比重与增加值比重之差表示
城乡收入差距	ine	城镇人均可支配收入与农村人均纯收入之比、泰尔指数
产业结构高级化	inst	第三产业增加值与第二产业增加值之比
对外开放度	open	进出口总额与 GDP 之比
市场化程度	mark	非国有企业就业人数占总就业人数的比重
城镇化率	urban	城镇人口数占人口总数的比重
政府干预度	gocs	地方财政支出占 GDP 的比重
就业人数	jiuye	就业总人口（万人）

续表

含义	标识	变量说明
通货膨胀率	*cpi*	用居民消费价格指数表示
抚养负担	*rf*	0～14 岁人口数占 15～64 岁人口数的比重

　　除上述变量外，本节还控制了东（*east*）、中（*middle*）和西（*west*）三个区域虚拟变量。其中，东部地区包括北京市、天津市、河北省、辽宁省、上海市、江苏省、浙江省、福建省、山东省、广东省、广西壮族自治区、海南省；中部地区包括山西省、内蒙古自治区、吉林省、黑龙江省、安徽省、江西省、河南省、湖北省、湖南省；剩余 9 个省级行政单位为西部地区。本节所用数据来源于历年《中国统计年鉴》、中国经济信息网统计数据库、Wind 数据库及相关年份《中国人口和就业统计年鉴》。变量的描述性统计如表 7 - 2 所示。

表 7 - 2　变量的描述性统计

变量标识	样本量（个）	均值	标准差	最小值	最大值
ln*gdp*	600	7.28	0.53	6.30	8.96
edu	600	8.23	1.13	4.69	12.30
jgpl	551	0.40	0.25	0.03	1.50
*ine*1（城乡收入比）	600	2.84	0.67	1.60	4.76
*ine*2（泰尔指数）	600	0.12	0.06	0.01	0.29
inst	600	0.98	0.46	0.50	4.17
open	600	30.30	38.00	3.20	172.22
mark	596	87.79	7.67	3.98	95.64
urban	600	0.46	0.16	0.17	0.90
gocs	600	0.18	0.09	0.05	0.63
jiuye	596	2439.66	1636.07	260.00	6726.39
cpi	600	102.04	2.23	96.40	110.10
rf	594	26.94	8.53	9.64	50.08

7.2.3　产业结构偏离特征

　　正如前文所述，经济增长在很大程度上还是靠产业发展来支撑的。

既然如此，理论上最优的产业结构配置对应的经济增长状态是最优的，也是最可持续的，但这并不意味着经济增速最快。反而，短期内的产业结构偏离有可能加速经济的增长，这与一个国家或地区的政策导向、技术水平及资源要素禀赋等因素有关。按照段禄峰（2016）的研究方法，我们测算了 1952 ~ 2017 年中国的产业结构偏离变化情况，测算结果见表 7 - 3。根据表 7 - 3 绘制产业结构偏离情况的演变趋势，如图 7 - 2 所示。

表 7 - 3　产业结构偏离指数

年份	第一产业	第二产业	第三产业	结构偏离指数
1952	0.3305	- 0.1339	- 0.1965	0.6609
1953	0.3722	- 0.1521	- 0.2200	0.7444
1954	0.3755	- 0.1590	- 0.2165	0.7509
1955	0.3709	- 0.1573	- 0.2135	0.7417
1956	0.3750	- 0.1648	- 0.2101	0.7499
1957	0.4109	- 0.2054	- 0.2056	0.8219
1958	0.2425	- 0.1025	- 0.1400	0.4851
1959	0.3565	- 0.2197	- 0.1368	0.7130
1960	0.4257	- 0.2850	- 0.1407	0.8515
1961	0.4137	- 0.2077	- 0.2060	0.8274
1962	0.4313	- 0.2337	- 0.1976	0.8625
1963	0.4260	- 0.2542	- 0.1718	0.8520
1964	0.4418	- 0.2746	- 0.1672	0.8835
1965	0.4406	- 0.2669	- 0.1736	0.8811
1966	0.4434	- 0.2916	- 0.1518	0.8868
1967	0.4186	- 0.2525	- 0.1661	0.8372
1968	0.4002	- 0.2252	- 0.1750	0.8004
1969	0.4410	- 0.2630	- 0.1780	0.8819
1970	0.4597	- 0.3006	- 0.1592	0.9194
1971	0.4609	- 0.3072	- 0.1537	0.9218

年份	第一产业	第二产业	第三产业	结构偏离指数
1972	0.4647	− 0.3084	− 0.1562	0.9293
1973	0.4581	− 0.3057	− 0.1524	0.9161
1974	0.4476	− 0.2982	− 0.1494	0.8952
1975	0.4522	− 0.3186	− 0.1336	0.9044
1976	0.4346	− 0.3059	− 0.1287	0.8692
1977	0.4552	− 0.3189	− 0.1363	0.9104
1978	0.4284	− 0.3041	− 0.1242	0.8568
1979	0.3909	− 0.2937	− 0.0972	0.7819
1980	0.3911	− 0.2986	− 0.0925	0.7823
1981	0.3679	− 0.2767	− 0.0912	0.7357
1982	0.3534	− 0.2620	− 0.0915	0.7069
1983	0.3452	− 0.2554	− 0.0898	0.6903
1984	0.3251	− 0.2303	− 0.0947	0.6501
1985	0.3448	− 0.2189	− 0.1259	0.6897
1986	0.3431	− 0.2164	− 0.1266	0.6862
1987	0.3367	− 0.2110	− 0.1256	0.6733
1988	0.3412	− 0.2116	− 0.1295	0.6823
1989	0.3544	− 0.2085	− 0.1458	0.7087
1990	0.3352	− 0.1963	− 0.1388	0.6703
1991	0.3567	− 0.2009	− 0.1558	0.7133
1992	0.3717	− 0.2142	− 0.1575	0.7434
1993	0.3709	− 0.2378	− 0.1331	0.7419
1994	0.3483	− 0.2346	− 0.1136	0.6965
1995	0.3260	− 0.2375	− 0.0885	0.6521
1996	0.3117	− 0.2361	− 0.0757	0.6235
1997	0.3200	− 0.2340	− 0.0860	0.6401
1998	0.3264	− 0.2230	− 0.1034	0.6528
1999	0.3404	− 0.2236	− 0.1167	0.6807
2000	0.3532	− 0.2304	− 0.1229	0.7065
2001	0.3602	− 0.2249	− 0.1352	0.7203
2002	0.3670	− 0.2305	− 0.1365	0.7340
2003	0.3675	− 0.2402	− 0.1273	0.7350

续表

年份	第一产业	第二产业	第三产业	结构偏离指数
2004	0.3398	-0.2340	-0.1058	0.6797
2005	0.3316	-0.2322	-0.0993	0.6632
2006	0.3197	-0.2236	-0.0962	0.6395
2007	0.3052	-0.2006	-0.1046	0.6103
2008	0.2935	-0.1973	-0.0962	0.5870
2009	0.2831	-0.1808	-0.1023	0.5663
2010	0.2717	-0.1770	-0.0947	0.5434
2011	0.2537	-0.1690	-0.0846	0.5073
2012	0.2418	-0.1497	-0.0921	0.4836
2013	0.2211	-0.1391	-0.0820	0.4421
2014	0.2044	-0.1320	-0.0724	0.4088
2015	0.1947	-0.1163	-0.0784	0.3894
2016	0.1914	-0.1108	-0.0806	0.3827
2017	0.1906	-0.1235	-0.0671	0.3812

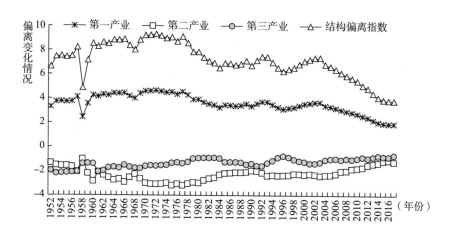

图 7 - 2　我国产业结构偏离变化情况

注：为清晰地展现产业结构偏离的变化趋势，对指标进行了 10 倍放大处理。

　　总的来看，我国产业结构偏离度呈波动下降的趋势（由 1952 年的 0.6609 上升到最高的 0.9293，最后下降至 2017 年的 0.3812），说明人力资源和实体经济的协同程度在不断提高，产业结构在由最初的"一二三"逐渐向"三二一"转型升级的过程中也同步实现了内部的优化提升。伴随整个演变过程，在技术进步的同时，技术进步的资本偏向性在不断凸显，劳动偏向的占比在逐渐下降。因此，在实现同等经济规模的条件下对劳动力要素的需求在减少，但是对劳动力质量的要求越来越高。我们还可以发现，三次产业的偏离指数都在向 0 靠拢，说明随着市场化程度的提高，市场在资源配置中的决定性作用越来越突出，劳动力市场扭曲不断弱化，不同技能层次的劳动力都能找到相匹配的就业岗位。从三次产业内部看，第三产业的偏离程度最低，第二产业的偏离程度其次，第一产业的偏离程度最高。至于第一产业偏离的原因，与历史上我国特定时期制定的发展战略密切相关。例如，从 1952 年开始实施的第一个五年计划明确了重工业优先发展的"赶英超美"战略，而当时农村具有大量的劳动力但农业尚未充分发展，所以第一产业存在着明显的偏离。虽然随着改革开放的不断深入，这种状况明显改善，但相对于第二和第三产业来说偏离程度仍较高。

7.3　模型的计量分析

对于联立方程中存在的内生性问题，大多数研究利用 2SLS 和三阶段最小二乘法来处理。相对于前者，三阶段最小二乘法是一种系统估计方法，由于考虑了模型系统中不同方程随机误差项之间的相关关系，其估计更有效率；而且其能在一定程度上降低模型的异方差程度。所以本节采用三阶段最小二乘法进行估计，并且以所有外生变量的线性组合为工具变量。

7.3.1　基本机制分析

表 7－4 第 2～4 列和第 5～7 列报告了式（7－1）～式（7－3）的估计结果，分别以城乡收入比和泰尔指数度量城乡收入差距；表 7－4 最后一行报告的是方程整体显著性检验卡方统计量的伴随概率，该值小于 0.05 说明方程整体是显著的。从劳动力质量方程来看，农村抚养负担对劳动力质量的影响在 1% 的显著性水平上显著为负。较多的子女数量加重了农村家庭的抚养负担。在有限的资源约束下，这会进一步减少每个子女所得的教育资源，农村抚养负担加重最终体现为全社会平均受教育

水平降低。从抚养负担方程来看，城乡收入差距对抚养负担的影响在 1% 的显著性水平上显著为正。不合理的城乡收入差距反映了城乡巨大的经济社会发展差异。社会保障制度不健全和发展滞后提高农村家庭"养儿防老"动机的同时，较低的妇女就业率也降低了农村家庭的生育成本，所以农村生育率较高，抚养负担较重。根据劳动力质量方程和抚养负担方程相关系数：城乡收入比和泰尔指数提高一个标准误大小分别降低劳动力质量 1.48 个单位和 1.69 个单位。所以城乡收入差距扩大加重了农村抚养负担，而农村抚养负担加重最终降低了社会平均劳动力质量，推论 7 - 1 和推论 7 - 2 的内容由此得到了验证。

表 7 - 4　城乡收入差距、抚养负担和劳动力质量

变量	以城乡收入比度量收入差距			以泰尔指数度量收入差距		
	edu	rf	ine	edu	rf	ine
$\ln gdp$						
edu			- 0.28 *** (0.09)			- 0.02 (0.002)
ine		10.50 *** (0.66)			141.10 *** (8.10)	
$inst$						
$open$		- 0.04 *** (0.01)	0.01 *** (0.003)		0.02 (0.006)	0.01 *** (0.003)
$mark$		- 0.01 *** (0.003)	- 0.01 ** (0.005)		- 0.09 (0.06)	0.01 (0.04)
$urban$		- 0.26 *** (0.06)	0.05 *** (0.001)		0.15 (0.09)	- 0.02 (0.01)
$gocs$			3.54 *** (0.26)			0.34 *** (0.02)
cpi						
$west$	- 0.42 * (0.24)			- 0.30 *** (0.07)		
$east$	0.36 (0.23)			0.19 (0.12)		
$year$	0.05 *** (0.02)	- 0.96 *** (0.26)		0.12 *** (0.02)	- 0.01 ** (0.005)	

续表

变量	以城乡收入比度量收入差距			以泰尔指数度量收入差距		
	edu	rf	ine	edu	rf	ine
jiuye		- 0.01 *** (0.003)			- 0.01 * (0.006)	
rf	- 0.21 *** (0.01)			- 0.21 *** (0.006)		
截距	136 *** (16.25)	1841 *** (505.77)	3.14 *** (1.12)	- 1.38 *** (0.16)	2248 *** (103.87)	0.05 (0.04)
P	0.00	0.00	0.00	0.00	0.00	0.00

注：*** 、** 、* 分别表示在1%、5%、10%的显著性水平上显著；回归系数下方括号内
数值为标准差。

表 7-5 汇报了式 (7-4)~式 (7-6) 的估计结果。从经济增长方
程来看，产业结构偏离对经济增长的影响在 1% 的显著性水平上显著为
负。产业结构偏离程度提高，意味着就业结构和产业结构失衡、非熟练
劳动力过剩和熟练劳动力紧缺并存。这会降低资源配置效率，并最终阻
碍经济增长。从产业结构偏离方程来看，劳动力质量对产业结构偏离的
影响在 1% 的显著性水平上显著为负。所以提高劳动力质量、满足产业
结构升级对高质量劳动力的需求，是提高就业结构和产业结构匹配度的
有效措施。当前，我国第一产业就业比重仍高于其产值比重，应加强对
农村居民的教育培训，加速农村劳动力转移，以降低产业结构偏离程度。
由经济增长方程和产业结构偏离方程的估计结果可知：劳动力质量提高
1 个单位，产业结构偏离就降低 0.1 个单位。而产业结构偏离降低 1 个单
位，人均 GDP 提高 2.19%。所以劳动力质量提高 1 个单位，通过降低产
业结构偏离程度能拉动人均 GDP 提高 0.219%。概括而言，劳动力质量
下降导致的产业结构偏离是阻碍经济增长的重要原因，这也验证了推论
7-3 的判断。

表 7-5 劳动力质量、产业结构偏离与经济增长

变量	lngdp	jgpl	edu
lngdp			1.75 *** (0.05)

续表

变量	lngdp	jgpl	edu
edu		-0.15*** (0.004)	
ine			
inst	0.52*** (0.09)	0.22*** (0.03)	
open	0.01 (0.003)	-0.01 (0.02)	
mark		0.01*** (0.002)	
urban		0.15*** (0.06)	
gocs	4.84*** (0.36)	0.88*** (0.11)	
cpi	-0.01* (0.006)		
west			-0.66*** (0.05)
east			0.33 (0.21)
year			0.05*** (0.003)
jgpl	-2.19*** (0.19)		
截距	7.89*** (0.20)	0.60*** (0.05)	-108*** (5.77)
P	0.00	0.00	0.00

注：*** 、* 分别表示在 1%、10% 的显著性水平上显著；回归系数下方括号内数值为标准差。

7.3.2 总体机制分析

在证实推论 7 - 1 ~ 推论 7 - 3 的基础上，本节在此构建城乡收入差距经由抚养负担作用于劳动力质量，进而通过产业结构偏离最终影响经济增长的逻辑链条。我们首先检验城乡收入差距是否通过产业结构偏离阻碍了经济增长，估计结果见表 7 - 6。

表7-6　城乡收入差距、产业结构偏离与经济增长

变量	以城乡收入比度量收入差距			以泰尔指数度量收入差距		
	lngdp	$jgpl$	ine	lngdp	$jgpl$	ine
lngdp						-0.02*** (0.002)
ine		1.78*** (0.47)			10.88** (4.61)	
$inst$	0.77** (0.35)	0.11 (0.09)		0.86** (0.35)	0.18*** (0.04)	
$open$	0.003** (0.001)	0.003* (0.001)	-0.01 (0.01)	0.003* (0.001)	0.001 (0.001)	-0.01 (0.01)
$mark$		-0.04*** (0.01)	0.02*** (0.001)		-0.02** (0.008)	0.01*** (0.001)
$urban$	0.01 (0.38)	0.29 (0.28)	-0.14 (0.15)	-0.13 (0.38)	0.38 (0.40)	-0.05*** (0.01)
$gocs$	5.67*** (1.65)	-4.87*** (1.49)	3.46*** (0.23)	5.61*** (1.68)	-2.46* (1.40)	0.33*** (0.02)
cpi	0.004 (0.005)			0.008 (0.007)		
$jgpl$	-5.00*** (1.57)			-5.03*** (1.61)		
截距	8.61*** (1.06)	-0.28 (0.28)	1.59*** (0.37)	7.92*** (1.43)	0.89*** (0.27)	0.09*** (0.02)
P	0.00	0.00	0.00	0.00	0.00	0.00

注：***、**、*分别表示在1%、5%、10%的显著性水平上显著；回归系数下方括号内数值为标准差。

表7-6第2~4列和5~7列报告了式（7-7）~式（7-9）的估计结果，分别以城乡收入比和泰尔指数度量城乡收入差距。经济增长方程和产业结构偏离方程表明：城乡收入差距提高了产业结构偏离程度，而产业结构偏离程度提高降低了经济增长，且上述结论均在1%的显著性水平上显著。根据经济增长方程和产业结构偏离方程的回归系数，我们可以计算城乡收入差距通过产业结构偏离对经济增长影响的总效应：城乡收入比降低1个标准误，人均实际GDP提高5.96%；泰尔指数降低1个标准误，人均实际GDP提高3.12%；平均为4.54%。因此可得出产业结构偏离是城乡收入差距阻碍经济增长的重要机制。由于劳动力质量是

导致产业结构偏离的重要因素，结合城乡收入差距降低劳动力质量的基本共识，我们进一步将劳动力质量作为内生变量正式纳入联立方程中，以考察城乡收入差距通过劳动力质量作用于产业结构偏离对经济增长的影响。表 7 - 7 第 2 ~ 5 和 6 ~ 9 列报告了式（7 - 10）~ 式（7 - 13）的估计结果，其中经济增长方程、产业结构偏离方程和劳动力质量方程表明：城乡收入差距降低了劳动力质量，劳动力质量降低提高了产业结构偏离程度，产业结构偏离程度提高最终阻碍了经济增长。根据经济增长方程、产业结构偏离方程和劳动力质量方程的相关回归系数可得，城乡收入比和泰尔指数 1 个标准误的变化经由劳动力质量至产业结构偏离传导对经济增长影响的中介效应分别为 0.48% 和 0.30%。已知城乡收入比和泰尔指数变动 1 个标准误通过降低产业结构偏离程度对人均实际 GDP 的总效应为 5.96% 和 3.12%，所以经由劳动力质量渠道的中介效应占总效应的比重分别为 8.05% 和 9.62%，平均为 8.84%。所以城乡收入差距导致的劳动力质量降低是产业结构偏离阻碍经济增长的重要原因。而且，由表 7 - 6 可知，城乡收入比和泰尔指数变动 1 个单位对产业结构偏离的总效应分别为 1.78 个单位和 10.88 个单位。而由表 7 - 7 可以发现，城乡收入比和泰尔指数变动 1 个单位通过引致劳动力质量变化对产业结构偏离的影响分别为 0.40 个单位和 3.73 个单位。所以经由劳动力质量渠道的中介效应占总效应的比重为 22.52% 和 34.28%，平均为 28.4%。由此可见，我国现阶段应着力提高劳动力质量，增强人力资本对产业结构变化和优化升级的适应能力，并以此降低产业结构偏离程度，从而促进经济增长。

表 7 - 7　城乡收入差距、劳动力质量、产业结构偏离与经济增长

变量	以城乡收入比度量收入差距				以泰尔指数度量收入差距			
	lngdp	$jgpl$	edu	ine	lngdp	$jgpl$	edu	ine
lngdp				0.10 ** (0.05)				0.01 (0.004)
edu		-0.19 *** (0.009)				-0.19 *** (0.01)		
ine			-2.11 *** (0.14)				-19.62 *** (1.37)	

变量	以城乡收入比度量收入差距				以泰尔指数度量收入差距			
	lngdp	jgpl	edu	ine	lngdp	jgpl	edu	ine
inst	0.14 *** (0.04)	0.19 *** (0.03)			0.12 ** (0.05)	0.21 *** (0.03)		
open	0.004 *** (0.0006)	0.01 (0.01)		-0.01 *** (0.004)	0.01 *** (0.005)	0.01 (0.01)		-0.01 *** (0.001)
mark		0.01 *** (0.001)		0.03 *** (0.001)		0.01 *** (0.001)		0.01 *** (0.001)
urban	1.00 *** (0.12)	0.30 *** (0.06)		-0.58 *** (0.10)	1.16 *** (0.12)	0.40 *** (0.07)		-0.08 *** (0.01)
gocs	2.23 *** (0.24)	0.84 *** (0.11)		2.36 *** (0.17)	1.98 *** (0.24)	0.81 *** (0.11)		0.21 *** (0.02)
cpi	-0.01 (0.01)				-0.01 (0.01)			
west			-0.27 *** (0.11)				-0.29 *** (0.10)	
east			0.06 (0.05)				0.18 (0.12)	
year			0.17 *** (0.01)				0.16 *** (0.01)	
jgpl	-1.80 *** (0.10)				-1.39 *** (0.10)			
截距	6.97 *** (0.20)	0.84 *** (0.06)	-324 *** (10.65)	-0.30 (0.36)	6.89 *** (0.19)	0.85 *** (0.06)	-315 *** (9.08)	-0.16 *** (0.03)
P	0.00	0.00	0.00	0.00	0.00	0.00	0.00	0.00

注：*** 、** 、* 分别表示在1%、5%、10%的显著性水平上显著；回归系数下方括号内数值为标准差。

我们在表7-8中继续引入抚养负担，由此完成城乡收入差距经由抚养负担作用于劳动力质量，进而通过产业结构偏离并最终影响经济增长的逻辑链条构建。表7-8的第2~6列和7~11列报告了式（7-14）~式（7-18）的估计结果，从经济增长方程、产业结构偏离方程、劳动力质量方程和抚养负担方程可以看出：城乡收入差距扩大提高了农村抚养负担，降低了劳动力质量；劳动力质量降低提高了产业结构偏离，最终阻碍了经济增长，而且在城乡收入差距的两种度量下，上述结论在相应方程中均在1%的显著性水平上显著。结合相关方程的回归系数可知，

表 7 - 8　联立方程型综合回归结果

变量	以城乡收入比度量收入差距					以泰尔指数度量收入差距				
	lngdp	jgpl	edu	rf	ine	lngdp	jgpl	edu	rf	ine
lngdp					-0.03*** (0.006)					-0.01 (0.005)
edu		-0.18*** (0.01)					-0.18*** (0.01)			
ine				4.83*** (0.31)					99.68*** (7.34)	
inst	0.22*** (0.05)	0.21*** (0.02)				0.23*** (0.05)	0.22*** (0.02)			
open	0.01*** (0.005)	0.01* (0.005)		-0.04*** (0.005)	-0.01 (0.01)	0.01*** (0.005)	0.01* (0.006)		-0.03*** (0.05)	-0.01*** (0.005)
mark		0.01*** (0.006)		0.12*** (0.02)	0.01*** (0.004)		0.01*** (0.002)		0.09*** (0.02)	0.01*** (0.001)
urban	1.11*** (0.11)	0.26*** (0.07)		13.11*** (1.33)	-0.05*** (0.01)	0.87*** (0.12)	0.29*** (0.07)		-0.03 (1.72)	-0.10*** (0.01)
gocs	2.89*** (0.22)	1.10*** (0.11)			0.35*** (0.02)	2.65*** (0.22)	0.99*** (0.11)			0.31*** (0.02)
cpi	0.01*** (0.002)					0.01 (0.02)				
west			-0.45*** (0.05)					-0.33*** (0.06)		

续表

变量	以城乡收入比度量收入差距					以泰尔指数度量收入差距				
	lngdp	jgpl	edu	rf	ine	lngdp	jgpl	edu	rf	ine
east			0.05 (0.04)					0.11*** (0.04)		
year				-1.02*** (0.03)				0.01 (0.01)	-1.23*** (0.04)	
jiuye				-0.01* (0.006)					-0.01* (0.006)	
rf			-0.12*** (0.006)					-0.12*** (0.01)		
jgpl	-1.45*** (0.09)					-1.57*** (0.10)				
截距	6.03*** (0.19)	0.80*** (0.07)	-1.98 (13.32)	2066*** (65.99)	0.17*** (0.04)	6.41*** (0.19)	0.77*** (0.07)	14.29 (14.37)	2481*** (78.67)	-0.02 (0.04)
P	0.00	0.00	0.00	0.00	0.00	0.00	0.00	0.00	0.00	0.00

注：***、**、*分别表示在1%、5%、10%的显著性水平上显著；回归系数下方括号内数值为标准差。

城乡收入比和泰尔指数降低 1 个标准误经过一系列传导分别提高人均实际 GDP 0.10% 和 0.19%，平均为 0.15%。

结合表 7-8 及上文的估计结果，我们还可以计算抚养负担在城乡收入差距对劳动力质量及产业结构偏离影响中的相对重要性。由表 7-5 的劳动力质量方程可知，城乡收入比和泰尔指数变动 1 个单位对劳动力质量影响的总效应分别为 2.11 个单位和 19.62 个单位。根据表 7-6，城乡收入比和泰尔指数变动 1 个单位通过抚养负担对劳动力质量影响的中介效应分别为 0.58 个单位和 11.96 个单位，中介效应占总效应的比重分别为 27.49% 和 60.96%，平均为 44.23%，所以抚养负担是城乡收入差距影响劳动力质量的重要机制；上文表明，城乡收入比和泰尔指数变动 1 个单位通过引致劳动力质量变化对产业结构偏离的总效应分别为 0.40 个单位和 3.73 个单位。根据表 7-7，城乡收入比和泰尔指数变动 1 个单位通过抚养负担和劳动力质量对产业结构偏离影响的中介效应分别为 0.10 个单位和 2.15 个单位，分别占总效应的 25% 和 57.64%，平均为 41.32%。所以抚养负担是城乡收入差距影响劳动力质量并引发后续连锁反应的重要机制。

本章的实证分析表明：产业结构偏离不利于经济增长，而提高就业结构和产业结构的匹配度，降低产业结构偏离程度，需着力提高劳动力质量以满足产业结构优化升级的需要。在我国城乡收入差距长期存在的背景下，农村居民由于具有较强的生育动机和较低的生育成本，因而生育率较高。农村较高的生育率提高了家庭抚养负担，这在直接减少每个子女所得教育资源的同时，最终降低了社会平均劳动力质量。

第8章 结论及政策建议

8.1 主要结论

本书聚焦城乡收入差距这一热点难点问题，综合采用理论建模、统计分析、数值模拟、现代计量等研究方法，在分析城乡收入差距演变特征的基础上，从制度扭曲、地方政府竞争和碳约束三个视角揭示了城乡收入差距的演变机制，并进一步分析了城乡收入差距对经济增长影响的门限效应，同时尝试从产业结构偏离维度研究城乡收入差距影响经济增长的实现机制。通过上述研究，主要得到以下结论。

（1）改革开放以来，我国城乡收入差距演变经历了先缩小再波动上升的过程，2009~2012年城乡收入差距再度缩小，呈现向1979年水平复归的趋势，东中西及东北地区城乡收入差距演变轨迹同全国基本相同。将城乡收入差距引入制度均衡的分析框架，并视1979年为制度变革的临界点，得到城乡收入差距回归均衡点的内在逻辑，即以1979年为制度变革的起点，1995年、2000年则是制度变革的两个临界点，土地使用权改革、农村税费改革是对家庭联产承包责任制改革的继承和完善，是城乡收入差距回归均衡的内在逻辑。当城镇化率达到55.22%时，大约在2015年城乡收入差距缩小至1979年的水平。

（2）基于制度扭曲的关键性作用，通过构建完全竞争和不完全竞争条件下的城乡收入差距理论模型，尝试构建城乡收入差距演变机制的系统性解释框架，创新性地将其分解为要素生产力效应、制度扭曲效应和转移再分配效应，进一步结合TFP测算分析了城乡收入差距的演变特征和地区差异，并基于户籍制度改革进程和新型城镇化发展目标模拟预测了2020年与2030年的城乡收入差距状况。研究表明：制度扭曲效应逐渐取代要素生产力效应，成为城乡收入差距的最大贡献者，其贡献度高达67.8%，这种影响在经济发展相对落后的地区更为明显。中国城乡收入差距呈现显著的倒 U 形特征，但各地区到达倒 U 形曲线波峰的时间存在明显差异，大部分省（区、市）的波峰集中在 2006 年、2007 年和 2009 年三个年份。数值模拟分析发现，若户籍制度改革到位并能实现新型城镇化目标，城乡收入差距会进一步缩小，而此时制度扭曲效应的贡献不断下降，要素生产力效应的贡献更为显著。

（3）在新的政绩考评机制下，只要给予社会发展绩效一定的权重，且权重不太小，地方干部就有追求社会发展的激励。以 GDP 为政绩考评标准的干部晋升锦标赛模型中，推动经济发展成为干部努力的重点，而贸易开放促进地方政府竞争，两者的交互影响会促进经济增长；贸易开放带来经济效应的提升，替代效应上升，干部在经济效应上的努力水平相对降低，提升对社会效应的努力程度，从而交互影响提升社会效应。随着政绩考核机制变迁，贸易对城乡收入差距的影响会发生动态变化。在高速度增长阶段，贸易开放会扩大城乡收入差距，在进入高质量发展阶段后，贸易开放有利于缩小城乡收入差距，起到促进地方政府"为协调而竞争"的作用。基于 2003~2014 年的中国省级面板数据并灵活设定计量模型形式进行回归分析发现，地方政府竞争显著扩大了城乡收入差距，贸易开放有利于缩小城乡收入差距，同时贸易开放具有明显的调节作用，显著弱化了地方政府竞争对城乡收入差距的正向影响；分区域看，地方政府竞争扩大了东部地区和西部地区城乡收入差距，缩小了中部地区城乡收入差距，贸易开放对地方政府竞争扩大城乡收入差距的阻碍作用中部地区最大、东部地区次之、西部地区最小。基于变换模型形式、考虑国际金融危机冲击、采用工具变量估计的稳健性检验表明，回归结果具有较强的可信度。基于 1978~2015 年的 30 个省（区、市）的面板数据，综合采用 DID 检验、静态回归检验和动态 GMM 检验等方式考察贸易开放、地方政府竞争对城乡收入差距的影响。结果表明：与那些内陆地区相比，沿海发达地区更容易融入全球贸易的进程中，并且沿海发达地区在 2001 年中国加入 WTO 之后城乡收入差距显著缩小，但是人均GDP 增长率也呈现下降趋势。贸易开放度越高，越能够促进城乡协调发展，以农民工收入水平的提升带动农村收入水平的提升，有效降低城乡收入差距。而地方政府竞争行为所带来的效果则会推动城乡收入差距的扩大。贸易开放和地方政府竞争的交叉项显著为负，说明贸易开放能够缓解或降低地方政府竞争对城乡收入差距的正向作用。动态 GMM 估计显示，滞后一期的城乡收入差距存在显著的正向影响，贸易开放对城乡收入差距的负向影响依然得到验证。

（4）通过构建"碳约束—技术进步—城乡收入差距"的理论分析框架，将"碳约束"分解为"碳总量约束"和"碳强度约束"双重约束，将碳约束这一条件放置于模型中，通过影响城市部门的技术进步速度，进而对经济系统均衡条件和城乡收入产生影响。对模型参数进行校准，对碳约束的政策进行明确的量化处理，从而模拟"碳减排"政策强弱变化所带来的城乡收入差距动态调整机制。研究结果显示：碳约束对城乡收入差距存在动态、多维的作用空间，主要是通过单位 GDP 碳约束、碳排放总量约束和引致性技术进步三个方面的共同作用。短期（2000 ~ 2013 年）看，随着碳约束的宏观调控，并且引致性技术进步带来工业部门更高的生产效率，带来城乡收入差距呈现不断上升的发展趋势。但是从长期（2014 ~ 2030 年）发展看，随着碳排放总量、单量控制及外溢效应发挥作用，城乡收入差距缩小。从现阶段的发展看，碳约束通过复杂的作用通道对降低城乡收入差距的影响已经逐渐显现，并将产生持续的有益影响。概括而言，碳约束通过对城乡产业差异性的影响、引致性技术进步两种不同的作用路径对城乡收入差距存在倒 U 形影响；现阶段，碳约束有利于降低城乡收入差距，成为促进城乡两个系统更加公平发展的助推器。

（5）采用面板门限回归模型将城乡收入差距对经济增长的影响研究拓展到非线性框架，实证结果表明：当城镇化及对外开放分别作为门限变量时，随着城镇化水平的提高及对外开放的深入，城乡收入差距对经济增长的正向影响分别存在双门限效应和单门限效应，但促进作用逐渐减弱；当财政农业支持作为门限变量时，随着财政农业支持力度的加大，城乡收入差距对经济增长的影响存在单门限效应，且促进作用逐渐增强。动态门限分析发现，动态门限回归模型具有良好的适用性，能够较好地揭示城乡收入差距对经济增长影响的动态门限特征。总的来看，当门限变量处于小于门限值的区间时，城乡收入差距促进经济增长；而当门限变量处于大于门限值的区间时，城乡收入差距阻碍经济增长。

（6）进一步看，以门限效应分析为基础从劳动力供给与产业发展需求相匹配的视角探讨城乡收入差距通过产业结构偏离影响经济增长的实现机制，并基于我国 1997~2016 年省级面板数据，运用联立方程模型对城乡收入差距、抚养负担、劳动力质量、产业结构偏离和经济增长的相互关系和内在反馈机制进行实证检验。基于三阶段最小二乘法的估计结果表明：产业结构偏离是城乡收入差距阻碍我国经济增长的重要渠道，城乡收入差距每降低 1 个单位标准差，可以减少产业结构偏离约 0.9 个单位，人均 GDP 将提高约 4.54%；劳动力质量是城乡收入差距影响经济增长的重要中介机制，劳动力质量中介效应占经济增长总效应的 8.84%。在城乡收入差距对产业结构偏离影响的总效应中，劳动力质量中介效应占 28.4%；在城乡收入差距影响劳动力质量的总效应中，抚养负担中介效应占比 44.23%，是城乡收入差距影响劳动力质量并引发后续影响的重要因素。在城乡融合短期难以实现的背景下，通过增加农村人力资本投资提高劳动力供给质量，促进就业结构与产业发展相协调、降低产业结构偏离度是政策努力的方向。

8.2　对策建议

纵览整个研究过程，回顾梳理研究结论，可以发现：缩小城乡收入差距、优化城乡收入分配格局关键要在体制机制上下功夫、出实招，通过强化乡村振兴的制度性供给，真正使得城镇和农村同发展、同进步，这也有利于增加经济增长的内生动力，使经济驶入高质量发展的快车道。因此，未来应按照党的十九大提出的"乡村振兴战略"的总体要求，围绕健全城乡融合发展机制和政策体系，坚持"三农"问题"重中之重"的战略定位，坚持农业农村优先发展，按照"产业兴旺、生态宜居、乡风文明、治理有效、生活富裕"的总要求，着力深化农村改革（"关键一招"），着力打造新型工农、城乡关系（"两种关系"），着力构建现代农业产业体系、生产体系、经营体系（"三大体系"），着力强化科技、质量、品牌、绿色支撑（"四项支撑"），着力推动乡村产业振兴、人才振兴、文化振兴、生态振兴、组织振兴（"五个振兴"），实现生产美产业强、生态美环境优、生活美家园好"三生三美"融合发展，构建制度要素、政策环境、产业生态、组织文化等协同发力的城乡融合健康有序大推进格局。

8.2.1　用好农村改革"关键一招"，破解体制机制障碍，激发"三农"发展内生动力

坚持、巩固和完善农村基本经营制度，继续发挥好农村改革的"先手棋""催化剂"作用，聚焦农村土地、集体产权和农业支持保护等重点领域、关键环节，释放农村制度改革的乘数效应、连锁效应，聚力破解乡村振兴面临的制度不完善、政策不到位、措施不合理等体制机制障碍，用新一轮农村改革红利筑牢乡村振兴根基，不断激发农业农村发展活力，增强农民群众的获得感和幸福感。

着力深化农村土地制度改革。习近平总书记在安徽调研期间指出，新形势下深化农村改革，主线仍然是处理好农民和土地的关系。顺应这条主线，通过"落实集体所有权、稳定农户承包权、放活土地经营权"完善承包地"三权分置"制度，为农村土地规模经营和农业产业化经营提供基础支撑，有利于增加农民财产性收入、优化农民收入来源结构，有利于提高土地资源利用率和整体竞争力。有序开展农村宅基地"三权分置"试点，盘活闲置农房和宅基地资源用于乡村旅游、健康养老、物流仓储等产业发展，促进乡村产业振兴。落实好"保持土地承包关系稳定并长久不变、第二轮土地承包到期后再延长三十年"重大决策部署，通过稳定农民心理预期，调动农民生产积极性，提高农村生产力；通过稳定新型经营主体投资预期，打开农民专业合作社、家庭农场、职业农民等各类主体创新创业空间，用政策的稳定性、连续性激发全社会的创造性、积极性，用政策红利为农业农村发展注入新的动力。继续用好用活城乡土地增减挂钩政策，将政策实施与美丽村居建设、壮大农村集体经济和保障改善民生结合起来，最大化增减挂钩红利，土地增值收益优先用于提高农村公共服务水平，用于脱贫攻坚和乡村振兴。

着力深化农村集体产权制度改革。高质量完成对农村资源性资产、经营性资产和非经营性资产等集体资产的清产核资工作，做到摸清家底、摸清现状，重点对经营性资产进行折股量化、确权到户，积极借鉴贵州六盘水农村产权"资源变资产、资金变股金、农民变股民"的改革经验，总结推广山东德州实施"村庄沉睡资源利用工程"的成熟模式和潍坊昌乐构建农村产权交易服务体系的典型做法，创新开展土地入股等多

种形式的股份合作，充分保障农民集体资产股份权利和农民财产权益，促进农民增收、集体增效，探索形成体现山东特色的农村集体所有制有效实现形式和农村集体经济运行机制。

着力完善农业支持保护制度。基于农业生产正外部性较强，农业产业化项目投资回收周期长、见效慢等特点，综合运用财政补贴、价格引导、金融支持和保险扶持等政策工具，构建市场导向的农产品价格形成机制，引导农民科学种植、合理种植，逐步优化种植结构。鼓励金融机构开发适合农业生产经营特点的信贷产品，探索尝试类似福建沙县的村级融资担保基金、湖南沅陵以产业信用协会为载体的互助性融资担保模式，重点解决农业农村融资难、担保难、抵押物不足等难题。适时总结大蒜、马铃薯、大白菜、大葱、蒜薹等农产品目标保险的实际运行经验，稳步拓宽特色农产品目标价格保险范围，增加补贴蔬菜品种，用保险降低农业生产的不确定性，增强农业种植的稳定性，提高农民增收的持续性，防止农民增产不增收、"谷贱伤农"等现象发生。

8.2.2 打造新型工农、城乡"两种关系"，营造平等的发展环境，促进城乡融合发展

从"以工促农、以城带乡、工农互惠、城乡一体"到"工农互促、城乡互补、全面融合、共同繁荣"，中共中央对新型工农、城乡关系的定位和认识在不断深化，同时指明了新时代新型工农、城乡关系的发展方向。补齐城乡发展不平衡、农村发展不充分的短板，根本出路在于改变过去单方面以农补工、以乡促城的发展偏向，实现城乡发展的机会公平、制度公平，促进各种要素在城乡间、工农间合理流动、平等交换。当前，要围绕促进城乡融合发展、促进农民持续较快增收、精准扶贫脱贫等聚焦聚力，尤其是要在体制机制创新上下功夫。

健全完善城乡融合发展体制机制和政策体系。促进城乡融合发展首先要破解长期固化的城乡二元结构，这就要求对户籍制度进行更深层次的改革，不仅仅要取消城乡户口的二元性质划分，更重要的是使得城镇常住人口能够享受同等的教育、医疗、就业、社会保障等基本公共服务。充分保障农业转移人口农村土地承包经营权、宅基地使用权等集体经济权益，继续享有农业支持保护等各项惠农补贴，有序推进农业转移人口

市民化。聚焦制约城乡融合发展的短板，加强体制机制创新和政策体系构建，促进城乡基础设施互联互通，促进城镇公共服务向社区、向农村延伸，促进工农跨界融合、协同发展，促进城镇人力资本"上山下乡"、金融资本"入园进企"、信息资本"进村入户"，促进城乡社会文化、价值理念交流交融，打造城乡命运共同体。

构建促进农民持续较快增收的长效政策机制。习近平总书记在视察山东时强调，农业农村工作，说一千、道一万，增加农民收入是关键。要从优化农民收入来源结构着手，鼓励支持农民由经营传统农业转向经营现代农业，改善种植结构，通过积极参与经营农家乐、民宿等乡村旅游业增加经营性收入；结合发展农业"新六产"，将农民从传统农业和农耕中解放出来，通过从事农产品加工销售、农业社会化服务等行业增加工资性收入；结合农村土地和宅基地"三权分置"及农村集体产权制度改革，通过农村土地流转、土地入股等形式增加财产性收入；通过加大农业支持保护、惠农助农补贴、给予生态补偿等方式增加转移性收入。鼓励采用先富带动后富、对口协作帮扶等有效模式，从基础设施、产业培育、教育发展等方面为落后地区农民增收提供机会、创造条件，促进实现共同富裕。

坚决打好打赢精准脱贫攻坚战。综合运用产业扶贫、教育扶贫、光伏扶贫、文化扶贫等多种扶贫方式，瞄准重点脱贫对象尤其是深度脱贫群体精准施策、精准设计、精准发力、精准落地，防止贫困代际传递，保质保量按时完成黄河滩区脱贫迁建和易地扶贫搬迁任务，提高精准脱贫效率。实施好精准脱贫攻坚战三年行动和贫困村"一村一品"产业推进行动，执行好《精准扶贫 扶贫车间》地方标准，完善推广扶贫车间模式，在不降低脱贫标准、保证脱贫质量"只升不降"的前提下，增强贫困地区自我造血能力和内生发展能力，做到脱真贫、真脱贫，做到脱贫不返贫，让扶贫脱贫不做无用功、不走回头路，确保在实现精准脱贫、全面小康的路上一个也不掉队。

8.2.3　构建现代农业产业、生产、经营"三大体系"，提高整体竞争力，促进系统集成发展

构建现代农业产业体系、生产体系和经营体系，需要优化制度供给、

政策安排和资源配置，统筹科技、信息、金融、人才等高端要素，有效解决农业产业链条短、集群集聚度不高、抗风险能力不强等突出问题，延伸农业产业链、提升价值链、完善供应链、做强财税链、拉长就业链，不断提高农业产业精度、生产强度、经营广度，提升农业产出率和整体素质。

加快构建现代农业产业体系。发挥农业资源优势和核心要素引领优势，用工业、服务业的发展思维促进农业"接二连三"延伸发展，创新发展定制农业、体验农业、数字农业等新产业，大力培育终端型、体验型、循环型、智慧型等新业态，促进农村产业融合发展。强化科技创新、模式创新、路径创新，推动农业产业化经营、集群式发展，加快形成若干农业产业集聚示范区，着力培育有市场需求、有出口能力、产业链条长、产业互补性强、农产品品质高的现代高效农业产业体系。

加快构建现代农业生产体系。充分整合农业科研资源，发明一批具有自主知识产权的新品种、新技术，大力推广滴灌微灌、农艺节水、深耕改土、秸秆还田等先进适用技术，通过农业科技创新支撑引领农业高质量发展。实施"智慧农机"建设工程，加快农业领域"机器换人"，推广使用新型农机具，用现代物质装备改造提升传统农业。促进"互联网+"现代农业发展，推进物联网、云计算、大数据、移动互联网等新技术广泛应用于农业生产，开展物联网应用示范，推广凯盛浩丰德州（临邑）智慧农业产业园用大数据指导生产销售，实现生产全过程追溯，促进种植生产和仓储加工一体化的先进模式，促进农业生产效率与产品质量同步提升。

加快构建现代农业经营体系。促进农业龙头企业与专业合作社、家庭农场、种养大户对接，培育发展农业产业化联合体，借鉴浙江省安吉县递铺街道鲁家村的成功经验，以家庭农场为载体、以"公司+村+家庭农场"为经营模式，通过市场化运作吸引社会资本建设家庭农场集聚区和示范区。引导土地经营权有序流转，鼓励农户以土地入股家庭农场、农民合作社和龙头企业实现农业产业化经营，采用"合作社+农户""企业+基地+农户""长期订单+农业保险"等模式建立合作互惠的利益联结机制。实施农商互联和"互联网+"农产品出村工程，完善农村网络宽带、冷链物流等基础设施，开展农产品电子商务示范，畅通农产品销售的"最先一公里",减少农业经营的中间环节,提高农业经营效率。

8.2.4　强化科技质量品牌绿色"四项支撑",加快农业发展方式转变,促进高质量发展

准确把握现代农业的发展特征、发展趋势,聚焦现代农业发展的突出短板和薄弱环节,更加注重科技兴农、质量兴农、品牌强农、绿色强农,用科技、质量、品牌、绿色等新要素、新路径改造提升传统农业,提高农业发展的核心竞争力。

坚持走科技兴农之路。加快新技术新成果转化应用,全面提升农业自主创新能力,实现农业发展智慧化,全面提高农业的创新力和 TFP。深化农业科技"展翅"行动,总结推广寿光通过科技创新推动蔬菜产业发展经验,大力推进农业科技创新品牌工程,引进培育一批农业科技领军人才和高水平创新创业团队,加强种业、农业生物等领域的重大技术攻关。发挥黄河三角洲农业高新技术产业示范区的带动引领作用,依托农业科技园区体系建设,推动人工智能、互联网、物联网、云计算、大数据等前沿技术在农业领域的应用,提高农业精准化、智慧化水平。实施藏粮于地、藏粮于技战略,开展好"精准农业""盐碱地绿色开发"等农业重大科技创新工程和科技示范工程,加快现代农业技术集成应用与转化,实现农业科技创新服务的全面覆盖、无缝衔接。

坚持走质量兴农之路。以建成质量强国为目标,开展农产品质量提升行动,增加绿色优质农产品供给,推进农业由增产导向向提质导向转变。把标准化建设作为质量兴农的基石,依托寿光全国蔬菜质量标准中心等国家标准创新基地和国际标准生产示范区建设,加快农林牧渔及粮食加工服务等领域的基础标准制定,建立小麦、玉米、林果、畜禽等农产品质量的全链条标准体系。发挥"出口食品农产品质量安全示范省"的示范作用,推广食品农产品质量安全建设的"安丘模式",实现"从农田到餐桌"全过程监管、全链条安全追溯,实施出口农产品食品质量提升工程,推动农产品食品安全标准与国际标准对接,引导支持龙头企业等新型农业经营主体开展高标准出口示范基地建设,深化与"一带一路"沿线国家开展农业品贸易和境外农业产业园区共建,提高农产品的

国际影响力和竞争力。

坚持走品牌强农之路。实施农产品品牌提升行动,建立健全农产品品牌培育、监管和保护体系,对品牌建设培育给予税收优惠、信贷支持等多方面支持,定期举办农业品牌大会、农业品牌高端论坛,宣传推介农业知名品牌和农产品区域公用品牌,着力以品牌建设引领农业现代化。支持农业龙头企业争创中国驰名商标、著名商标,鼓励支持农产品出口企业境外注册商标,培育一批具有国际影响力的农产品品牌和企业品牌,不断提高农产品的市场竞争力。

坚持走绿色强农之路。实施农村人居环境整治三年行动,借鉴推广浙江等地发展特色民居和田园综合体的经验做法,开展田园建筑示范,聚力农村"七改"加快补齐农村人居环境短板,统筹乡村山水林田湖草系统治理,建设具有地方特色的"生产美、生活美、生态美"的美丽宜居村庄。需要培育发展高效生态农业,解决当前农业发展方式粗放、集约化程度不高的问题,将农村的生态资源优势转化为产业发展优势,加快形成农业绿色生产方式、发展方式,及时总结全国农业绿色发展先行区的试点经验,推动农业可持续发展和绿色发展,探索具有地方特色的农业绿色发展模式。打好污染防治攻坚战,全面加强农村生态环境保护,着力推进"四减四增"三年行动,集中治理农业面源污染,实施湿地修复、四荒地治理、矿山修复等生态修复重大工程,建立健全农业生态补偿机制,持续改善乡村生态环境质量。

8.2.5 推动"五个振兴",汇聚乡村发展强大合力,促进乡村实现全面振兴

扎实实施乡村振兴战略是一篇大文章、一盘大棋,要加强顶层设计和"摸着石头过河"相结合,边实践、边探索、边总结、边提升,以"功成不必在我"的博大胸怀和"功成必定有我"的使命担当,久久为功,凝聚起广泛共识和强大正能量,确保"一张蓝图绘到底",着力推动乡村产业振兴、人才振兴、文化振兴、生态振兴和组织振兴。

推动乡村产业振兴。实施好产业兴村强县示范行动,与推动农业新旧动能转换、发展现代高效农业协同发力,遵循产业智慧化、智慧产业化、跨界融合化、品牌高端化发展路径,依托农业园区、农业特色小镇

和田园综合体等城乡融合、产城融合、产村融合平台载体，发挥好农业龙头企业、专业合作社、家庭农场、种养大户等新型经营主体的支撑带动作用，通过产业链相加、价值链相乘、供应链相通"三链重构"积极发展农业"新六产"，大力培育智慧农业、数字农业、乡村旅游、休闲观光、农村电商等新产业、新业态，促进产业兴旺。

推动乡村人才振兴。树立"人才是第一资源"理念，结合绘制"齐鲁英才地图"，打好乡愁牌、思乡牌、老家牌，链接全球英才为乡村振兴出思路、出资源、出技术，着力提高乡村振兴人力资本，拓宽乡村振兴人才使用空间。积极发挥"头雁效应"，打造一支由"第一书记"、大学生村官、农民企业家、农村实用人才、科技特派员、新型职业农民、新乡贤等组成的懂农业、爱农村、爱农民的乡村人才队伍。从高校、科研院所定向选拔农业农村、金融科技、文化生态等领域高层次人才到县区担任科技副职助力乡村振兴。制定出台金融支持、财税优惠等新型职业农民培育政策，探索实施新型职业农民职称评聘制度，让农民成为令人羡慕的职业。

推动乡村文化振兴。充分发挥全国文化资源优势，统筹优秀文化与旅游元素、创意元素有机结合，大力发展文化旅游、文化创意等文化产业，将文化资源优势转化为文化产业发展优势。推进优秀传统文化和悠久农耕文明、外来文化与本土文化、城市文化与乡土文化、现代文化与传统文化在农村交织交融，加强乡村文化供给，提高乡村文明水平。传承发展提升农耕文明，大力弘扬乡村优秀传统文化，用良好家风塑造乡村振兴的和谐氛围，用乡村文化兴盛塑造积极健康的发展环境，进一步激发乡村持续健康发展的内生动力。

推动乡村生态振兴。积极践行"绿水青山就是金山银山"的发展理念，将生态文明作为乡村振兴的主线、将绿色发展作为乡村振兴的底色贯穿始终，用绿色标准引导乡村建设发展，用绿色考核倒逼转方式、调结构，开展美丽村居建设"四一三"行动，着力补齐乡村生态建设的短板，建设个性化、差异化、特色化的民居，让农村成为安居乐业的美丽家园。因地制宜借鉴推广浙江安吉余村立足绿水青山发展美丽经济，大力发展休闲旅游，实现从"卖矿石"向"卖风景"转变，将乡村生态价值转化为绿色发展优势，增强乡村可持续发展能力。转变农业发展方式，将农业资源节约和污染控制相结合，打造农业"绿色工厂""绿色车间"，提高农业绿色化水平。

推动乡村组织振兴。持续提高政治站位，坚持五级书记一起抓乡村振兴，选优配强农村基层党组织书记，不断提升党的基层组织战斗堡垒作用，充分发挥基层党组织书记的"火车头""领头雁"作用，将基层党建促脱贫、促乡村振兴列入高质量发展考核范围，为推动乡村振兴提供坚强有力的组织保障。以农村基层党组织为引领，加强村民自治组织、农村集体经济组织、农村合作经济组织、社会服务组织等各类组织建设，形成组织振兴合力，推动乡村治理自治、法治和德治相结合，促进实现乡村治理体系和治理能力现代化。

优化城乡收入分配格局、逐步缩小城乡差距是实现"两个同步、两个提高"，保障和改善民生的关键所在，是切实贯彻协调、共享发展理念的应有之义，是全面建成小康社会、实现中华民族伟大复兴的必然要求。当前，支撑城乡收入差距演变的制度环境和现实条件正发生深刻变化，长期形成的路径依赖逐渐弱化，促进城乡要素平等交换和公共资源均衡配置的制度基础不断强化，扶贫脱贫、转变农业发展方式、推进农村三产融合发展等多项政策红利精准发力，着力补齐制度供给短板、着力补齐农村产业短板、着力补齐资源配置短板、着力补齐发展基础短板，加快构建趋势向好、整体协调、内部优化的城乡融合发展格局。

附录 地区层面变量的相关性分析

附录1 东部地区

我国东部地区包括北京、天津、河北、上海、江苏、浙江、福建、山东、广东、海南10个省（市）。

1.1 北京

自1978年以来，北京地方政府竞争平稳上升，从1978年的0.4039上升到2016年的1.2609（见附表1-1）。在1991年财政支出首次超过了财政收入，经历了缓慢的下降后在1995年之后一直都保持着财政支出超过财政收入的状态。从城乡收入差距看，改革开放以来的城乡收入差距演变总体上呈震荡上升的趋势，从1978年的1.6254上升到2016年的2.5673（见附表1-1）。改革开放初期的家庭联产承包责任制改革通过农民增收大大缩小了城乡收入差距，在1984年缩小至最低点1.0447，而随后政府将改革重点由农村向城市的转移使城乡收入差距波动上升，并且持续到如今。可以看出，地方政府竞争与城乡收入差距走势基本保持一致，地方政府竞争扩大了城乡收入差距。

附表1-1 北京相关变量描述性分析

变量	1978年	1979年	1980年	1981年	1982年	1983年	1984年	1985年	1986年	1987年	1988年	1989年	1990年
贸易开放度	—	—	—	—	—	3.3012	3.8237	3.7170	3.7093	3.0414	2.7117	2.3629	2.2582
城乡收入差距	1.6254	1.6600	1.6279	1.4241	1.3049	1.1378	1.0447	1.1712	1.2971	1.2903	1.3518	1.2974	1.3779
地方政府竞争	0.4039	0.4201	0.2899	0.3023	0.3556	0.4922	0.5951	0.6291	0.7337	0.7807	0.7771	0.8564	0.9283
变量	1991年	1992年	1993年	1994年	1995年	1996年	1997年	1998年	1999年	2000年	2001年	2002年	2003年
贸易开放度	2.1547	1.9429	1.8628	2.1733	2.0514	1.3624	1.2137	1.0630	1.0623	1.2993	1.1496	1.0072	1.1323

变量	1991 年	1992 年	1993 年	1994 年	1995 年	1996 年	1997 年	1998 年	1999 年	2000 年	2001 年	2002 年	2003 年
城乡收入差距	1.4349	1.5065	1.7768	1.9534	1.8293	1.9325	2.0768	2.1028	2.1276	2.2082	2.1953	2.1197	2.1371
地方政府竞争	1.0488	0.9072	0.9846	0.9868	1.3396	1.2422	1.2966	1.2233	1.2624	1.2841	1.2311	1.1767	1.2401

变量	2004 年	2005 年	2006 年	2007 年	2008 年	2009 年	2010 年	2011 年	2012 年	2013 年	2014 年	2015 年	2016 年
贸易开放度	1.2975	1.4752	1.5519	1.4904	1.6976	1.2070	1.4472	1.5482	1.4409	1.3418	1.1966	0.8645	0.7306
城乡收入差距	2.1804	2.4030	2.4141	2.3294	2.3190	2.2915	2.1922	2.2329	2.2135	2.4302	2.3995	2.5699	2.5673
地方政府竞争	1.2066	1.1513	1.1608	1.1051	1.0664	1.1443	1.1544	1.0795	1.1117	1.1400	1.1235	1.2146	1.2609

由于进出口数据的缺失，可获得的北京贸易开放度数据最早始于1983 年，由附表 1 - 1 可知，贸易开放度总体上呈现震荡下降的趋势，从1983 年的 3.3012 下降到 2016 年的 0.7306。特别是 1986 ~ 1993 年，贸易开放度出现较为明显的下降态势。2001 年底中国加入 WTO 后贸易开放度经历了温和的上升，在 2008 年经济危机后又继续波动下降。与贸易开放度下降相对的是城乡收入差距的扩大，贸易开放度的下降使得农民无法享受到经济全球化的红利，不利于城乡收入差距的缩小。

北京进出口总额与 GDP 的比例总体上一直在降低，可以看出对外贸易和吸引外商投资不是当地政府竞争的重要方面。这是因为北京作为我国的首都有其特殊性。考虑到近几年提出的要坚持和强化首都核心功能，疏解非首都功能定位，对外贸易和吸引外商投资在未来很长时期内也不会成为北京地方政府竞争的重点。

基于折线图（见附图 1 - 1）分析发现，北京地方政府竞争显著扩大了城乡收入差距，并且在这一过程中北京首都的特殊地位使得贸易开放无法发挥应有的调节作用，使得北京城乡收入差距上升并保持在较高位置，不利于让改革开放的发展成果惠及更广泛的民众。

1.2　天津

1978 ~ 2016 年，天津的地方政府竞争从 0.3698 上升到 1.3583，特别是

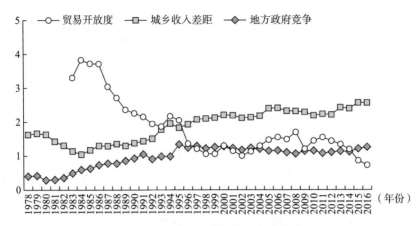

附图 1-1　北京相关变量演变趋势特征

在 1993～1994 年，突然由 0.6839 大幅升高至 1.4421（见附表 1-2），在此之后，地方政府竞争维持相对稳定。天津城乡收入差距从 1978 年的 2.5359 下降到 2016 年的 1.8485，特别是 1978～1984 年，城乡收入差距大幅缩小，并于 1984 年达到改革开放后的最低点 1.4420（见附表 1-2）。1989～1994 年，天津城乡收入差距经历了较大的上升，随后围绕 2 进行波动。可以看出，天津地方政府竞争对城乡收入差距缩小具有一定的正向影响。

附表 1-2　天津相关变量描述性分析

变量	1978 年	1979 年	1980 年	1981 年	1982 年	1983 年	1984 年	1985 年	1986 年	1987 年	1988 年	1989 年	1990 年
贸易开放度	0.2014	0.2313	0.2644	0.2659	0.2550	0.2527	0.2316	0.2484	0.2951	0.3405	0.3266	0.2942	0.3399
城乡收入差距	2.5359	2.3765	1.8957	1.8121	1.7699	1.4668	1.4420	1.5504	1.6846	1.5846	1.4924	1.4487	1.5332
地方政府竞争	0.3698	0.4039	0.3583	0.3602	0.5524	0.5288	0.4643	0.5593	0.6395	0.5577	0.7809	0.8445	0.8957

变量	1991 年	1992 年	1993 年	1994 年	1995 年	1996 年	1997 年	1998 年	1999 年	2000 年	2001 年	2002 年	2003 年
贸易开放度	0.3137	0.3186	0.2984	0.3895	0.5865	0.6149	0.6570	0.6394	0.6952	0.8344	0.7835	0.8779	0.9421
城乡收入差距	1.5783	1.7100	1.8798	2.1689	2.0487	1.9895	2.0375	2.0941	2.2427	2.2474	1.8568	2.1823	2.2586
地方政府竞争	0.8172	0.7378	0.6839	1.4421	1.5078	1.4323	1.3657	1.3603	1.3954	1.4000	1.4341	1.5434	1.5258

续表

变量	2004 年	2005 年	2006 年	2007 年	2008 年	2009 年	2010 年	2011 年	2012 年	2013 年	2014 年	2015 年	2016 年
贸易开放度	1.1182	1.1174	1.1515	1.0343	0.8311	0.5797	0.6025	0.5905	0.5661	0.5511	0.5229	0.4304	0.3812
城乡收入差距	2.2845	2.2650	2.2934	2.3334	2.4552	2.4634	2.4112	2.1850	2.1122	1.8294	1.8518	1.8451	1.8485
地方政府竞争	1.5234	1.3323	1.3023	1.2477	1.2843	1.3677	1.2882	1.2345	1.2177	1.2261	1.2068	1.2119	1.3583

　　改革开放以后，天津的贸易开放度在较长时间内维持稳定，从 1993 年开始快速上升，经历了长期的增长，并于 2006 年达到改革开放后的最高点 1.1515。此后受到全球经济危机的影响，贸易开放度快速下降，从 2006 年的 1.1515 下降到 2016 年的 0.3812（见附表 1-2）。天津作为著名的港口，对外贸易和吸引外商投资是经济增长的重要支撑。其贸易开放度随着地方政府竞争的加剧而上升，但近年来，随着全球市场的疲软和京津冀协同发展的提出，天津进出口额与 GDP 的比重逐渐下降，对外贸易和吸引外商投资已不是地方政府竞争的重点。

　　基于折线图（见附图 1-2）分析发现，天津地方政府竞争扩大了城乡收入差距，贸易开放度能够缓解地方政府竞争对城乡收入差距的正向作用，在地方政府竞争上升的情况下，使城乡收入差距保持相对稳定。

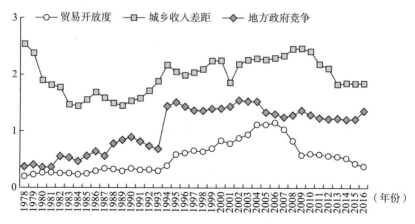

附图 1-2　天津相关变量演变趋势特征

1.3　河北

改革开放以来，河北地方政府竞争从 1978 年的 0.7193 上升到 2016 年的 2.1227（见附表 1-3），经历了较大幅度的上升。经历了 1978~1993 年的温和上升后，地方政府竞争在 1994 年显著升高，随后呈现震荡上升的趋势。1978~2016 年，河北城乡收入差距由 2.4219 变为 2.3700（见附表 1-3）。虽然数值变化不大，但振幅巨大，经历了 1978~1983 年的快速下降和 1984~1993 年的快速上升。城乡收入差距除了在改革开放初期与地方政府竞争背道而驰外，一直都与政府竞争保持相似的趋势（见附图 1-3），总体来说，河北在公共支出方面的竞争加剧了城乡收入差距的扩大，二者之间表现为明显的正相关关系。

附表 1-3　河北相关变量描述性分析

变量	1978 年	1979 年	1980 年	1981 年	1982 年	1983 年	1984 年	1985 年	1986 年	1987 年	1988 年	1989 年	1990 年
贸易开放度	0.0275	0.0333	0.0430	0.0617	0.0648	0.0606	0.0586	0.1048	0.0895	0.1138	0.0944	0.1005	0.1210
城乡收入差距	2.4219	2.3029	2.2784	1.9730	1.8117	1.5067	1.5050	1.6390	1.8785	1.9257	1.9753	2.1341	2.2466
地方政府竞争	0.7193	0.7982	0.8098	0.6859	0.8162	0.7769	0.9169	0.9227	1.0518	0.9255	1.0423	1.0677	1.1457

变量	1991 年	1992 年	1993 年	1994 年	1995 年	1996 年	1997 年	1998 年	1999 年	2000 年	2001 年	2002 年	2003 年
贸易开放度	0.1194	0.1062	0.0831	0.1245	0.1151	0.1012	0.0864	0.0823	0.0840	0.0860	0.0860	0.0917	0.1074
城乡收入差距	2.2668	2.5856	2.7376	2.7170	2.0014	2.1620	2.1693	2.1143	2.1970	2.2836	2.2984	2.4878	2.5374
地方政府竞争	1.0839	1.0002	0.9865	1.6890	1.5938	1.5279	1.5361	1.4585	1.5711	1.6704	1.8137	1.9073	1.9258

变量	2004 年	2005 年	2006 年	2007 年	2008 年	2009 年	2010 年	2011 年	2012 年	2013 年	2014 年	2015 年	2016 年
贸易开放度	0.1321	0.1315	0.1288	0.1426	0.1666	0.1174	0.1396	0.1412	0.1201	0.1196	0.1250	0.1076	0.0967
城乡收入差距	2.5075	2.6158	2.7106	2.7228	2.8028	2.8580	2.7297	2.5692	2.5420	2.4420	2.3700	2.3666	2.3700
地方政府竞争	1.9262	1.8987	1.9022	1.9093	1.9858	2.1999	2.1175	2.0356	1.9282	1.9209	1.9117	2.1260	2.1227

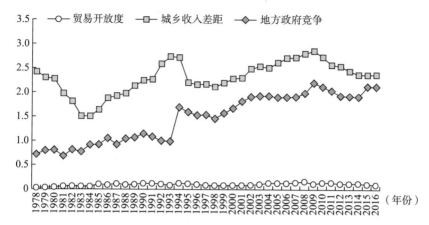

附图 1-3　河北相关变量演变趋势特征

河北地处沿海与内陆交接地带，且是重工业省份，贸易开放度一直不高。自改革开放以来虽然外贸规模持续增加，但贸易开放度的比重一直围绕 0.1 波动。另外，由于河北与北京、天津地理位置接近，近年来按功能定位承接京津产业转移，贸易开放与吸引外资不是政府工作的重心，对城乡收入差距的作用也不明显。

1.4　上海

1978~1993 年，上海的地方政府竞争缓慢上升，由 0.1537 上升到 0.5141。随着 1994 年分税制改革的实行，地方政府竞争大幅升高，达到 1.1251，但在此后长期保持相对稳定，2016 年地方政府竞争为 1.0800（见附表 1-4）。从城乡收入差距看，1978~2016 年上海城乡收入差距由 1.4448 上升为 2.2606。其中 1978~1990 年波动向下，1990 年后，城乡收入差距快速攀升，在 2004 年达到峰值 2.3609 后保持相对稳定（见附表 1-4）。从地方政府竞争和城乡收入差距的动态关系看，两者都是上升趋势，但 1993 年之前，两者相关性不明显，地方政府竞争缓慢上升而城乡收入差距上下波动。地方政府竞争从 1994 年就进入稳定阶段，而城乡收入差距在 2004 年后才进入稳定阶段（见附图 1-4）。

附表 1-4　上海相关变量描述性分析

变量	1978 年	1979 年	1980 年	1981 年	1982 年	1983 年	1984 年	1985 年	1986 年	1987 年	1988 年	1989 年	1990 年
贸易开放度	0.1868	0.2105	0.2164	0.2179	0.2186	0.2325	0.2620	0.3255	0.3661	0.4092	0.4160	0.4242	0.4699
城乡收入差距	1.4448	1.3361	1.5846	1.4347	1.2295	1.2274	1.0623	1.3337	1.3799	1.3567	1.3244	1.4319	1.1446
地方政府竞争	0.1537	0.1567	0.1098	0.1093	0.1231	0.1432	0.1849	0.2501	0.3292	0.3037	0.4403	0.4788	0.4799

变量	1991 年	1992 年	1993 年	1994 年	1995 年	1996 年	1997 年	1998 年	1999 年	2000 年	2001 年	2002 年	2003 年
贸易开放度	0.4791	0.4829	0.4853	0.6869	0.6357	0.6259	0.5970	0.6827	0.7629	0.9492	0.9672	1.0471	1.3890
城乡收入差距	1.2409	1.3598	1.5684	1.7134	1.6940	1.6876	1.5992	1.6225	1.9945	2.0938	2.1945	2.1290	2.2344
地方政府竞争	0.5291	0.4860	0.5141	1.1251	1.1842	1.1879	1.2296	1.2347	1.2705	1.2538	1.1619	1.1981	1.2282

变量	2004 年	2005 年	2006 年	2007 年	2008 年	2009 年	2010 年	2011 年	2012 年	2013 年	2014 年	2015 年	2016 年
贸易开放度	1.6405	1.6506	1.7156	1.7215	1.5897	1.2608	1.4550	1.4722	1.3656	1.2526	1.2156	1.1137	1.0225
城乡收入差距	2.3609	2.2606	2.2615	2.3285	2.3317	2.3102	2.2777	2.2568	2.2572	2.2903	2.3047	2.2823	2.2606
地方政府竞争	1.2498	1.1615	1.1393	1.0517	1.0997	1.1769	1.1494	1.1414	1.1176	1.1020	1.0737	1.1218	1.0800

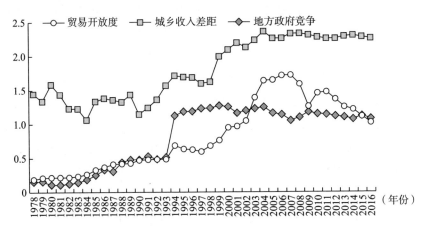

附图 1-4　上海相关变量演变趋势特征

　　上海是一个国际大都市，是我国对外开放的窗口之一。1978～2007年，其贸易开放度稳步上升，特别是 2001 年中国加入 WTO 后，贸易开放度快速攀升，2007 年达到峰值 1.7215。2008 年以后，受到国际经济危机的冲击，上海贸易开放度开始下滑，至 2016 年降为 1.0225。从贸易开放度和城乡收入差距的动态关系看，上海的贸易开放能有效缓解地方政府竞争对城乡收入差距的正向作用，特别是在 1998 年以前，在地方政府竞争上升的情况下，城乡收入差距保持相对稳定。从贸易开放度和地方政府竞争的动态关系看，1994 年之前，两者呈明显的正相关关系，1994 年之后，地方政府竞争趋于平稳，而贸易开放度大幅上涨，两者相关性不明显。

1.5　江苏

1978～1993 年，江苏地方政府竞争缓慢波动上升，由 1978 年的 0.4646 上升为 1993 年的 0.7405。1994 年分税制改革后，地方政府竞争大幅上升至 1.4652，但在接下来的 20 多年一直保持稳定，2016 年小幅下降到 1.2291。从城乡收入差距看，江苏与大多省份一样在改革开放初期下降，至 1983 年降为改革开放后的最低点 1.3950，此后城乡收入差距波动上升，至 1993 年达到阶段性高点 2.1894。又经过三年短暂的下降后从 1997 年开始稳步上升，至 2009 年达到峰值 2.5679（见附表 1 - 5）。此后开始缓慢下降。从地方政府竞争和城乡收入差距的动态关系看，在 1993 年之前，两者呈正相关关系，之后呈负相关关系。

附表 1 - 5　江苏相关变量描述性分析

变量	1978 年	1979 年	1980 年	1981 年	1982 年	1983 年	1984 年	1985 年	1986 年	1987 年	1988 年	1989 年	1990 年
贸易开放度	0.0289	0.0352	0.0443	0.0581	0.0620	0.0655	0.0732	0.0895	0.1118	0.1159	0.1065	0.1095	0.1398
城乡收入差距	1.8581	—	1.9862	1.7364	1.5663	1.3950	1.3973	1.5538	1.6221	1.6029	1.5282	1.5662	1.6561
地方政府竞争	0.4646	0.5408	0.4636	0.3774	0.3698	0.4385	0.5132	0.5678	0.6701	0.6345	0.6905	0.7299	0.7413
变量	1991 年	1992 年	1993 年	1994 年	1995 年	1996 年	1997 年	1998 年	1999 年	2000 年	2001 年	2002 年	2003 年
贸易开放度	0.1765	0.1797	0.1754	0.2498	0.2637	0.2865	0.2931	0.3039	0.3362	0.4417	0.4494	0.5485	0.7558
城乡收入差距	1.7622	2.0151	2.1894	2.0628	1.8860	1.7121	1.7630	1.7821	1.8707	1.8915	1.9485	2.0465	2.1852
地方政府竞争	0.8946	0.8264	0.7405	1.4652	1.4683	1.3933	1.4256	1.4327	1.4115	1.3189	1.2753	1.3364	1.3127

续表

变量	2004 年	2005 年	2006 年	2007 年	2008 年	2009 年	2010 年	2011 年	2012 年	2013 年	2014 年	2015 年	2016 年
贸易开放度	0.9425	1.0039	1.0412	1.0213	0.8793	0.6715	0.7612	0.7096	0.6399	0.5709	0.5319	0.4846	0.4371
城乡收入差距	2.2049	2.3348	2.4228	2.4963	2.5393	2.5679	2.5163	2.4379	2.4322	2.3228	2.2961	2.2867	2.2806
地方政府竞争	1.3381	1.2652	1.2152	1.1412	1.1889	1.2442	1.2045	1.2084	1.1991	1.1873	1.1713	1.2066	1.2291

从贸易开放度看，改革开放后江苏贸易开放度总体上呈现先上升后下降的倒 U 形走势（见附图 1-5）。2006 年之前，贸易开放度稳步上升，且在中国加入 WTO 后加速上升，至 2006 年达到峰值 1.0412。此后受经济危机冲击，江苏贸易开放度快速下降，2016 年降为 0.4371。从贸易开放度和城乡收入差距的动态关系看，1983 年之前两者呈负相关系，之后呈正相关关系。从贸易开放度和地方政府竞争的动态关系看，1994 年之前，两者呈正相关关系，1994~2006 年，两者呈负相关关系，之后呈正相关关系。

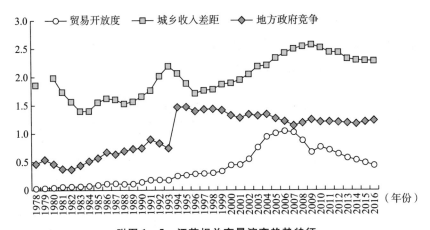

附图 1-5　江苏相关变量演变趋势特征

1.6　浙江

改革开放以来，浙江的地方政府竞争从 1978 年的 0.6350 缓慢上升到 1993 年的 0.7504，随着 1994 年实行分税制改革，地方政府竞争突然大幅升高至 1.6171。此后地方政府竞争波动下降，至 2007 年达到阶段性低点 1.0954。此后开始缓慢上升，2016 年地方政府竞争为 1.3158（见附

表1－6）。从城乡收入差距看，其趋势与江苏类似，但浙江城乡收入差距在高位形成2003~2009年的一个平台曲线，总体变化平缓。从地方政府竞争和城乡收入差距的动态关系看，1997年之前两者变动呈正相关关系，之后呈负相关关系（见附图1－6）。

附表1－6　浙江相关变量描述性分析

变量	1978 年	1979 年	1980 年	1981 年	1982 年	1983 年	1984 年	1985 年	1986 年	1987 年	1988 年	1989 年	1990 年
贸易开放度	0.0095	0.0106	0.0217	0.0395	0.0477	0.0523	0.0572	0.0772	0.0893	0.0925	0.0965	0.1122	0.1477
城乡收入差距	2.0121	—	2.2283	1.8287	1.5318	1.5348	1.5000	1.6466	1.8128	1.6938	1.7616	1.7774	1.7580
地方政府竞争	0.6350	0.6857	0.5570	0.4985	0.5153	0.5250	0.6171	0.6421	0.7427	0.6710	0.7379	0.7613	0.7897

变量	1991 年	1992 年	1993 年	1994 年	1995 年	1996 年	1997 年	1998 年	1999 年	2000 年	2001 年	2002 年	2003 年
贸易开放度	0.1895	0.2020	0.2032	0.2882	0.2702	0.2489	0.2526	0.2434	0.2784	0.3752	0.3935	0.4339	0.5237
城乡收入差距	1.7696	1.9272	2.0767	2.2769	2.0976	2.0087	1.9976	2.0543	2.1348	2.1812	2.2839	2.3716	2.4267
地方政府竞争	0.8026	0.8052	0.7504	1.6171	1.5433	1.5305	1.5265	1.4478	1.4016	1.2582	1.1929	1.3229	1.2692

变量	2004 年	2005 年	2006 年	2007 年	2008 年	2009 年	2010 年	2011 年	2012 年	2013 年	2014 年	2015 年	2016 年
贸易开放度	0.6054	0.6556	0.7057	0.7171	0.6832	0.5578	0.6191	0.6183	0.5689	0.5508	0.5429	0.5036	0.4731
城乡收入差距	2.3862	2.4465	2.4902	2.4892	2.4549	2.4593	2.4206	2.3695	2.3743	2.3022	2.0850	2.0693	2.0658
地方政府竞争	1.3189	1.1865	1.1338	1.0954	1.1423	1.2384	1.2298	1.2196	1.2094	1.2459	1.2516	1.3817	1.3158

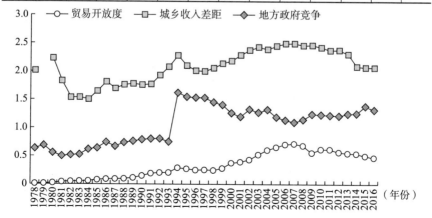

附图1－6　浙江相关变量演变趋势特征

从贸易开放度看，改革开放后浙江贸易开放度总体上呈现先上升后下降的倒 U 形走势。2007 年之前，贸易开放度稳步上升，且在中国加入 WTO 后加速上升，至 2007 年达到峰值 0.7171。此后受经济危机冲击，浙江贸易开放度呈下降趋势，2016 年降为 0.4731。从贸易开放度和城乡收入差距的动态关系看，1983 年之前两者呈现负相关关系，之后呈正相关关系。从贸易开放度和地方政府竞争的动态关系看，1994 年之前，两者呈正相关关系，之后呈负相关关系。

1.7　福建

受限于数据的可获得性，福建的地方政府竞争数据自 1992 年始，1994 年分税制改革后由 1993 年的 1.0299 上升至 1.4980，此后在高位长期保持相对稳定。从城乡收入差距看，福建城乡收入差距由 1978 年的 2.6884 降为 2016 年的 2.4011（见附表 1 - 7）。其走势和浙江城乡收入差距曲线非常相似。2004 年之前，福建地方政府竞争和城乡收入差距同向变动，2004 年之后反向变动，但城乡收入差距变动幅度更大，可以看出地方政府竞争不是城乡收入差距扩大的主要原因。

附表 1 - 7　福建相关变量描述性分析

变量	1978 年	1979 年	1980 年	1981 年	1982 年	1983 年	1984 年	1985 年	1986 年	1987 年	1988 年	1989 年	1990 年
贸易开放度	0.0514	0.0575	0.0870	0.0982	0.0885	0.0872	0.0985	0.1320	0.2091	0.2459	0.2761	0.2811	0.3966
城乡收入差距	2.6884	—	2.6163	1.9483	1.9403	1.8974	1.6870	1.8510	2.2172	2.1052	2.0163	2.2310	2.2893
地方政府竞争	—	—	—	—	—	—	—	—	—	—	—	—	—

变量	1991 年	1992 年	1993 年	1994 年	1995 年	1996 年	1997 年	1998 年	1999 年	2000 年	2001 年	2002 年	2003 年
贸易开放度	0.4919	0.5642	0.5105	0.6389	0.5759	0.5194	0.5184	0.4496	0.4272	0.4666	0.4597	0.5261	0.5867
城乡收入差距	2.2976	2.3892	2.4137	2.4937	2.3685	2.2368	2.2053	2.2016	2.2193	2.3009	2.4587	2.5965	2.6781
地方政府竞争	—	1.1214	1.0299	1.4980	1.4619	1.4095	1.3771	1.3562	1.3366	1.3848	1.3606	1.4569	1.4844

续表

变量	2004 年	2005 年	2006 年	2007 年	2008 年	2009 年	2010 年	2011 年	2012 年	2013 年	2014 年	2015 年	2016 年
贸易 开放度	0.6825	0.6800	0.6587	0.6121	0.5443	0.4446	0.4997	0.5279	0.4996	0.4795	0.4530	0.4048	0.3616
城乡收 入差距	2.7329	2.7685	2.8446	2.8316	2.8988	2.9306	2.9327	2.8373	2.8147	2.5191	2.4286	2.4125	2.4011
地方政 府竞争	1.5492	1.3709	1.3465	1.3019	1.3651	1.5141	1.4721	1.4640	1.4680	1.4479	1.3998	1.5728	1.6150

福建地处我国东南沿海，贸易开放度曲线总体上呈 M 形，20 世纪90 年代初期和我国加入 WTO 后达到峰值。从贸易开放度和地方政府竞争的动态关系看，两者总体上呈正相关关系，但在近几年反向变动。从贸易开放度和城乡收入差距的动态关系看，2004 年之前，二者大体上呈正相关关系，2004~2009 年呈负相关关系，此后又呈正相关关系（见附图 1-7）。

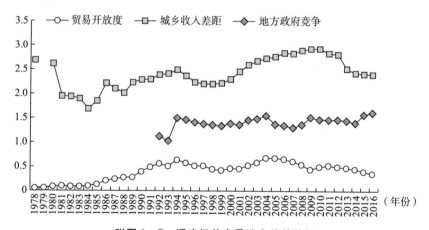

附图 1-7　福建相关变量演变趋势特征

1.8　山东

改革开放后，山东的地方政府竞争从 1978 年的 0.4975 波动上升到1993 年的 0.9690，随着 1994 年实行分税制改革，地方政府竞争突然大幅升高达到 1.6246（见附表 1-8）。随后在高位形成 1994~2016 年的一个平台区间，且总体变化相对平缓。从城乡收入差距看，1978~1983 年山东城乡收入差距大幅下降，由 1978 年的 3.4043 降为 1983 年的 1.4876。随着改革重心转移向城市，城乡收入差距开始逐年上升，在 1993 年达到 2.6391 后下降，持续到 1998 年重新上升。2009 年达到峰值 2.9109 后开始下降，2016 年山东城乡收入差距为 2.4374（见附表 1-8）。从地方政府竞争和城乡收入差距的动态关系看，在 1994 年之前，两者呈负相关关系，1994 年之后两者呈正相关关系。

附表 1-8　山东相关变量描述性分析

变量	1978 年	1979 年	1980 年	1981 年	1982 年	1983 年	1984 年	1985 年	1986 年	1987 年	1988 年	1989 年	1990 年
贸易开放度	0.0651	0.0841	0.0960	0.0972	0.0857	0.0827	0.1409	0.1789	0.1781	0.1482	0.1909	0.1794	0.1356
城乡收入差距	3.4043	2.5819	2.1343	1.9663	1.7500	1.4876	1.6177	1.8333	1.9020	1.9056	1.9923	2.1382	2.1562
地方政府竞争	0.4975	0.5549	0.6251	0.4989	0.5975	0.6430	0.7271	0.7596	1.0931	1.0334	1.1831	1.1261	1.1351

变量	1991 年	1992 年	1993 年	1994 年	1995 年	1996 年	1997 年	1998 年	1999 年	2000 年	2001 年	2002 年	2003 年
贸易开放度	0.1421	0.1954	0.1510	0.2159	0.2352	0.2284	0.2224	0.1959	0.2018	0.2481	0.2606	0.2733	0.3059
城乡收入差距	2.2094	2.4589	2.6391	2.6094	2.4864	2.3443	2.2648	2.1933	2.2780	2.4408	2.5316	2.5779	2.6667
地方政府竞争	1.1045	1.0458	0.9690	1.6246	1.5411	1.4854	1.3395	1.3843	1.3598	1.3222	1.3151	1.4104	1.4159

变量	2004 年	2005 年	2006 年	2007 年	2008 年	2009 年	2010 年	2011 年	2012 年	2013 年	2014 年	2015 年	2016 年
贸易开放度	0.3342	0.3422	0.3466	0.3613	0.3557	0.2802	0.3269	0.3359	0.3099	0.2989	0.2863	0.2379	0.2288
城乡收入差距	2.6912	2.7337	2.7910	2.8614	2.8902	2.9109	2.8534	2.7322	2.7264	2.5313	2.4745	2.4396	2.4374
地方政府竞争	1.4359	1.3663	1.3518	1.3500	1.3820	1.4862	1.5076	1.4474	1.4545	1.4669	1.4275	1.4920	1.4931

山东是我国东部沿海经济大省，贸易开放度自改革开放后稳步上升，2007 年达到峰值 0.3613，此后受全球经济危机的影响，贸易开放度呈下降趋势，但仍处于 0.2 以上。虽然经济危机后贸易开放度下降而地方政府竞争保持相对稳定，但改革开放以来山东贸易开放度和地方政府竞争大体上呈正相关关系（见附图 1-8）。从贸易开放度和城乡收入差距的

动态关系看，除改革开放初期城乡收入差距大幅下降阶段，两者总体上呈正相关关系（见附图1－8），说明山东的对外贸易并没有起到缩小城乡收入差距的作用。

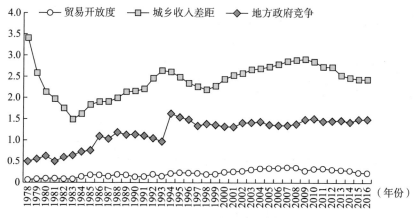

附图1－8　山东相关变量演变趋势特征

1.9　广东

改革开放以来，广东的地方政府竞争总体上呈上升趋势，从1978年的0.6850上升为2016年的1.2941（见附表1－9），其波动幅度较大多数省份小，且数值较低。其中1978～1990年波动上升，在1990年达到拐点后小幅下行并保持稳定。但随着1994年分税制改革的实行，广东地方政府竞争由1993年的0.9559上升到1994年的1.3955。此后20多年里保持相对稳定并且小幅下行，但随后稍有反弹，2016年的地方政府竞争为1.2941。从城乡收入差距看，广东城乡收入差距在1978～1982年下降，达到最低点1.6541后开始波动上升，在1994年达到阶段性高点2.9187（见附表1－9）。随后几年里稍有下降，在降到1997年的阶段性低点后，1998～2009年呈持续扩大趋势，并在高位形成平台区间，且总体变化相对平缓。2009年后，广东城乡收入差距逐渐下行，但数值仍然较大，2016年的城乡收入差距数值为2.5967。从地方政府竞争和城乡收入差距的动态关系看，两者总体上呈正相关关系。

附表 1 − 9　广东相关变量描述性分析

变量	1978 年	1979 年	1980 年	1981 年	1982 年	1983 年	1984 年	1985 年	1986 年	1987 年	1988 年	1989 年	1990 年
贸易开放度	0.1443	0.1445	0.1531	0.2866	0.2706	0.3027	0.4439	0.4644	0.7588	0.9248	0.9993	0.9697	1.3616
城乡收入差距	2.1326	1.8693	1.7239	1.7233	1.6541	1.8039	1.9241	1.9263	2.0169	1.9946	1.9576	2.1845	2.2081
地方政府竞争	0.6850	0.8177	0.6906	0.6890	0.7587	0.8105	0.9442	0.9294	1.0387	1.0074	1.0707	1.0313	1.1501

变量	1991 年	1992 年	1993 年	1994 年	1995 年	1996 年	1997 年	1998 年	1999 年	2000 年	2001 年	2002 年	2003 年
贸易开放度	1.5702	1.5808	1.3996	1.8036	1.4634	1.3376	1.3874	1.2597	1.2561	1.3110	1.2133	1.3553	1.4811
城乡收入差距	2.4077	2.6590	2.7660	2.9187	2.7560	2.5626	2.4691	2.5063	2.5148	2.6711	2.7628	2.8470	3.0534
地方政府竞争	0.9500	0.9864	0.9559	1.3955	1.3747	1.2540	1.2550	1.2885	1.2607	1.1864	1.1386	1.2659	1.2889

变量	2004 年	2005 年	2006 年	2007 年	2008 年	2009 年	2010 年	2011 年	2012 年	2013 年	2014 年	2015 年	2016 年
贸易开放度	1.5669	1.5542	1.5807	1.5176	1.2928	1.0573	1.1547	1.1088	1.0885	1.0821	0.9753	0.8746	0.7848
城乡收入差距	3.1214	3.1489	3.1529	3.1470	3.1323	3.1237	3.0288	2.8700	2.8671	2.5312	2.6253	2.6015	2.5967
地方政府竞争	1.3063	1.2666	1.1715	1.1342	1.1414	1.1876	1.2002	1.2172	1.1860	1.1877	1.1348	1.3670	1.2941

　　广东作为我国南方发达的开放省份，对外贸易在经济增长中发挥了重要作用，其贸易开放度在改革开放后呈上升趋势，在 1994 年达到峰值 1.8036。此后贸易开放度波动下降，直到我国加入 WTO 后，广东贸易开放度开始回升，但又受全球经济危机冲击，贸易开放度在 2006 年后波动下降，2016 年贸易开放度为 0.7848。从贸易开放度和地方政府竞争的动态关系看，广东地方政府竞争一个很重要的方面就是贸易和 FDI 的竞争，2007 年之前，两者呈正相关关系，之后呈负相关关系。从贸易开放度和城乡收入差距的动态关系看，两者总体上呈正相关关系（见附图 1 − 9）。

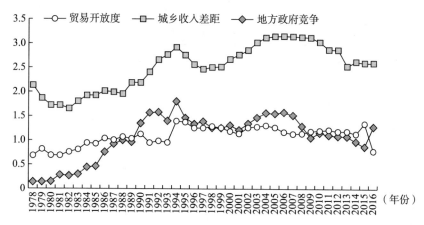

附图 1 – 9　广东相关变量演变趋势特征

1.10　海南

改革开放以来，海南地方政府竞争开始震荡上升，由 1978 年的 1.2279 上升到 1986 年的 2.5598，随后又震荡向下，在 1993 年降到最低点 1.3228（见附表 1 – 10）。不同于其他省份的是，海南地方政府竞争并没有因为 1994 年分税制改革而出现大幅上升。1993～2009 年地方政府竞争保持波动向上趋势，在 2009 年达到峰值 2.7270 后波动向下，近几年稍有回升。从城乡收入差距看，海南城乡收入差距总体呈上升趋势，由 1981 年的 1.8074 上升为 2016 年的 2.4026。其中，1981～2010 年不断波动上升，在 2010 年达到最高点 2.9535 后逐步下降。从地方政府竞争和城乡收入差距的动态关系看，两者呈明显的正相关关系。

附表 1 – 10　海南相关变量描述性分析

变量	1978 年	1979 年	1980 年	1981 年	1982 年	1983 年	1984 年	1985 年	1986 年	1987 年	1988 年	1989 年	1990 年
贸易开放度	—	—	—	—	—	—	—	—	—	0.1899	0.3207	0.4516	0.4373
城乡收入差距	—	—	—	1.8074	1.8400	1.9185	—	2.0486	2.1846	1.9641	1.9639	1.9641	2.1915
地方政府竞争	1.2279	1.3684	1.7647	2.1228	2.0234	1.9630	1.4852	1.8671	2.5598	2.2703	1.9191	2.2096	2.3572

变量	1991 年	1992 年	1993 年	1994 年	1995 年	1996 年	1997 年	1998 年	1999 年	2000 年	2001 年	2002 年	2003 年
贸易开放度	0.5958	0.5143	0.5735	0.7002	0.5213	0.4879	0.3930	0.3575	0.2116	0.2024	0.2497	0.2404	0.2637

变量	1991 年	1992 年	1993 年	1994 年	1995 年	1996 年	1997 年	1998 年	1999 年	2000 年	2001 年	2002 年	2003 年
城乡收入差距	1. 9640	2. 2593	2. 3273	2. 4198	2. 5481	2. 2848	2. 6648	2. 4685	2. 5191	2. 4018	2. 5554	2. 8158	2. 8050
地方政府竞争	1. 9371	1. 6940	1. 3228	1. 4533	1. 4855	1. 4710	1. 5498	1. 6306	1. 5710	1. 6357	1. 8038	1. 9953	2. 0537

变量	2004 年	2005 年	2006 年	2007 年	2008 年	2009 年	2010 年	2011 年	2012 年	2013 年	2014 年	2015 年	2016 年
贸易开放度	0. 3435	0. 2267	0. 2129	0. 2131	0. 2092	0. 2016	0. 2836	0. 3266	0. 3166	0. 2921	0. 2783	0. 2349	0. 1860
城乡收入差距	2. 7451	2. 7044	2. 8859	2. 9005	2. 8720	2. 8984	2. 9535	2. 8497	2. 8237	2. 6863	2. 4702	2. 4275	2. 4026
地方政府竞争	2. 2302	2. 2021	2. 1333	2. 2642	2. 4712	2. 7270	2. 1452	2. 2898	2. 2267	2. 1022	1. 9804	1. 9746	2. 1622

　　从对外贸易看，由于数据的可获得性，海南贸易开放度数据自 1987 年开始。1987 ~ 1994 年，贸易开放度波动向上，在 1994 年达到峰值 0. 7002 后快速下降。1999 年降到 0. 2116 后在低位波动，总体变化较小（见附表 1 – 10）。1987 ~ 2000 年，海南地方政府竞争和贸易开放度呈负相关关系，2000 年后呈正相关关系。从贸易开放度和城乡收入的动态关系看，两者大体上呈现正相关关系（见附图 1 – 10）。

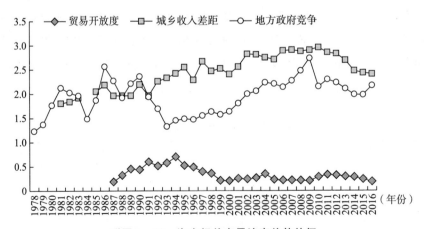

附图 1 – 10　海南相关变量演变趋势特征

附录 2　中部地区

中部地区包括山西、安徽、江西、河南、湖北、湖南 6 个省。

2.1　山西

山西地方政府竞争由 1978 年的 1.0748 上升到 2016 年的 2.2105（见附表 2-1），总体呈现震荡上升趋势，特别是 1994 年分税制改革后，地方政府竞争经历了较快的上升。从城乡收入差距看，与大多数省份相似，山西城乡收入差距除了在改革开放初期下降以外总体呈上升趋势。1978 ~ 1984 年，山西地方政府竞争曲线总体上比较平缓，而城乡收入差距大幅缩小，从 2.9662 下降到 1.5260，随着改革重心向城市转移又快速震荡上升。1994 ~ 1998 年，城乡收入差距再度缩小至阶段低点，此后便进入扩大阶段，2010 年最高达到 3.3039（见附表 2-1），直到近几年才稍有回落。

附表 2-1　山西相关变量描述性分析

变量	1978 年	1979 年	1980 年	1981 年	1982 年	1983 年	1984 年	1985 年	1986 年	1987 年	1988 年	1989 年	1990 年
贸易开放度	0.0014	0.0019	0.0021	0.0062	0.0078	0.0100	0.0296	0.0457	0.0571	0.0603	0.0467	0.0492	0.0390
城乡收入差距	2.9662	—	2.4371	2.2340	1.9058	1.6389	1.5260	1.6615	2.0812	2.1412	2.1541	2.2886	2.1390
地方政府竞争	1.0748	1.0222	0.9356	0.8868	1.0281	0.9942	1.1034	1.4226	1.4375	1.2481	1.1081	1.0502	1.0586

变量	1991 年	1992 年	1993 年	1994 年	1995 年	1996 年	1997 年	1998 年	1999 年	2000 年	2001 年	2002 年	2003 年
贸易开放度	0.0522	0.0528	0.0513	0.0875	0.1093	0.0778	0.0756	0.0571	0.0639	0.0791	0.0791	0.0823	0.0896
城乡收入差距	2.4832	2.5885	2.7259	2.9021	2.7327	2.3780	2.2953	2.2054	2.4504	2.4791	2.7560	2.9000	3.0464
地方政府竞争	1.0568	1.1089	1.0455	1.6578	1.5635	1.5823	1.5463	1.5779	1.6976	1.9660	2.1806	2.2163	2.2342

变量	2004 年	2005 年	2006 年	2007 年	2008 年	2009 年	2010 年	2011 年	2012 年	2013 年	2014 年	2015 年	2016 年
贸易开放度	0.1247	0.1074	0.1083	0.1462	0.1367	0.0796	0.0925	0.0847	0.0784	0.0772	0.0781	0.0716	0.0848
城乡收入差距	3.0518	3.0837	3.1526	3.1549	3.2019	3.2980	3.3039	3.2356	3.2111	3.1113	2.7322	2.7320	2.7128
地方政府竞争	2.0247	1.8156	1.5694	1.7561	1.7580	1.9380	1.9918	1.9481	1.8198	1.7807	1.6946	2.0842	2.2105

　　由于山西地处我国中部，且是较为典型的煤炭资源大省，其对外贸易不发达且发展严重依赖资源产业，贸易开放度一直处于较低水平，2007 年达到改革开放后最高点 0.1462，但随着经济危机的冲击，其进出口总额占 GDP 比重一直在 10% 以下徘徊。贸易开放度与城乡收入差距和地方政府竞争的相关性不强。

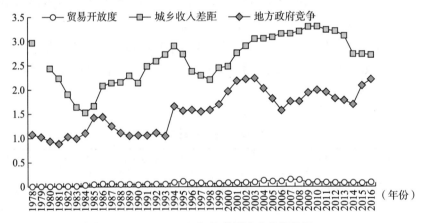

附图 2 - 1　山西相关变量演变趋势特征

2.2　安徽

　　安徽的地方政府竞争程度由 1978 年的 0.8090 上升到 2016 年的 2.0664（见附表 2 - 2），总体呈现震荡上升趋势。相比东部省份其地方政府竞争较晚进入高位波动状态，特别是 20 世纪 90 年代后期经历了加速上升阶段。从城乡收入差距看，经历了 1983 年以前的下降后出现明显的迅速攀升，且在 1991 年就达到了峰值 3.3292；1991～1997 年下降，1997～2006 年上升，2006 年达到阶段性高点 3.2910 后开始下降。

从地方政府竞争和城乡收入差距的动态关系看，两者总体上呈相同走势，但 2006 年后，城乡收入差距下降幅度大于地方政府竞争下降幅度（见附图 2 - 2）。

附表 2 - 2 安徽相关变量描述性分析

变量	1978 年	1979 年	1980 年	1981 年	1982 年	1983 年	1984 年	1985 年	1986 年	1987 年	1988 年	1989 年	1990 年
贸易开放度	0.0016	0.0034	0.0042	0.0112	0.0168	0.0178	0.0255	0.0381	0.0442	0.0527	0.0479	0.0428	0.0536
城乡收入差距	—	—	2.1514	1.7241	1.6834	1.6014	1.7310	1.7163	2.0529	2.1547	2.2119	2.4186	2.5130
地方政府竞争	0.8090	0.9643	0.8216	0.7458	0.7672	0.9103	0.9661	1.1233	1.3026	1.1465	1.0978	1.0540	1.1297

变量	1991 年	1992 年	1993 年	1994 年	1995 年	1996 年	1997 年	1998 年	1999 年	2000 年	2001 年	2002 年	2003 年
贸易开放度	0.0685	0.0760	0.0694	0.1207	0.1064	0.1093	0.1100	0.1016	0.0808	0.0955	0.0922	0.0983	0.1255
城乡收入差距	3.3292	3.1498	3.1006	3.1319	2.9132	2.8066	2.5425	2.5605	2.6654	2.7363	2.8063	2.8487	3.1859
地方政府竞争	1.5582	1.3440	0.9836	1.7059	1.6210	1.5596	1.4748	1.5206	1.6559	1.8100	2.1011	2.2818	2.2987

变量	2004 年	2005 年	2006 年	2007 年	2008 年	2009 年	2010 年	2011 年	2012 年	2013 年	2014 年	2015 年	2016 年
贸易开放度	0.1254	0.1396	0.1597	0.1646	0.1584	0.1064	0.1330	0.1322	0.1441	0.1466	0.1449	0.1354	0.1209
城乡收入差距	3.0054	3.2074	3.2910	3.2267	3.0914	3.1274	2.9873	2.9856	2.9363	2.8142	2.5048	2.4893	2.4876
地方政府竞争	2.1903	2.1348	2.1967	2.2877	2.2731	2.4793	2.2513	2.2568	2.2095	2.0962	2.1024	2.3519	2.0664

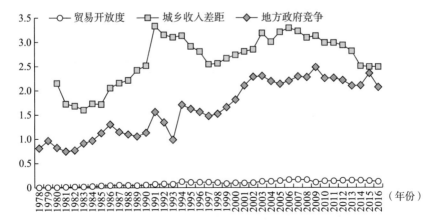

附图 2 - 2 安徽相关变量演变趋势特征

安徽地处我国中部，其贸易开放度趋势与其他省份类似，但对外贸易占 GDP 的比重一直不高，所以对地方政府竞争和城乡收入差距的影响不明显。

2.3   江西

改革开放以来，江西的地方政府竞争总体上呈上升趋势，从 1978 年的 1.3309 上升为 2016 年的 2.1472（见附表 2-3）。其中，1978～1993 年，地方政府竞争在 1～1.5 波动，趋势相对平稳。1994 年分税制改革后，地方政府竞争大幅上升，由 1993 年的 1.2471 上升到 1994 年的 1.8671，此后一直波动上升，2009 年达到 2.6877 后开始下降，随后稍有反弹（见附表 2-3）。从城乡收入差距看，江西城乡收入差距在 1978～1983 年持续下降，最低点为 1983 年的 1.3510。此后进入长期的波动上升，在 2003 年达到峰值 2.8077 后保持了一段时间的稳定，从 2009 年后逐步下降，2016 年降为 2.3623。从地方政府竞争和城乡收入差距的动态关系看，江西的地方政府竞争和城乡收入差距走势相似，呈现明显的正相关关系（见附图 2-3）。

附表 2-3   江西相关变量描述性分析

变量	1978 年	1979 年	1980 年	1981 年	1982 年	1983 年	1984 年	1985 年	1986 年	1987 年	1988 年	1989 年	1990 年
贸易开放度	0.0137	0.0149	0.0146	0.0299	0.0255	0.0333	0.0363	0.0450	0.0560	0.0685	0.0684	0.0625	0.0820
城乡收入差距	2.1706	—	2.1326	1.6608	1.4889	1.3510	1.3862	1.5476	1.8434	1.8462	1.9221	1.9356	1.7731
地方政府竞争	1.3309	1.4970	1.2825	1.0643	1.2606	1.2912	1.4617	1.4032	1.5226	1.3396	1.3116	1.2993	1.2496
变量	1991 年	1992 年	1993 年	1994 年	1995 年	1996 年	1997 年	1998 年	1999 年	2000 年	2001 年	2002 年	2003 年
贸易开放度	0.0876	0.0951	0.0958	0.1186	0.0921	0.0659	0.0688	0.0600	0.0587	0.0671	0.0582	0.0572	0.0745
城乡收入差距	1.8427	2.0638	2.2816	2.2800	2.1971	2.0215	1.9323	2.0759	2.2175	2.3904	2.4669	2.7145	2.8077
地方政府竞争	1.2795	1.3846	1.2471	1.8671	1.7205	1.7102	1.6978	1.8039	1.9767	2.0033	2.1497	2.4290	2.2721
变量	2004 年	2005 年	2006 年	2007 年	2008 年	2009 年	2010 年	2011 年	2012 年	2013 年	2014 年	2015 年	2016 年
贸易开放度	0.0845	0.0821	0.1024	0.1239	0.1357	0.1140	0.1548	0.1737	0.1629	0.1579	0.1670	0.1579	0.1437

变量	2004年	2005年	2006年	2007年	2008年	2009年	2010年	2011年	2012年	2013年	2014年	2015年	2016年
城乡收入差距	2.5600	2.7549	2.7608	2.8314	2.7391	2.7630	2.6744	2.5386	2.5366	2.5190	2.4029	2.3790	2.3623
地方政府竞争	2.2067	2.2297	2.2795	2.3215	2.4764	2.6877	2.4718	2.4060	2.2006	2.1405	2.0633	2.0410	2.1472

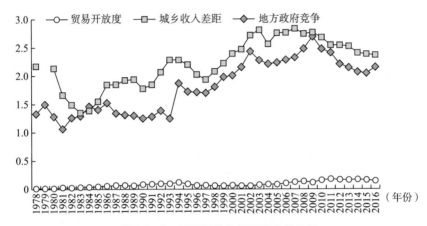

附图2-3　江西相关变量演变趋势特征

江西地处我国中部，对外贸易占 GDP 的比重一直不高。从1978年，贸易开放度波动上升，在1994年达到阶段性高点0.1186后缓慢下降。中国加入 WTO 后，贸易开放度开始回升，但幅度不大。不同于其他省份的是，江西贸易开放度受经济危机冲击较小，2008年后贸易开放度仍保持稳定，在0.15左右徘徊。由于进出口总额占 GDP 比重较低，故对地方政府竞争和城乡收入差距影响不大。

2.4　河南

改革开放以来，河南地方政府竞争经历了较大程度的上升，从1978年的0.8203上升到2016年的2.3637。其中，1978～1993年地方政府竞争小幅上升。1994年分税制改革后，河南地方政府竞争大幅上升至1.8170，此后的每一次下降都带来更高的上升。1993～2009年，河南地方政府竞争波动上升，2009年达到峰值2.5805后开始下降（见附表2-4），但近几年有所反弹。从两者的动态关系看，山东地方政府竞争和城乡收入差距呈明显的正相关关系，但城乡收入差距曲线波动幅度更大（见附图 2 - 4）。

附表 2 - 4　河南相关变量描述性分析

变量	1978 年	1979 年	1980 年	1981 年	1982 年	1983 年	1984 年	1985 年	1986 年	1987 年	1988 年	1989 年	1990 年
贸易开放度	0.0122	0.0126	0.0148	0.0195	0.0207	0.0183	0.0240	0.0292	0.0348	0.0456	0.0422	0.0436	0.0514
城乡收入差距	3.0083	2.6943	2.2671	1.8287	1.9770	1.6636	1.6528	1.8255	2.1683	2.1540	2.3594	2.4321	2.4056
地方政府竞争	0.8203	0.8866	0.8393	0.7549	0.8901	0.8238	0.9371	1.0119	1.2600	1.0334	1.0738	1.0827	1.0692

变量	1991 年	1992 年	1993 年	1994 年	1995 年	1996 年	1997 年	1998 年	1999 年	2000 年	2001 年	2002 年	2003 年
贸易开放度	0.0618	0.0501	0.0455	0.0634	0.0623	0.0450	0.0389	0.0333	0.0321	0.0374	0.0416	0.0439	0.0568
城乡收入差距	2.5692	2.7347	2.8200	2.8775	2.6781	2.3784	2.3608	2.2636	2.3267	2.3999	2.5107	2.8183	3.0975
地方政府竞争	1.0343	1.1198	1.0613	1.8170	1.6631	1.5753	1.5311	1.5544	1.7207	1.8076	1.8995	2.1205	2.1198

变量	2004 年	2005 年	2006 年	2007 年	2008 年	2009 年	2010 年	2011 年	2012 年	2013 年	2014 年	2015 年	2016 年
贸易开放度	0.0641	0.0598	0.0632	0.0648	0.0674	0.0473	0.0523	0.0782	0.1103	0.1153	0.1142	0.1242	0.1169
城乡收入差距	3.0180	3.0133	3.0083	2.9798	2.9705	2.9898	2.8839	2.7551	2.7167	2.5652	2.5140	2.3566	2.3283
地方政府竞争	2.0522	2.0758	2.1204	2.1699	2.2615	2.5805	2.4731	2.4677	2.4537	2.3111	2.2008	2.2544	2.3637

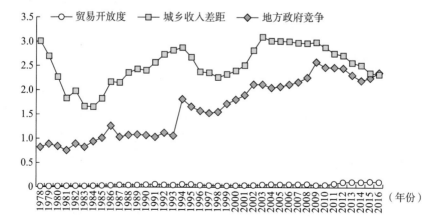

附图 2 - 4　河南相关变量演变趋势特征

河南地处我国中部，是农业大省，经济规模较大但对外贸易不发达，进出口总额占 GDP 比重极低，改革开放后一直在低位徘徊，故对地方政府竞争和城乡收入差距的影响不明显。但自 2012 年以来，河南贸易开放度小幅上升，一直维持在 0.1 以上，并同时伴随着地方政府竞争的小幅上升和城乡收入差距的小幅下降，其影响需要继续观察。

2.5　湖北

改革开放以来，湖北的地方政府竞争总体上呈上升趋势，从 1978 年的 0.9554 上升为 2016 年的 2.0706（见附表 2 - 5），其走势和江西非常类似，不过数值小于江西。其中，1978 ~ 1993 年，地方政府竞争在 0.6 ~ 1.1 波动，趋势相对平稳。1994 年分税制改革后，地方政府竞争大幅上升，由 1993 年的 0.9957 上升到 1994 年的 1.7712，此后一直波动上升，2009 年达到峰值 2.5660 后开始下降，随后稍有反弹（见附表 2 - 5）。从城乡收入差距看，湖北城乡收入差距在 1978 ~ 1984 年波动下降，最低点为 1984 年的 1.5065。此后快速波动攀升，在 1993 年达到改革开放后的峰值 3.1138 后开始下降。2002 ~ 2009 年在高位形成平台区间，且总体变化相对平缓。从地方政府竞争和城乡收入差距的动态关系看，湖北的地方政府竞争和城乡收入差距走势相似，呈明显的正相关关系，但地方政府竞争上升幅度更大（见附图 2 - 5）。

附表 2 - 5　湖北相关变量描述性分析

变量	1978 年	1979 年	1980 年	1981 年	1982 年	1983 年	1984 年	1985 年	1986 年	1987 年	1988 年	1989 年	1990 年
贸易开放度	0.0193	0.0197	0.0200	0.0274	0.0304	0.0334	0.0367	0.0511	0.0673	0.0802	0.0880	0.0710	0.0704
城乡收入差距	2.9406	2.0313	2.4335	2.0994	1.6826	1.7086	1.5065	1.6719	1.9126	2.0660	2.2662	2.1702	2.1276
地方政府竞争	0.9554	0.8877	0.7801	0.6401	0.6991	0.7003	0.7531	0.8675	1.0080	0.9331	0.9949	1.0349	1.0895

变量	1991 年	1992 年	1993 年	1994 年	1995 年	1996 年	1997 年	1998 年	1999 年	2000 年	2001 年	2002 年	2003 年
贸易开放度	0.0887	0.0884	0.0902	0.1393	0.1350	0.0952	0.0931	0.0753	0.0687	0.0753	0.0763	0.0777	0.0889
城乡收入差距	2.5409	2.7651	3.1138	2.8596	2.6580	2.3343	2.2230	2.2219	2.3513	2.4348	2.4898	2.7778	2.8524

变量	1991 年	1992 年	1993 年	1994 年	1995 年	1996 年	1997 年	1998 年	1999 年	2000 年	2001 年	2002 年	2003 年
地方政府竞争	1.0467	1.0513	0.9957	1.7712	1.6294	1.5858	1.5991	1.6580	1.7304	1.7205	2.0885	2.1007	2.0805

变量	2004 年	2005 年	2006 年	2007 年	2008 年	2009 年	2010 年	2011 年	2012 年	2013 年	2014 年	2015 年	2016 年
贸易开放度	0.0994	0.1126	0.1231	0.1211	0.1269	0.0909	0.1099	0.1105	0.0907	0.0909	0.0966	0.0960	0.0801
城乡收入差距	2.7761	2.8349	2.8669	2.8733	2.8247	2.8533	2.7534	2.6637	2.6542	2.5564	2.2907	2.2840	2.3093
地方政府竞争	2.0818	3.1988	2.1992	2.1637	2.3216	2.5660	2.4736	2.1054	2.0624	1.9951	1.9222	2.0405	2.0706

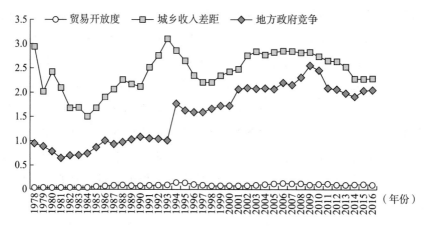

附图 2 - 5　湖北相关变量演变趋势特征

　　湖北地处我国中部地区，其贸易开放度趋势与其他省份类似。改革开放后贸易开放度虽呈上升趋势，但数值和幅度都很小，所以对地方政府竞争和城乡收入差距的影响不明显。

2.6　湖南

　　从地方政府竞争看，湖南的地方政府竞争程度总体上呈上升趋势，从 1978 年的 0.8742 上升为 2016 年的 2.3497（见附表 2 - 6），无论从趋势还是数值看都与湖北相似。其中，1978 ~ 1993 年，地方政府竞争在 0.6 ~ 1.2 波动，趋势相对平稳。1994 年分税制改革后，地方政府竞争大幅上升，由 1993 年的 1.0351 上升到 1994 年的 1.7638，此后一直波动上升，2009 年达到峰值 2.6078 后开始下降，随后稍有反弹（见附表 2 - 6）。从城乡收入差距看，其趋势与湖北也非常接近。湖南城乡收入差距在 1978 ~ 1983 年波动下降，最低点为 1983 年的 1.7848；此后快速波动攀升，在 1994 年达到改革开放后的峰值 3.3703 后开始下降；在 1997 年降到阶段性低点 2.5577 后开始平缓上升，在高位形成一个平台区间；随后几年又稍有下降，2016 年降为 2.6222。从地方政府竞争和城乡收入差距的动态关系看，湖南的地方政府竞争和城乡收入差距走势相似，呈明显的正相关关系，但地方政府竞争上升幅度更大（见附图 2 - 6）。

附表 2 - 6　湖南相关变量描述性分析

变量	1978 年	1979 年	1980 年	1981 年	1982 年	1983 年	1984 年	1985 年	1986 年	1987 年	1988 年	1989 年	1990 年
贸易开放度	0.0182	0.0204	0.0255	0.0354	0.0347	0.0350	0.0374	0.0441	0.0542	0.0592	0.0532	0.0501	0.0775
城乡收入差距	2.2657	—	2.1636	2.0872	1.8275	1.7848	1.8534	1.9266	2.0555	2.1609	2.4369	2.6749	2.3968
地方政府竞争	0.8742	0.8791	0.7940	0.6812	0.7669	0.8647	0.9145	1.0230	1.1393	1.0285	1.1477	1.0757	1.1384

变量	1991 年	1992 年	1993 年	1994 年	1995 年	1996 年	1997 年	1998 年	1999 年	2000 年	2001 年	2002 年	2003 年
贸易开放度	0.0767	0.1149	0.0781	0.1054	0.0790	0.0577	0.0551	0.0488	0.0504	0.0586	0.0596	0.0573	0.0663
城乡收入差距	2.5882	2.9388	3.3058	3.3703	3.3019	2.8193	2.5577	2.6316	2.7086	2.8307	2.9495	2.9018	3.0297
地方政府竞争	1.0594	1.0681	1.0351	1.7638	1.6083	1.6704	1.6829	1.7455	1.8806	1.9647	2.1017	2.306	2.1357

变量	2004 年	2005 年	2006 年	2007 年	2008 年	2009 年	2010 年	2011 年	2012 年	2013 年	2014 年	2015 年	2016 年
贸易开放度	0.0799	0.0745	0.0762	0.0780	0.0754	0.0531	0.0619	0.0622	0.0625	0.0633	0.0700	0.0631	0.0552
城乡收入差距	3.0365	3.0548	3.0992	3.1489	3.0628	3.0727	2.9467	2.8695	2.8654	2.9087	2.6411	2.6234	2.6222
地方政府竞争	2.2442	2.2097	2.2274	2.2373	2.4425	2.6078	2.4984	2.3208	2.3112	2.3098	2.2173	2.2774	2.3497

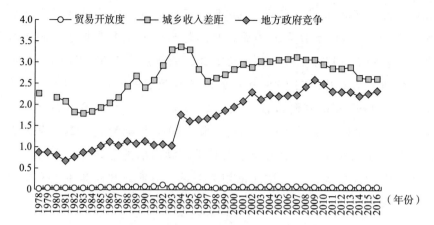

附图 2 - 6　湖南相关变量演变趋势特征

　　湖南地处我国中部地区，其贸易开放度趋势与其他省份类似。改革开放后贸易开放度虽呈上升趋势，但数值和幅度都很小，所以其对地方政府竞争和城乡收入差距的影响不明显。

附录 3　西部地区

西部地区包括内蒙古、广西、重庆、四川、贵州、云南、西藏、陕西、甘肃、青海、宁夏、新疆 12 个省（区、市）。由于西藏的数据缺失，本书不统计西藏的相关指标。

3.1　内蒙古

改革开放以来，内蒙古地方政府竞争总体上呈 N 形走势。1979 年，地方政府竞争突然大幅上升到 4.6140，此后直到 1993 年一直处于波动下降趋势，且下降幅度较大。随着 1994 年分税制改革的实行，地方政府竞争开始回升，直至 2002 年达到阶段性高点 3.4883。2003~2016 年，地方政府竞争呈下降趋势并保持相对稳定。从城乡收入差距看，内蒙古城乡收入差距在 1983 年后基本保持稳步扩大的态势，由 1983 年的最低点 1.4591 一直上升到 2016 年的 2.8405，城乡收入差距较大（见附表 3-1）。2002 年之前地方政府竞争与城乡收入差距变动基本呈正相关关系，之后呈负相关关系（见附图 3-1）。

附表 3-1　内蒙古相关变量描述性分析

变量	1978 年	1979 年	1980 年	1981 年	1982 年	1983 年	1984 年	1985 年	1986 年	1987 年	1988 年	1989 年	1990 年
贸易开放度	0.0045	—	0.0096	0.0131	0.0166	0.0168	0.0198	0.0331	0.0455	0.0533	0.0522	0.0557	0.0725
城乡收入差距	2.3889	2.1348	2.1203	1.7357	1.5719	1.4591	1.4913	1.6650	2.0251	1.9242	1.6742	1.9038	1.7852
地方政府竞争	2.7087	4.6140	4.4479	3.9303	3.9208	3.2661	3.6478	2.5933	2.7403	2.3448	2.1140	1.9466	1.8466

变量	1991 年	1992 年	1993 年	1994 年	1995 年	1996 年	1997 年	1998 年	1999 年	2000 年	2001 年	2002 年	2003 年
贸易开放度	0.0888	0.1223	0.1301	0.1316	0.1094	0.1016	0.0942	0.0909	0.0965	0.1410	0.0983	0.1038	0.0980
城乡收入差距	1.9888	2.0569	2.2718	2.3569	2.1892	2.1422	2.2161	2.1963	2.3817	2.5167	2.8058	2.9008	3.0921

续表

变量	1991 年	1992 年	1993 年	1994 年	1995 年	1996 年	1997 年	1998 年	1999 年	2000 年	2001 年	2002 年	2003 年
地方政府竞争	1.6909	1.8444	1.5731	2.5573	2.3380	2.2073	2.1628	2.1929	2.3079	2.6019	3.2108	3.4883	3.2243

变量	2004 年	2005 年	2006 年	2007 年	2008 年	2009 年	2010 年	2011 年	2012 年	2013 年	2014 年	2015 年	2016 年
贸易开放度	0.1013	0.1023	0.0961	0.0916	0.0729	0.0475	0.0506	0.0537	0.0448	0.0439	0.0503	0.0445	0.0427
城乡收入差距	3.1171	3.0570	3.0994	3.1312	3.0997	3.2098	3.2006	3.0727	3.0416	3.0252	2.8417	2.8391	2.8405
地方政府竞争	2.8670	2.4576	2.3651	2.1982	2.2355	2.2646	2.1248	2.2033	2.2064	2.1421	2.1045	2.1649	2.2380

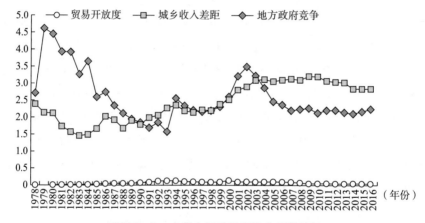

附图 3-1　内蒙古相关变量演变趋势特征

内蒙古地处内陆，对外贸易依存度一直不高，自改革开放后，其进出口总额占 GDP 比重缓慢上升，最高在 2000 年达到 0.1410。全球经济危机后，其进出口总额占比呈下降趋势，直到 2016 年下降到 0.0427。贸易开放度对地方政府竞争及城乡收入差距影响较小。

3.2　广西

从地方政府竞争看，广西的地方政府竞争总体上呈上升趋势，从 1978 年的 1.4511 上升为 2016 年的 2.8739（见附表 3-2）。其中，1978～1993 年广西地方政府竞争波动下降，在 1993 年降到最低点 1.1205。1994 年分税制改革实行后，地方政府竞争大幅攀升，达到 2.0065。但不同于大多数省份的是，广西地方政府竞争在接下来的 20 多年里仍不断波动向上，在 2016 年达到最高点 2.8739，可以看出地方政府财政支出没有获得良好的回报。从城乡收入差距看，1978~1983 年广西城乡收入差距波动缩小，由 1978 年的 2.4100 降为 1983 年的 1.6947。随着改革重心转向城市，城乡收入差距呈上升趋势，在 1994 年达到 3.5962 后开始下降，1997年后又重新上升，2009 年达到峰值 3.8817 后又开始下降，且 2009~2014年下降幅度较大。2016 年广西城乡收入差距为 2.7341。从地方政府竞争和城乡收入差距的动态关系看，除 1984~1993 年、2014~2016 年呈负相关关系，其余时间呈正相关关系（见附图 3-2）。

附表 3-2　广西相关变量描述性分析

变量	1978 年	1979 年	1980 年	1981 年	1982 年	1983 年	1984 年	1985 年	1986 年	1987 年	1988 年	1989 年	1990 年
贸易开放度	0.0598	0.0566	0.0582	0.0599	0.0551	0.0588	0.0641	0.0849	0.0916	0.1220	0.0960	0.0741	0.0956
城乡收入差距	2.4100	—	2.6301	2.1029	1.8170	1.6947	2.1086	2.2541	2.4810	2.5395	2.7335	2.6998	2.2660
地方政府竞争	1.4511	1.7095	1.4179	1.2600	1.3385	1.3873	1.7120	1.4742	1.6734	1.5619	1.5719	1.3898	1.3814

变量	1991 年	1992 年	1993 年	1994 年	1995 年	1996 年	1997 年	1998 年	1999 年	2000 年	2001 年	2002 年	2003 年
贸易开放度	0.1051	0.1397	0.1340	0.1769	0.1791	0.1386	0.1400	0.1292	0.0736	0.0809	0.0653	0.0797	0.0935
城乡收入差距	2.4529	2.8743	3.2712	3.5962	3.3140	2.9554	2.7253	2.7444	2.7441	3.1282	3.4290	3.6339	3.7160
地方政府竞争	1.2346	1.2824	1.1205	2.0065	1.7697	1.7347	1.7229	1.6575	1.6844	1.7578	1.9681	2.2484	2.1782

变量	2004 年	2005 年	2006 年	2007 年	2008 年	2009 年	2010 年	2011 年	2012 年	2013 年	2014 年	2015 年	2016 年
贸易开放度	0.1031	0.1065	0.1120	0.1209	0.1309	0.1255	0.1255	0.1287	0.1428	0.1407	0.1589	0.1894	0.1727
城乡收入差距	3.5475	3.5744	3.5730	3.7840	3.8333	3.8817	3.7558	3.5740	3.5361	3.3411	2.8411	2.7904	2.7341
地方政府竞争	2.1343	2.1604	2.1295	2.3541	2.5020	2.6117	2.6005	2.6857	2.5601	2.4228	2.4466	2.6906	2.8739

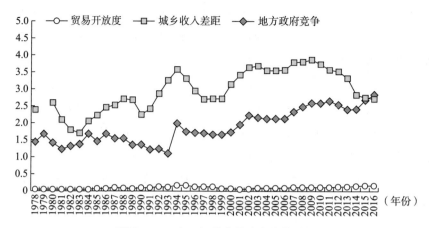

附图 3 – 2　广西相关变量演变趋势特征

从贸易开放度看，广西虽然是沿边、沿海地区，但对外贸易占 GDP
比重一直不高。其贸易开放度同其他省份一样也是在 20 世纪 90 年代和
中国加入 WTO 后出现两个高峰，但不同于其他省份的是，在经济危机
后，广西贸易开放度仍然保持了稳定，并在 2010 年之后呈上升趋势，但
由于数值和幅度都很小（见附图 3 – 2），所以对地方政府竞争和城乡收
入差距的影响不明显。

3.3　重庆

改革开放以来，重庆的地方政府竞争总体上呈上升趋势，从 1978 年
的 0.6073 上升为 2016 年的 1.7962，其中，1978 年 ~ 1989 年，重庆地方
政府竞争缓慢上升，在 1990 年由 1989 年的 0.8166 跃升至 1.3080，此后
快速下降至 1993 年的 0.6546（见附表 3 – 3）。随着 1994 年分税制改革
的实行，地方政府竞争快速攀升，在 2002 年达到峰值 2.4262 后逐步下降。
2007 ~ 2016 年在高位形成一个平台区间，且总体变化相对平缓。从城乡收
入差距看，重庆的城乡收入差距呈 M 形趋势，且数值较大，1983 ~ 1993 年
波动上升，1993 年达到第一个峰顶 3.7175，持续下降到 1998 年的
3.0352 后又重新上升；2006 年达到第二个峰顶 4.0257 后又开始下降，
且 2006 ~ 2013 年下降幅度较大，2016 年重庆城乡收入差距为 2.5639
（见附表 3 – 3）。从地方政府竞争和城乡收入差距的动态关系看，重庆的
地方政府竞争和城乡收入差距除 1990 ~ 1993 年和 2002 ~ 2006 年呈负相

关关系外，其余时间呈正相关关系（见附图 3-3）。

附表 3-3 重庆相关变量描述性分析

变量	1978 年	1979 年	1980 年	1981 年	1982 年	1983 年	1984 年	1985 年	1986 年	1987 年	1988 年	1989 年	1990 年
贸易开放度	—	—	—	—	—	—	—	—	—	0.0580	0.0637	0.0815	0.1086
城乡收入差距	—	2.3638	2.5194	2.0768	2.1316	1.9263	1.9817	2.4978	2.7420	2.8744	2.7932	2.8407	2.8823
地方政府竞争	0.6073	0.6392	0.5871	0.5306	0.5363	0.5834	0.6661	0.7554	0.8218	0.7909	0.8171	0.8166	1.3080

变量	1991 年	1992 年	1993 年	1994 年	1995 年	1996 年	1997 年	1998 年	1999 年	2000 年	2001 年	2002 年	2003 年
贸易开放度	0.0966	0.0974	0.0890	0.1413	0.1166	0.1110	0.1023	0.0594	0.0672	0.0825	0.0768	0.0665	0.0840
城乡收入差距	3.0085	3.2405	3.7175	3.5692	3.4572	3.4089	3.1453	3.0352	3.2121	3.3163	3.4097	3.4506	3.6548
地方政府竞争	0.8514	0.7232	0.6546	1.3068	1.2466	1.2847	1.7032	1.7681	1.9579	2.1508	2.2384	2.4262	2.1142

变量	2004 年	2005 年	2006 年	2007 年	2008 年	2009 年	2010 年	2011 年	2012 年	2013 年	2014 年	2015 年	2016 年
贸易开放度	0.1052	0.1014	0.1116	0.1210	0.1141	0.0807	0.1061	0.1884	0.2944	0.3328	0.4110	0.2951	0.2350
城乡收入差距	3.6731	3.6463	4.0257	3.5882	3.4823	3.5170	3.3223	3.1250	3.1109	2.7674	2.6499	2.593	2.5639
地方政府竞争	1.9725	1.8977	1.8704	1.7357	1.7591	1.9721	1.7951	1.7269	1.7935	1.8085	1.7192	1.7604	1.7962

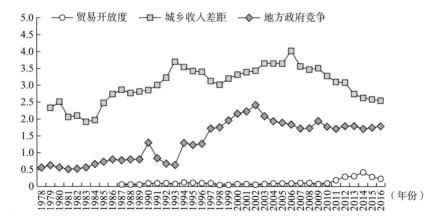

附图 3-3 重庆相关变量演变趋势特征

由于数据的可获得性，重庆贸易开放度数据自 1987 年始。重庆是地处我国中西部的内陆城市，所以其贸易占比较低。经历了 20 世纪 90 年代初期和中期的小幅上升后回落到较低水平。即使中国加入 WTO 后有所回升，幅度也并不大。但随着三峡库区完全蓄水和通航后，万吨级船队可直达重庆港，重庆成为长江上游唯一的对外贸易口岸，因此其贸易开放度大幅上升。2014 年重庆贸易开放度达到峰值 0.4110 后开始逐步下降。从贸易开放和地方政府竞争的动态关系看，两者大体上呈负相关。从贸易开放度和城乡收入差距的动态关系看，1987～2008 年两者呈正相关关系，之后呈负相关关系（见附图 3-3）。

3.4　四川

由于数据的可获得性，四川的地方政府竞争数据自 1985 年始，总体呈上升趋势，由 1985 年的 1.2539 上升到 2016 年的 2.3633。其中，1986～1993 年四川地方政府竞争缓慢波动下降。在 1994 年实行分税制改革后，地方政府竞争由 1993 年的 1.1305 跃升至 1.8248；此后是持续的波动上升趋势，特别是 2007～2009 年经历了快速上升，在 2009 年达到峰值 3.0570 后开始呈下降趋势，2016 年四川地方政府竞争为 2.3633（见附表 3-4）。从城乡收入差距看，1978～1982 年四川城乡收入差距稳步下降，由 2.6593 降为 1.7384，随后一路波动上升，在 1994 年达到改革开放后最高点 3.4840。1994～1997 年，四川城乡收入差距小幅下降，由于城乡收入差距处于高位，所以没有像其他省份一样继续走高，而是在高位保持相对稳定，直到 2009 年后才开始逐步下降，2016 年四川城乡收入差距为 2.5292。从地方政府竞争和城乡收入差距的动态关系看，除了1986～1993 年两者呈负相关关系外，其余时间内总体上呈显著的正相关关系（见附图 3-4）。

附表 3-4　四川相关变量描述性分析

变量	1978 年	1979 年	1980 年	1981 年	1982 年	1983 年	1984 年	1985 年	1986 年	1987 年	1988 年	1989 年	1990 年
贸易开放度	0.0037	0.0036	0.0052	0.0077	0.0092	0.0075	0.0143	0.0250	0.0346	0.0467	0.0437	0.0432	0.0339
城乡收入差距	2.6593	2.3673	2.0809	1.8656	1.7384	1.9079	2.0244	2.2059	2.5138	2.5659	2.5175	2.731	2.6714

续表

变量	1978年	1979年	1980年	1981年	1982年	1983年	1984年	1985年	1986年	1987年	1988年	1989年	1990年
地方政府竞争	—	—	—	—	—	—	—	1.2539	1.5420	1.3241	1.2698	1.2471	1.306

变量	1991年	1992年	1993年	1994年	1995年	1996年	1997年	1998年	1999年	2000年	2001年	2002年	2003年
贸易开放度	0.0442	0.0480	0.0487	0.0800	0.0705	0.0622	0.0458	0.0499	0.0560	0.0536	0.0597	0.0783	0.0874
城乡收入差距	2.8651	3.1357	3.4485	3.4840	3.4560	3.0315	2.8102	2.8656	2.9716	3.0962	3.2008	3.1367	3.158
地方政府竞争	1.2322	1.2292	1.1305	1.8248	1.7469	1.6051	1.5911	1.6268	1.7188	1.9328	2.1913	2.4039	2.1756

变量	2004年	2005年	2006年	2007年	2008年	2009年	2010年	2011年	2012年	2013年	2014年	2015年	2016年
贸易开放度	0.0891	0.0877	0.1011	0.1035	0.1219	0.1167	0.1288	0.1466	0.1564	0.1515	0.1511	0.1061	0.0994
城乡收入差距	2.9880	2.9918	3.1142	3.1291	3.0654	3.1015	3.0393	2.9204	2.9004	2.8153	2.5925	2.5573	2.5292
地方政府竞争	2.3206	2.1519	2.2176	2.0675	2.8309	3.0570	2.7266	2.2863	2.2513	2.2344	2.2203	2.2344	2.3633

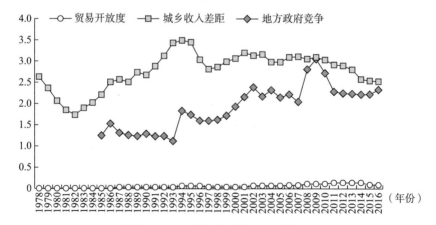

附图3-4　四川相关变量演变趋势特征

四川地处我国内陆，虽然自改革开放后贸易开放度呈上升趋势，但幅度和数值都较小，常年处于0.1以下。2006年，贸易开放度首次突破0.1并继续缓慢上升，在2012年最高达到0.1564后缓慢下降。由于贸易开放度较低，其对地方政府竞争和城乡收入差距影响不大。

3.5 贵州

1978～1993 年，贵州地方政府竞争波动下降，由 1978 年的 1.9666 降为 1993 年的 1.3580（见附表 3-5）。1994 年分税制改革实行后，贵州地方政府竞争大幅升高至 2.3760，1994～1997 年有所下降，之后波动上升，在 2009 年达到峰值 3.2949 后开始逐渐下降，随后几年有所回升，2016 年的地方政府竞争为 2.7299。从城乡收入差距看，贵州城乡收入差距问题较其他省份更为严重，在改革开放之初贵州城乡收入差距下降幅度不如大多数省份，并且此后上升幅度和数值远高于其他省份；1978～1982 年小幅下降之后又开始大幅上升，1994 年达到阶段性高点 4.0619；1994～1996 年小幅下降后又重新稳步上升，在 2006 年达到改革开放后的最高点 4.5939；此后贵州城乡收入差距开始呈下降趋势，至 2016 年降为 3.3055。从地方政府竞争和城乡收入差距的动态关系看，1993 年之前两者呈负相关关系，之后呈正相关关系（见附图 3-5）。

附表 3-5　贵州相关变量描述性分析

变量	1978 年	1979 年	1980 年	1981 年	1982 年	1983 年	1984 年	1985 年	1986 年	1987 年	1988 年	1989 年	1990 年
贸易开放度	0.0059	0.0059	0.0070	0.0120	0.0130	0.0118	0.0150	0.0207	0.0213	0.0281	0.0273	0.0298	0.0401
城乡收入差距	2.3903	2.1333	2.1290	2.0783	2.0604	2.1494	2.1232	2.2581	2.7157	2.6687	2.7703	2.9638	3.2159
地方政府竞争	1.9666	2.0331	1.8931	2.1019	1.9620	1.7135	1.8865	1.6181	1.7889	1.4670	1.3921	1.4278	1.3465

变量	1991 年	1992 年	1993 年	1994 年	1995 年	1996 年	1997 年	1998 年	1999 年	2000 年	2001 年	2002 年	2003 年
贸易开放度	0.0443	0.0550	0.0505	0.0881	0.0894	0.0739	0.0696	0.0600	0.0484	0.0531	0.0472	0.0460	0.0571
城乡收入差距	3.4231	3.7293	3.9684	4.0619	3.6041	3.2982	3.4177	3.4217	3.6208	3.7275	3.8619	3.9896	4.1985
地方政府竞争	1.2249	1.2825	1.3580	2.3760	2.1991	2.0133	2.0011	2.0369	2.2988	2.3649	2.7589	2.9245	2.6683

变量	2004 年	2005 年	2006 年	2007 年	2008 年	2009 年	2010 年	2011 年	2012 年	2013 年	2014 年	2015 年	2016 年
贸易开放度	0.0747	0.0573	0.0551	0.0599	0.0656	0.0402	0.0463	0.0554	0.0611	0.0635	0.0714	0.0725	0.0321

续表

变量	2004 年	2005 年	2006 年	2007 年	2008 年	2009 年	2010 年	2011 年	2012 年	2013 年	2014 年	2015 年	2016 年
城乡收入差距	4.2532	4.3426	4.5939	4.4979	4.2043	4.2799	4.0735	3.9792	3.9345	3.7845	3.3799	3.3275	3.3055
地方政府竞争	2.8028	2.8534	2.6922	2.7895	3.0295	3.2949	3.0568	2.9097	2.7175	2.5552	2.5923	2.6143	2.7299

附图 3 - 5　贵州相关变量演变趋势特征

从贸易开放度看，贵州地处内陆且河运交通不发达，贸易开放度一直在 0.1 以下低位徘徊，所以对地方政府竞争和城乡收入差距没有显著影响。

3.6　云南

改革开放以来，云南地方政府竞争由 1978 年的 1.5544 上升到 2016 年的 2.7693，其上升主要是因为 1994 年实行的分税制改革。其中，1978 ~ 1993 年云南地方政府竞争波动向下，由 1.5544 降为 0.9789。1994 年分税制改革实行，地方政府竞争大幅跃升至 2.6561，随后 20 多年来小幅波动上升（见附表 3 - 6）。从城乡收入差距看，云南城乡收入差距除 1979 ~ 1984 年的下降外总体呈倒 U 形趋势。云南城乡收入差距在 1984 年降到最低点 1.9593 后出现较长时间的波动上升，2004 年达到峰值 4.7586 后开始下降，在 2016 年降为 3.1720，相比其他省份仍处于较高位置。从地方政府竞争和城乡收入差距的动态关系看，1983 ~ 1993 年两者呈负相关关系，其余时间大体上呈正相关关系（见附图 3 - 6）。

附表 3 - 6　云南相关变量描述性分析

变量	1978 年	1979 年	1980 年	1981 年	1982 年	1983 年	1984 年	1985 年	1986 年	1987 年	1988 年	1989 年	1990 年
贸易开放度	0.0254	0.0234	0.0196	0.0244	0.0234	0.0242	0.0251	0.0373	0.0503	0.0556	0.0549	0.0568	0.0581
城乡收入差距	2.5115	2.8943	2.8011	2.5065	2.1229	1.9945	1.9593	2.2235	2.5782	2.7107	2.7021	2.7305	2.8001
地方政府竞争	1.5544	1.8712	1.4880	1.2396	1.2005	1.4112	1.5596	1.3389	1.5765	1.4367	1.2832	1.2943	1.1722

变量	1991 年	1992 年	1993 年	1994 年	1995 年	1996 年	1997 年	1998 年	1999 年	2000 年	2001 年	2002 年	2003 年
贸易开放度	0.0566	0.0598	0.0621	0.1178	0.1296	0.1053	0.0958	0.0860	0.0723	0.0746	0.0770	0.0797	0.0864
城乡收入差距	2.9746	3.3592	3.9302	4.2989	4.0407	4.0495	4.0395	4.3559	4.2969	4.2775	4.4316	4.5012	4.5039
地方政府竞争	1.1106	1.1122	0.9789	2.6561	2.3905	2.0798	2.0822	1.9497	2.1894	2.2911	2.5953	2.5483	2.5648

年份	2004 年	2005 年	2006 年	2007 年	2008 年	2009 年	2010 年	2011 年	2012 年	2013 年	2014 年	2015 年	2016 年
贸易开放度	0.1005	0.1122	0.1244	0.1401	0.1171	0.0891	0.1258	0.1164	0.1287	0.1324	0.1419	0.1120	0.0894
城乡收入差距	4.7586	4.5381	4.4756	4.3645	4.2701	4.2814	4.0650	3.9339	3.8905	3.6572	3.2590	3.1998	3.1720
地方政府竞争	2.5199	2.4510	2.3517	2.3324	2.3943	2.7960	2.6237	2.6365	2.6698	2.5424	2.6136	2.6064	2.7693

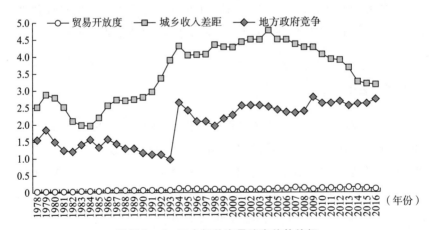

附图 3 - 6　云南相关变量演变趋势特征

　　从对外贸易看，云南地处我国西南边疆，工业化起步较晚，贸易开放度虽然自改革开放以来有所上升，但幅度与数值都较小，主要围绕 0.1 波动，故对地方政府竞争和城乡收入差距的作用不明显。

3.7 陕西

改革开放以来，陕西地方政府竞争总体呈波动上升趋势，由 1978 年的 0.9263 上升为 2016 年的 2.3933（见附表 3 - 7）。其中，1978 ~ 1993 年小幅上升，在 1994 年分税制改革实行后，陕西地方政府竞争大幅攀升，由 1993 年的 1.1987 升为 2.0080；随后略有下降，又调头上升，在 2002 年达到峰值 2.6941；此后地方政府竞争波动向下，但幅度较小，2016 年为 2.3933。从城乡收入差距看，陕西城乡收入差距除 1980 ~ 1983 的下降外总体呈倒 U 形趋势。陕西城乡收入差距在 1983 年降到最低点 2.0678 后出现长期的波动上升，在 2002 年达到 3.9668 后在高位形成一个稳定的平台区间，在 2009 年达到 4.1102 后开始下降，2016 年陕西城乡收入差距为 3.0267，相比其他省份仍处于较高位置。从地方政府竞争和城乡收入差距看，除了改革开放初期呈负相关关系外，其余时间总体呈正相关关系（见附图 3 - 7）。

附表 3 - 7　陕西相关变量描述性分析

变量	1978 年	1979 年	1980 年	1981 年	1982 年	1983 年	1984 年	1985 年	1986 年	1987 年	1988 年	1989 年	1990 年
贸易开放度	0.0025	0.0014	0.0015	0.0044	0.0085	0.0087	0.0151	0.0255	0.0389	0.0527	0.0583	0.0558	0.0683
城乡收入差距	2.3134	—	2.8662	2.4124	2.0734	2.0678	2.0989	2.2034	2.7224	2.7508	2.5743	2.8548	2.583
地方政府竞争	0.9263	1.1643	1.1564	1.2181	1.2756	1.2934	1.4855	1.3549	1.4775	1.3417	1.3158	1.2786	1.2865

变量	1991 年	1992 年	1993 年	1994 年	1995 年	1996 年	1997 年	1998 年	1999 年	2000 年	2001 年	2002 年	2003 年
贸易开放度	0.0928	0.1146	0.1303	0.1644	0.1396	0.1220	0.1054	0.1165	0.1044	0.0982	0.0848	0.0817	0.0890
城乡收入差距	2.8052	3.0501	3.2190	3.3342	3.4732	3.2704	3.1136	3.0014	3.1964	3.4857	3.6079	3.9668	4.0609
地方政府竞争	1.2426	1.2809	1.1987	2.0080	2.0017	1.8016	1.7992	1.7807	1.9409	2.3637	2.5272	2.6941	2.3583

变量	2004 年	2005 年	2006 年	2007 年	2008 年	2009 年	2010 年	2011 年	2012 年	2013 年	2014 年	2015 年	2016 年
贸易开放度	0.0949	0.0953	0.0901	0.0910	0.0791	0.0703	0.0809	0.0756	0.0646	0.0769	0.0950	0.1054	0.1025
城乡收入差距	4.0129	4.0300	4.1005	4.0696	4.0995	4.1102	3.8234	3.6288	3.5981	3.4362	3.0718	3.0407	3.0267
地方政府竞争	2.4019	2.3208	2.2737	2.2178	2.4152	2.5047	2.3156	1.9536	2.0765	2.0963	2.0961	2.1243	2.3933

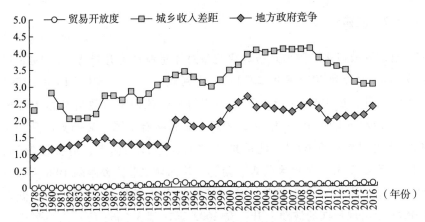

附图 3 - 7　陕西相关变量演变趋势特征

从对外贸易看，陕西地处我国内陆，贸易开放度虽然自改革开放以来有所上升，但幅度与数值都较小，主要围绕 0.1 波动，故对地方政府竞争和城乡收入差距的作用不明显。

3.8　甘肃

改革开放以来，甘肃地方政府竞争经历了极大的上升，由 1978 年的 0.6987 上升到 2016 年的 4.0028，其上升幅度位居各省前列。在改革开放之初，甘肃地方政府竞争就经历了较大的上升，由 1978 年的 0.6987 上升到 1984 年的 1.5983；随后甘肃地方政府竞争在 1984~1993 年保持小幅下降趋势；1994 年分税制改革后，地方政府竞争大幅上升，由 1993 年的 1.2121 上升到 1994 年的 2.4891；随后地方政府竞争进入了快速扩大趋势，在 2009 年达到峰值 4.3366 后开始小幅下降，随后几年略有反弹，2016 年甘肃地方政府竞争为 4.0028（见附表 3 - 8）。从城乡收入差距看，甘肃城乡收入差距也处在各省前列。1978~1983 年城乡收入差距大幅下降，由 3.6387 降为 2.2200；随后就进入了长期的波动上升趋势，在 2013 年达到峰值 3.8908 后略有下降，2016 年甘肃城乡收入差距为 3.4456。从地方政府竞争和城乡收入差距的动态关系看，1983 年之前两者呈负相关关系，之后呈正相关关系（见附图 3 - 8）。

附表 3 – 8　甘肃相关变量描述性分析

变量	1978 年	1979 年	1980 年	1981 年	1982 年	1983 年	1984 年	1985 年	1986 年	1987 年	1988 年	1989 年	1990 年
贸易开放度	0.0090	0.0091	0.0080	0.0123	0.0125	0.0123	0.0150	0.0238	0.0335	0.0362	0.0323	0.0324	0.0398
城乡收入差距	3.6387	2.7325	2.5374	2.5732	2.2231	2.2200	2.2253	2.2642	2.5636	2.5232	2.6035	2.6281	2.6832
地方政府竞争	0.6987	0.7682	0.8239	0.8621	1.0252	1.4243	1.5983	1.4649	1.5186	1.3888	1.4564	1.3090	1.3429

变量	1991 年	1992 年	1993 年	1994 年	1995 年	1996 年	1997 年	1998 年	1999 年	2000 年	2001 年	2002 年	2003 年
贸易开放度	0.0542	0.0722	0.0750	0.0968	0.0457	0.0542	0.0535	0.0425	0.0352	0.0448	0.0572	0.0589	0.0785
城乡收入差距	2.7992	3.0994	2.7660	3.0206	2.8633	2.7719	2.5789	2.8377	3.1317	3.2580	3.3855	3.6769	3.5946
地方政府竞争	1.2836	1.3459	1.2121	2.4891	2.3994	2.0970	2.2233	2.3200	2.5321	3.0714	3.3663	3.5939	3.4225

变量	2004 年	2005 年	2006 年	2007 年	2008 年	2009 年	2010 年	2011 年	2012 年	2013 年	2014 年	2015 年	2016 年
贸易开放度	0.0864	0.1114	0.1339	0.1553	0.1337	0.0779	0.1216	0.1123	0.0994	0.1001	0.0776	0.0729	0.0630
城乡收入差距	3.7258	3.7893	3.8306	3.6757	3.6807	3.4836	3.3737	3.3260	3.3590	3.8908	3.8012	3.4265	3.4456
地方政府竞争	3.4268	3.4764	3.7432	3.5375	3.6549	4.3366	4.1534	3.9795	3.9577	3.8033	3.7782	3.9770	4.0028

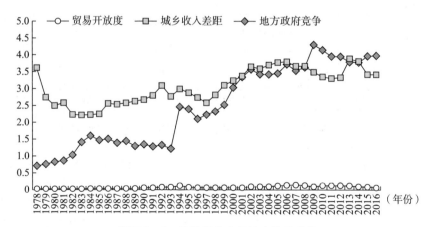

附图 3 – 8　甘肃相关变量演变趋势特征

　　从对外贸易看，甘肃地处我国内陆，贸易开放度虽然自改革开放以来有所上升，但幅度与数值都较小，长期围绕 0.1 波动，故对地方政府竞争和城乡收入差距的作用不明显。

3.9 青海

改革开放以来，青海的地方政府竞争由 1978 年的 2.3448 上升为 2016 年的 6.3931。不仅数值远大于其他省份，其波动幅度也大于其他省份。其中，1978~1984 年，青海地方政府竞争快速攀升，在 1984 年达到 5.5915；随后又在 1984~1993 年经历了快速下降，在 1993 年降到 1.9827；然而随着 1994 年分税制改革的实行，青海地方政府竞争开始进入快速攀升阶段，在 2010 年达到峰值 6.7447；此后几年有所下降，但 2015 年重新调头向上（见附表 3-9）。从城乡收入差距看，1978~1983 年，青海城乡收入差距大幅缩小，由 3.7051 缩小至 1.8532；1983 年后青海城乡收入差距开始波动上升，在 2001 年达到 3.6336 后形成一个稳定的平台区间，总体变化幅度很小；2009 年后，青海城乡收入差距呈缩小趋势，至 2016 年为 3.0882。从地方政府竞争和城乡收入差距的动态关系看，1993 年之前两者呈负相关关系，之后呈正相关关系（见附图 3-9）。

附表 3-9　青海相关变量描述性分析

变量	1978 年	1979 年	1980 年	1981 年	1982 年	1983 年	1984 年	1985 年	1986 年	1987 年	1988 年	1989 年	1990 年
贸易开放度	0.0115	0.0076	0.0075	0.0122	0.0140	0.0201	0.0276	0.0303	0.0388	0.0441	0.0365	0.0405	0.0481
城乡收入差距	3.7051	—	—	2.1806	2.1107	1.8532	2.4370	2.4758	2.7159	2.7653	2.3404	2.7476	2.3855
地方政府竞争	2.3448	2.9782	3.5636	5.1111	4.8000	4.7987	5.5915	4.2042	3.8069	3.0574	2.8166	2.3423	2.3660

变量	1991 年	1992 年	1993 年	1994 年	1995 年	1996 年	1997 年	1998 年	1999 年	2000 年	2001 年	2002 年	2003 年
贸易开放度	0.0552	0.0655	0.0654	0.0892	0.0808	0.1016	0.0674	0.0427	0.0373	0.0501	0.0565	0.0478	0.0719
城乡收入差距	2.6737	2.9122	3.0890	3.1868	3.2814	3.2622	3.0275	2.9734	3.1652	3.4698	3.6336	3.6064	3.7123
地方政府竞争	2.0739	2.2830	1.9827	3.6197	3.3500	3.4149	3.3399	3.4522	3.9312	4.1160	5.1097	5.6279	5.0765

变量	2004 年	2005 年	2006 年	2007 年	2008 年	2009 年	2010 年	2011 年	2012 年	2013 年	2014 年	2015 年	2016 年
贸易开放度	0.1022	0.0623	0.0801	0.0584	0.0470	0.0371	0.0396	0.0357	0.0386	0.0409	0.0458	0.0498	0.0395

续表

变量	2004 年	2005 年	2006 年	2007 年	2008 年	2009 年	2010 年	2011 年	2012 年	2013 年	2014 年	2015 年	2016 年
城乡收入差距	3.6525	3.7452	3.8161	3.8289	3.8024	3.7930	3.5869	3.3857	3.2746	3.2846	3.0629	3.0935	3.0882
地方政府竞争	5.0873	5.0190	5.0815	4.9763	5.0803	5.5477	6.7447	6.3729	6.3731	5.4858	5.3538	5.6719	6.3931

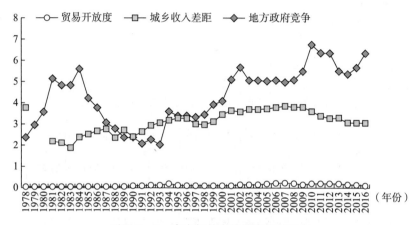

附图 3 - 9　青海相关变量演变趋势特征

从对外贸易看，青海地处我国内陆，贸易开放度虽然自改革开放以来有所上升，但幅度与数值都较小，长期围绕 0.1 波动，故对地方政府竞争和城乡收入差距的作用不明显。

3.10　宁夏

1978 ~ 1983 年，宁夏地方政府竞争快速上升，在 1983 年达到 3.9045 后迅速下降，直到 1993 年降到 1.7873；1994 年分税制改革实行后跃升至 2.7072；随后几年经历小幅下跌后，呈快速上升趋势，短时间内就在 2002 年达到峰值 4.3279；此后宁夏地方政府竞争开始波动向下，2016 年为 3.2444（见附表 3 - 10）。从城乡收入差距看，1978 ~ 1983 年，宁夏城乡收入差距波动向下，由 2.9836 降为 1.9350；随后波动向上，在 1993 年达到 3.2549 并在高位保持了为期三年的平台区间；1995 ~ 1998 年，宁夏城乡收入差距呈下降趋势，在 1998 年降到阶段性低点 2.3416 后波动上升；2008 年，宁夏城乡收入差距达到峰值 3.5128 后开始波动向下；2016 年宁夏城乡收入差距为 2.7562（见附表 3 - 10）。从地方政府竞争和城乡收入差距的动态关系看，1993 年之前，两者呈显著的负相关关系，之后呈正相关关系（见附图 3 - 10）。

附表 3 - 10　宁夏相关变量描述性分析

变量	1978 年	1979 年	1980 年	1981 年	1982 年	1983 年	1984 年	1985 年	1986 年	1987 年	1988 年	1989 年	1990 年
贸易开放度	0.0384	0.0518	0.0439	0.0467	0.0485	0.0355	0.0389	0.0526	0.0746	0.0818	0.0794	0.0499	0.0626
城乡收入差距	2.9836	2.5798	2.6511	2.4012	2.2791	1.9350	2.1276	2.2553	2.3347	2.4584	2.2581	2.2961	2.3914
地方政府竞争	1.8291	2.0656	2.8186	3.2014	3.7566	3.9045	3.8052	3.3849	3.2842	2.8808	2.7258	2.3160	2.2229

变量	1991 年	1992 年	1993 年	1994 年	1995 年	1996 年	1997 年	1998 年	1999 年	2000 年	2001 年	2002 年	2003 年
贸易开放度	0.0763	0.0855	0.0796	0.1127	0.1326	0.0960	0.1119	0.1056	0.0995	0.1243	0.1307	0.0972	0.1214
城乡收入差距	2.5736	2.9433	3.2549	3.2795	3.2623	2.5512	2.4833	2.3416	2.4979	2.8490	3.0410	3.1642	3.1958
地方政府竞争	2.0723	2.0531	1.7873	2.7012	2.5611	2.3279	2.3895	2.5418	2.6293	2.9215	3.3937	4.3279	3.5223

变量	2004 年	2005 年	2006 年	2007 年	2008 年	2009 年	2010 年	2011 年	2012 年	2013 年	2014 年	2015 年	2016 年
贸易开放度	0.1400	0.1292	0.1578	0.1308	0.1084	0.0607	0.0785	0.0702	0.0598	0.0773	0.1213	0.0800	0.0682
城乡收入差距	3.1111	3.2261	3.3249	3.4139	3.5128	3.4644	3.2823	3.2494	3.2088	3.0985	2.7687	2.7620	2.7562
地方政府竞争	3.2833	3.3580	3.1489	3.0220	3.4166	3.8751	3.6309	3.2090	3.2746	2.9918	2.9438	3.0486	3.2444

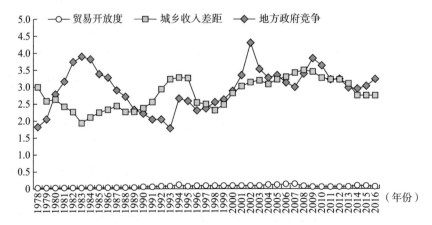

附图 3 - 10　宁夏相关变量演变趋势特征

从对外贸易看，宁夏地处我国内陆，贸易开放度虽然自改革开放以来有所上升，但幅度与数值都较小，长期在 0.1 附近波动，故对地方政府竞争和城乡收入差距的作用不明显。

3.11 新疆

从地方政府竞争看，改革开放以后新疆地方政府竞争总体保持稳定。在 1981 年，新疆地方政府竞争大幅跃升，由 1980 年的 4.0248 升为 1981 年的 8.9818。当年新疆财政支出并没有大的变化，而是财政收入大幅下降所导致的。1982～1993 年，新疆地方政府竞争波动向下，在 1993 年降至改革开放最低点 1.8418。此后新疆地方政府竞争开始波动向上，在 2009 年达到 3.4644，此后转为波动下降趋势，2016 年新疆地方政府竞争为 3.1858（见附表 3-11）。从城乡收入差距看，从改革开放初期到 1990 年，新疆城乡收入差距保持相对稳定，在 2 左右波动，此后进入持续上升阶段，在 1995 年达到峰值 3.6630 后进入较为稳定的下降轨道。2016 年新疆城乡收入差距为 2.7951。从地方政府竞争和城乡收入差距的动态关系看，1993 年之前，两者呈显著的负相关关系，之后呈正相关关系（见附图 3-11）。

附表 3-11　新疆相关变量描述性分析

变量	1978 年	1979 年	1980 年	1981 年	1982 年	1983 年	1984 年	1985 年	1986 年	1987 年	1988 年	1989 年	1990 年
贸易开放度	0.0101	0.0083	0.0089	0.0180	0.0308	0.0295	0.0615	0.0764	0.0760	0.0790	0.0788	0.0839	0.0716
城乡收入差距	2.6807	—	2.1244	2.0441	1.8500	1.7833	1.7879	1.8655	2.0071	2.0318	2.1489	2.1538	1.9225
地方政府竞争	2.3838	3.0947	4.0248	8.9818	3.4110	3.3055	3.2313	3.3766	3.4431	2.9093	2.5168	2.1588	2.1956

变量	1991 年	1992 年	1993 年	1994 年	1995 年	1996 年	1997 年	1998 年	1999 年	2000 年	2001 年	2002 年	2003 年
贸易开放度	0.0728	0.1029	0.1051	0.1354	0.1463	0.1295	0.1153	0.1146	0.1256	0.1375	0.0981	0.1382	0.2093
城乡收入差距	2.0996	2.6378	3.1144	3.3868	3.6630	3.6047	3.2300	3.1256	3.6117	3.4887	3.6345	3.5174	3.3264
地方政府竞争	1.9845	2.1513	1.8418	2.4773	2.5182	2.3783	2.2623	2.2326	2.3317	2.4149	2.7691	3.1009	2.8737

变量	2004 年	2005 年	2006 年	2007 年	2008 年	2009 年	2010 年	2011 年	2012 年	2013 年	2014 年	2015 年	2016 年
贸易开放度	0.2111	0.2498	0.2383	0.2960	0.3689	0.2228	0.2133	0.2230	0.2117	0.2022	0.1833	0.1314	0.1214

续表

变量	2004 年	2005 年	2006 年	2007 年	2008 年	2009 年	2010 年	2011 年	2012 年	2013 年	2014 年	2015 年	2016 年
城乡收入差距	3.3422	3.2189	3.2411	3.2400	3.2635	3.1568	2.9386	2.8508	2.8028	2.8906	2.4667	2.7877	2.7951
地方政府竞争	2.7041	3.3334	3.0915	2.7816	2.9340	3.4644	2.1953	3.1710	2.9925	2.7179	2.5873	2.8590	3.1858

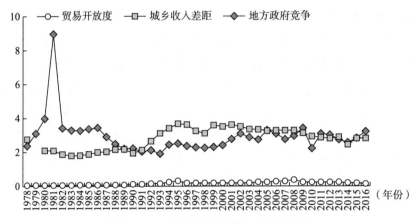

附图 3 - 11　新疆相关变量演变趋势特征

　　从对外贸易看，新疆的贸易开放度自改革开放后稳定上升，上升趋势一致持续到 1995 年达到 0.1463。此后贸易开放度略有下降，但随着 2001 年中国加入 WTO，新疆的贸易开放度重新上升，且上升幅度较大。2008 年，新疆贸易开放度达到峰值 0.3689。此后受全球经济危机的影响，新疆贸易开放度下降，至 2016 年降为 0.1214（见附表 3 - 11）。从贸易开放度和地方政府竞争的动态关系看，两者在 1993 年之前呈负相关关系，之后呈正相关关系。从贸易开放度和城乡收入差距的动态关系看，1978～1983 年呈负相关关系，1983～1999 年呈正相关关系，1999～2008 年呈负相关关系，之后大体上呈正相关关系（见附图 3 - 11）。

附录 4 东北地区

东北地区包括辽宁、黑龙江、吉林三个省份。

4.1 辽宁

自改革开放以来，辽宁地方政府竞争稳步上升，由 1978 年的 0.3380 上升到 2016 年的 2.0802，上升幅度较大（见附表 4 - 1）。其中，1994 年和 2015 年出现明显跃升。从城乡收入差距看，除改革开放初期下降外总体处于波动上升趋势，并处于较高位置。1983 年之前，地方政府竞争与城乡收入差距呈负相关关系，1983 年之后，地方政府竞争与城乡收入差距呈正相关关系（见附表 4 - 1）。

附表 4 - 1 辽宁相关变量描述性分析

变量	1978 年	1979 年	1980 年	1981 年	1982 年	1983 年	1984 年	1985 年	1986 年	1987 年	1988 年	1989 年	1990 年
贸易开放度	0.1168	0.1695	0.2159	0.2617	0.2625	0.2171	0.2714	0.3053	0.1956	0.2183	0.1882	0.2001	0.2843
城乡收入差距	1.9617	—	1.8092	1.6550	1.5850	1.2113	1.3335	1.4492	1.6546	1.6568	1.7200	1.9153	1.8553
地方政府竞争	0.3380	0.3963	0.3924	0.3358	0.3842	0.5037	0.5097	0.6678	0.7634	0.7442	0.8214	0.8537	0.9455
变量	1991 年	1992 年	1993 年	1994 年	1995 年	1996 年	1997 年	1998 年	1999 年	2000 年	2001 年	2002 年	2003 年
贸易开放度	0.2986	0.2867	0.2425	0.3394	0.3285	0.2962	0.3000	0.2717	0.2725	0.3374	0.3255	0.3297	0.3655
城乡收入差距	1.9014	1.9457	1.9806	2.1413	2.1010	1.9568	1.9627	1.7896	1.9587	2.2741	2.2662	2.3717	2.4678
地方政府竞争	0.9375	0.9798	0.8474	1.4550	1.4853	1.4870	1.4929	1.4749	1.6375	1.7525	1.7153	1.7286	1.7546
变量	2004 年	2005 年	2006 年	2007 年	2008 年	2009 年	2010 年	2011 年	2012 年	2013 年	2014 年	2015 年	2016 年
贸易开放度	0.4269	0.4175	0.4146	0.4051	0.3680	0.2826	0.2960	0.2791	0.2645	0.2605	0.2446	0.2084	0.2584

变量	2004 年	2005 年	2006 年	2007 年	2008 年	2009 年	2010 年	2011 年	2012 年	2013 年	2014 年	2015 年	2016 年
城乡收入差距	2.4214	2.4680	2.5351	2.5768	2.5810	2.6454	2.5641	2.4669	2.4748	2.5370	2.5103	2.5816	2.5524
地方政府竞争	1.7585	1.7835	1.7400	1.6295	1.5880	1.6857	1.5941	1.4777	1.4680	1.5543	1.5912	2.1066	2.0802

辽宁作为临海省份，贸易开放度自改革开放后在较长时间内维持在0.2~0.3。中国加入 WTO 后，贸易开放度逐年上升，2004 年达到峰值0.4269。此后受到全球经济危机的影响，辽宁贸易开放度回落，长期徘徊在0.25附近。1983 年之前，贸易开放度与城乡收入差距呈负相关关系，1983 年之后，呈正相关关系。改革开放后辽宁贸易开放度长期维持相对稳定，而地方政府竞争稳步上升，两者相关性不明显。

基于折线图（见附图4-1）的分析发现，辽宁地方政府竞争扩大了城乡收入差距，而贸易开放能够缓解地方政府竞争对城乡收入差距的正向作用，在地方政府竞争上升的情况下，使城乡收入差距保持相对稳定。

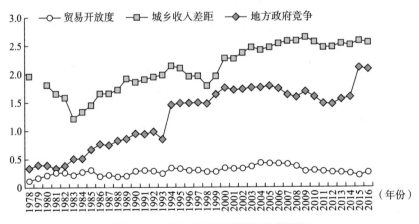

附图 4-1　辽宁相关变量演变趋势特征

4.2　黑龙江

改革开放以来，黑龙江地方政府竞争由 1978 年的 0.4987 上升到2016 年的 3.6810，上升幅度巨大（见附表4-2）。除了 1985~1993 年地方政府竞争相对平缓外，其余年份上升迅速，特别是 1980 年和 2015 年。

从城乡收入差距看，与大多省份相似，黑龙江城乡收入差距在改革开放之初经历了大幅下降，在1983年达到最低点1.3351。1983～1997年，城乡收入差距保持相对稳定，1997～2003年保持稳定的上升趋势，2003年达到峰值2.6620后逐步下降。从地方政府竞争与城乡收入差距的动态关系看，1978～1981年，两者呈现负相关关系，随后地方政府竞争平缓时，城乡收入差距也保持相对稳定，1993～2003年，两者呈正相关关系。2004年以后，城乡收入差距整体缓慢下降，没有随着地方政府财政支出的急剧上升而上升（见附图4-2）。

附表4-2 黑龙江相关变量描述性分析

变量	1978年	1979年	1980年	1981年	1982年	1983年	1984年	1985年	1986年	1987年	1988年	1989年	1990年
贸易开放度	0.0044	0.0062	0.0088	0.0120	0.0151	0.0233	0.0314	0.0422	0.0698	0.0788	0.0836	0.0843	0.0998
城乡收入差距	2.6453	2.3979	2.0488	1.8929	1.8254	1.3351	1.3426	1.8643	1.7437	1.8755	1.8156	2.1271	1.5997
地方政府竞争	0.4987	0.5232	1.5100	1.6541	1.6181	1.4244	1.3508	1.1927	1.2937	1.1232	1.1833	1.1803	1.2106

变量	1991年	1992年	1993年	1994年	1995年	1996年	1997年	1998年	1999年	2000年	2001年	2002年	2003年
贸易开放度	0.1303	0.1648	0.1580	0.1303	0.1001	0.0859	0.0765	0.0600	0.0633	0.0785	0.0826	0.0990	0.1087
城乡收入差距	1.8898	1.7176	1.9066	1.8630	1.9111	1.7269	1.7725	1.8948	2.1214	2.2872	2.3798	2.5368	2.6620
地方政府竞争	0.1168	1.2118	1.1557	1.4758	1.7236	1.6464	1.6186	1.6495	1.9928	2.0604	2.2387	2.2936	2.2699

变量	2004年	2005年	2006年	2007年	2008年	2009年	2010年	2011年	2012年	2013年	2014年	2015年	2016年
贸易开放度	0.1183	0.1421	0.1650	0.1851	0.1932	0.1291	0.1666	0.1978	0.1733	0.1666	0.1589	0.0868	0.0714
城乡收入差距	2.4862	2.5682	2.5847	2.4792	2.3851	2.4134	2.2311	2.0678	2.0642	2.1640	2.1629	2.1814	2.1752
地方政府竞争	2.4102	2.4757	2.5037	2.6955	2.6671	2.9264	2.9822	2.8009	2.7266	2.6375	2.6390	3.4486	3.6810

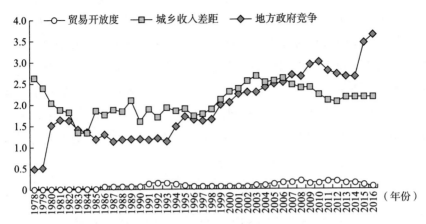

附图 4 - 2　黑龙江相关变量演变趋势特征

从贸易开放度看，黑龙江进出口总额占 GDP 比重不高，只有 0.1 左右。其趋势与大多数省份类似，黑龙江的贸易开放度也是在改革开放后呈上升趋势，在 20 世纪 90 年代达到高点随后缓慢下降，2001 年后又因中国加入 WTO 而上升，因全球经济危机而下降（见附图 4 - 2）。由于贸易开放度一直较低，其对地方政府竞争和城乡收入差距的影响不明显。

4.3　吉林

1978 ~ 1993 年，吉林的地方政府竞争水平相对稳定，围绕 1.5 波动。1994 年分税制改革后，地方政府竞争快速攀升，在 2004 年达到峰值 3.0537。此后出现了一定幅度的下降，2013 年回落到阶段性低点 2.3724，随后几年又开始回升（见附表 4 - 3）。从城乡收入差距看，其趋势和地方政府竞争非常相似，1993 年之前，地方政府竞争与城乡收入差距呈负相关关系，1993 年之后，两者呈正相关关系（见附图 4 - 3）。

附表 4 - 3　吉林相关变量描述性分析

变量	1978 年	1979 年	1980 年	1981 年	1982 年	1983 年	1984 年	1985 年	1986 年	1987 年	1988 年	1989 年	1990 年
贸易开放度	0.0076	0.0104	0.0169	0.0264	0.0276	0.0288	0.0454	0.0807	0.1090	0.0800	0.0714	0.0908	0.1072
城乡收入差距	1.5945	0.9978	1.5591	1.3686	1.2943	0.9748	1.0249	1.4674	1.6531	1.6284	1.5718	1.7778	1.5300

续表

变量	1978年	1979年	1980年	1981年	1982年	1983年	1984年	1985年	1986年	1987年	1988年	1989年	1990年
地方政府竞争	0.9963	1.4134	1.2036	1.4804	1.4453	1.3746	1.5335	1.5921	1.6978	1.4187	1.4141	1.3591	1.4092

变量	1991年	1992年	1993年	1994年	1995年	1996年	1997年	1998年	1999年	2000年	2001年	2002年	2003年
贸易开放度	0.1550	0.1900	0.2392	0.3320	0.1994	0.1752	0.1050	0.0868	0.1097	0.1090	0.1252	0.1305	0.1912
城乡收入差距	1.8655	2.0284	2.1896	2.0134	1.9720	1.7900	1.9170	1.7645	1.9814	2.3777	2.4475	2.6515	2.7688
地方政府竞争	1.2667	1.4041	1.2917	2.0402	1.9106	1.9048	2.0248	2.0301	2.3165	2.5106	2.6955	2.7578	2.6573

变量	2004年	2005年	2006年	2007年	2008年	2009年	2010年	2011年	2012年	2013年	2014年	2015年	2016年
贸易开放度	0.1800	0.1477	0.1476	0.1482	0.1441	0.1102	0.1316	0.1348	0.1299	0.1226	0.1174	0.0836	0.0829
城乡收入差距	2.6135	2.6626	2.6846	2.6926	2.6009	2.6598	2.4708	2.3697	2.3503	2.2171	2.1538	2.1985	2.1885
地方政府竞争	3.0537	3.0467	2.9296	2.7558	2.7912	3.0368	2.9668	2.5900	2.3733	2.3724	2.4209	2.6169	2.8376

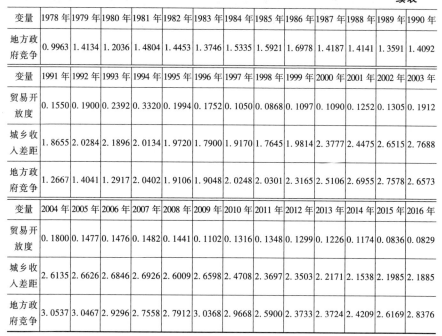

附图 4-3　吉林相关变量演变趋势特征

1978年之后，吉林贸易开放度不断提高，1994年达到改革开放后最高点0.3320。此后贸易开放度呈下降趋势，直到2001年中国加入WTO后贸易开放度小幅回升，但最高不超过0.2。总的说来，吉林贸易开放度与城乡收入差距呈正相关关系，贸易开放结构不合理，没有起到缩小城乡收入差距的作用，甚至恶化了城乡收入差距。

　　吉林进出口总额占 GDP 比重较低，故对外贸易和吸引外商投资不是政府竞争的重点，特别是 1993 年后地方政府竞争曲线不断上升，而贸易开放度曲线保持低位（见附图 4 - 3）。可以看出两者之间的相关性不明显。

参考文献

蔡昉. 2003. 城乡收入差距与制度变革的临界点 [J]. 中国社会科学, (5)：16 - 25.

蔡昉. 2005. 为什么劳动力流动没有缩小城乡收入差距？[J]. 理论前沿, (20)：18 - 20.

蔡昉，杨涛. 2000. 城乡收入差距的政治经济学 [J]. 中国社会科学, (4)：11 - 22.

蔡继明. 1998. 中国城乡比较生产力与相对收入差别 [J]. 经济研究, (1)：11 - 19.

曹裕，陈晓红，马跃如. 2010. 城市化、城乡收入差距与经济增长——基于我国省级面板数据的实证研究 [J]. 统计研究, (3)：29 - 36.

钞小静，沈坤荣. 2014. 城乡收入差距、劳动力质量与中国经济增长 [J]. 经济研究, (6)：30 - 43.

陈安平，杜金沛. 2010. 中国的财政支出与城乡收入差距 [J]. 统计研究, (11)：34 - 39.

陈斌开，林毅夫. 2010. 重工业优先发展战略、城市化和城乡工资差距 [J]. 南开经济研究, (1)：3 - 18.

陈斌开，林毅夫. 2013. 发展战略、城市化与中国城乡收入差距 [J]. 中国社会科学, (4)：81 - 102.

陈斌开，张鹏飞，杨汝岱. 2010. 政府教育投入、人力资本投资与中国城乡收入差距 [J]. 管理世界, (1)：36 - 43.

陈昌兵. 2008. 收入分配影响经济增长的内在机制 [J]. 当代经济科学, (6)：15 - 21.

陈工，陈伟明，陈习定. 2011. 收入不平等、人力资本积累和经济增长——来自中国的证据 [J]. 财贸经济, (2)：12 - 17.

陈维涛，彭小敏. 2012. 户籍制度、就业机会与中国城乡居民收入差距 [J]. 经济经纬, (2)：100 - 104.

陈旭，邱斌，郝良峰. 2016. 出口专业化、多样化与城乡收入差距——基于中国省级面板数据的经验研究 [J]. 财贸研究，(2)：56 - 66.

陈钊，陆铭. 2008. 从分割到融合：城乡经济增长与社会和谐的政治经济学 [J]. 经济研究，(1)：21 - 32.

陈钊，徐彤. 2011. 走向"为和谐而竞争"：晋升锦标赛下的中央和地方治理模式变迁 [J]. 世界经济，(9)：3 - 18.

程开明，李金昌. 2007. 城市偏向、城市化与城乡收入差距的作用机制及动态分析 [J]. 数量经济技术经济研究，(7)：116 - 125.

褚敏，靳涛. 2013. 政府悖论、国有企业垄断与收入差距——基于中国转型特征的一个实证检验 [J]. 中国工业经济，(2)：18 - 30.

邓慧慧，桑百川. 2015. 财政分权、环境规制与地方政府 FDI 竞争 [J]. 上海财经大学学报 (哲学社会科学版)，(3)：79 - 88.

邓秀萍，刘峻. 2007. 从竞争走向竞合——中国地方政府竞争问题研究 [J]. 人文杂志，(4)：76 - 80.

邓玉萍，许和连. 2013. 外商直接投资、地方政府竞争与环境污染——基于财政分权视角的经验研究 [J]. 中国人口·资源与环境，(7)：155 - 163.

都阳，蔡昉，屈小博，等. 2014. 延续中国奇迹：从户籍制度改革中收获红利 [J]. 经济研究，(8)：4 - 13，78.

段禄峰. 2016. 我国产业结构偏离度研究 [J]. 统计与决策，(6)：122 - 125.

范亚舟，王立勇. 2012. 收入差距与经济增长研究新动态 [J]. 经济理论与经济管理，(8)：65 - 70.

傅强，马青. 2015. 地方政府竞争、城乡金融效率对城乡收入差距影响——基于动态面板数据模型 [J]. 当代经济科学，(4)：14 - 21.

傅强，朱浩. 2013. 中央政府主导下的地方政府竞争机制——解释中国经济增长的制度视角 [J]. 公共管理学报，(1)：19 - 30，138.

傅勇. 2008. 中国的分权为何不同：一个考虑政治激励与财政激励的分析框架 [J]. 世界经济，(11)：16 - 25.

傅勇，张晏. 2007. 中国式分权与财政支出结构偏向：为增长而竞争的代价 [J]. 管理世界，(3)：4 - 12，22.

干春晖，郑若谷，余典范．2011．中国产业结构变迁对经济增长和波动的影响［J］．经济研究，（5）：4-16，31．

高宇明，齐中英．2008．基于时变参数的我国全要素生产率估计［J］．数量经济技术经济研究，（2）：100-109，121．

郭剑雄，刘琦．2013．生育率下降与中国农村女孩教育的逆歧视性增长［J］．思想战线，（4）：34-39．

国家统计局农调总队课题组．1994．城乡居民收入差距研究［J］．经济研究，（12）：34-45．

韩其恒，李俊青．2011．二元经济下的中国城乡收入差距的动态演化研究［J］．金融研究，（8）：15-30．

胡日东，钱明辉，郑永冰．2014．中国城乡收入差距对城乡居民消费结构的影响——基于 LA/AIDS 拓展模型的实证分析［J］．财经研究，（5）：75-87．

胡颖廉．2008．地方政府竞争与公共服务：基于中部六省数据的实证研究（1996～2005）［J］．兰州大学学报（社会科学版），（1）：20-29．

黄纯纯，周业安．2011．地方政府竞争理论的起源、发展及其局限［J］．中国人民大学学报，（3）：97-103．

姜涛，杜两省．2014．我国城镇居民收入差距与经济增长关系的实证分析——基于 E-G 两步法［J］．宏观经济研究，（3）：114-124．

康立，龚六堂．2014．金融摩擦、银行净资产与国际经济危机传导——基于多部门 DSGE 模型分析［J］．经济研究，（5）：147-159．

柯武刚，史漫飞．2000．制度经济学：社会秩序与公共政策［M］．韩朝华译．北京：商务印书馆．

雷根强，蔡翔．2012．初次分配扭曲、财政支出城市偏向与城乡收入差距——来自中国省级面板数据的经验证据［J］．数量经济技术经济研究，（3）：76-89．

黎文靖，程敏英，黄琼宇．2012．地方政府竞争、企业上市方式与政企间利益输送——来自中国家族企业上市公司的经验证据［J］．财经研究，（9）：27-36，47．

李海鹏，叶慧，张俊飚．2006．中国收入差距与环境质量关系的实证检验——基于对环境库兹涅茨曲线的扩展［J］．中国人口·资源与环境，（2）：46 – 50.

李尚蒲，罗必良. 2012. 城乡收入差距与城市化战略选择 [J]. 农业经济问题，（8）：37 – 42.

李胜兰，初善冰，申晨. 2014. 地方政府竞争、环境规制与区域生态效率 [J]. 世界经济，（4）：88 – 110.

李实，李婷. 2010. 库兹涅茨假说可以解释中国的收入差距变化吗 [J]. 经济理论与经济管理，（3）：5 – 10.

李实，罗楚亮. 2007. 中国城乡居民收入差距的重新估计 [J]. 北京大学学报（哲学社会科学版），（2）：111 – 120.

李实，赵人伟，卡尔·李思勤. 1999. 中国居民收入分配再研究：经济改革和发展中的收入分配 [M]. 北京：中国财政经济出版社.

李永友，沈坤荣. 2008. 辖区间竞争、策略性财政政策与 FDI 增长绩效的区域特征 [J]. 经济研究，（5）：58 – 69.

李正升，李瑞林. 2015. 财政分权、地方政府竞争与环境治理：一个文献综述 [J]. 生态经济，（12）：32 – 38，43.

李子联. 2011. 收入分配如何影响经济增长——一个基于需求视角的分析框架 [J]. 财经科学，（5）：48 – 55.

李子叶，韩先锋，冯根福. 2016. 中国城市化进程扩大了城乡收入差距吗——基于中国省级面板数据的经验分析 [J]. 经济学家，（2）：69 – 74.

林毅夫，蔡昉，李周. 1994. 对赶超战略的反思 [J]. 战略与管理，（6）：1 – 12.

林毅夫，蔡昉，李周. 1998. 中国经济转型时期的地区差距分析 [J]. 经济研究，（6）：3 – 10.

林毅夫，陈斌开. 2009. 重工业优先发展战略与城乡消费不平等——来自中国的证据 [J]. 浙江社会科学，（4）：10 – 16.

林毅夫，陈斌开. 2013. 发展战略、产业结构与收入分配 [J]. 经济学（季刊），（4）：1109 – 1140.

林毅夫，刘明兴. 2003. 中国经济的增长收敛与收入分配 [J]. 世界经济，（8）：3 – 14.

林毅夫，刘培林. 2003. 中国的经济发展战略与地区收入差距 [J]. 经济研究，（3）：19 - 25，89.

刘冰，孙华臣. 2015. 能源消费总量控制政策对产业结构调整的门限效应及现实影响 ［J］. 中国人口·资源与环境，（11）：75 - 81.

刘汉屏，刘锡田. 2003. 地方政府竞争：分权、公共物品与制度创新 ［J］. 改革，（6）：23 - 28.

刘建民，陈霞，吴金光. 2015. 财政分权、地方政府竞争与环境污染——基于 272 个城市数据的异质性与动态效应分析 ［J］. 财政研究，（9）：36 - 43.

刘社建，徐艳. 2004. 城乡居民收入分配差距形成原因及对策研究 ［J］. 财经研究，（5）：93 - 103.

刘生龙. 2009. 收入不平等对经济增长的倒 U 型影响：理论和实证 ［J］. 财经研究，（2）：4 - 15.

刘锡田. 2004. 中国地方政府竞争的制度基础与创新 ［D］. 江西财经大学博士学位论文.

刘渝琳，滕洋洋，李后建. 2010. FDI 的流入必然会扩大城乡收入差距吗？［J］. 世界经济研究，（8）：63 - 68.

刘玉光，杨新铭，王博. 2013. 金融发展与中国城乡收入差距形成——基于分省面板数据的实证检验 ［J］. 南开经济研究，（5）：50 - 59.

柳庆刚，姚洋. 2012. 地方政府竞争和结构失衡 ［J］. 世界经济，（12）：3 - 22.

陆铭，陈钊. 2004. 城市化、城市倾向的经济政策与城乡收入差距 ［J］. 经济研究，（6）：50 - 58.

陆铭，陈钊，万广华. 2005. 因患寡，而患不均——中国的收入差距、投资、教育和增长的相互影响 ［J］. 经济研究，（12）：4 - 14.

吕炜，储德银. 2011. 城乡居民收入差距与经济增长研究 ［J］. 经济学动态，（12）：30 - 36.

吕炜，杨沫，王岩. 2015. 城乡收入差距、城乡教育不平等与政府教育投入 ［J］. 经济社会体制比较，（3）：20 - 33.

马光荣，杨恩艳. 2010. 中国式分权、城市倾向的经济政策与城乡收入差距 ［J］. 制度经济学研究，（1）：10 - 24.

马万里. 2014. 中国式财政分权对城乡收入差距的影响研究——以政府

教育支出为例 [D]. 山东大学博士学位论文.

欧阳志刚. 2014. 中国城乡经济一体化的推进是否阻滞了城乡收入差距的扩大 [J]. 世界经济, (2): 116-135.

庞明礼. 2006. 地方政府竞争研究述评 [J]. 中南财经政法大学学报, (3): 35-42.

齐鹰飞, 王伟同. 2014. 人口发展与产业结构调整: 经济可持续发展的双驱动力——"人口发展与产业结构调整" 学术研究研讨会综述 [J]. 中国人口科学, (4): 121-125.

乔海曙, 陈力. 2009. 金融发展与城乡收入差距 "倒 U 型" 关系再检验——基于中国县域截面数据的实证分析 [J]. 中国农村经济, (7): 68-76, 85.

青木昌彦. 2001. 比较制度分析 [J]. 周黎安译. 上海: 上海远东出版社.

饶晓辉, 廖进球. 2009. 城乡收入差距与经济增长: 基于 STR 模型的实证分析 [J]. 经济评论, (3): 29-37.

任勇, 肖宇. 2005. 当代中国地方政府竞争的内涵、特征以及治理 [J]. 内蒙古社会科学 (汉文版), (2): 29-33.

邵军. 2007. 地方财政支出的空间外部效应研究 [J]. 南方经济, (9): 3-11.

邵全权. 2015. 保险业对 "经济增长—城乡收入差距" 非线性动力系统的影响 [J]. 当代经济科学, (2): 37-47.

沈坤荣, 蒋锐. 2007. 中国城市化对经济增长影响机制的实证研究 [J]. 统计研究, (6): 9-15.

孙华臣. 2009. 城镇化进程中的城乡收入差距演变及其对经济增长的门限效应 [D]. 山东大学博士学位论文.

孙华臣. 2016-04-13. 优化城乡收入分配格局的有效路径 [N]. 光明日报.

孙华臣. 2017. 城乡协调发展的理论逻辑与经验证据 [M]. 北京: 经济科学出版社.

孙华臣, 焦勇. 2017. 贸易开放、地方政府竞争与中国城乡收入差距 [J]. 宏观经济研究, (12): 137-147.

孙华臣，焦勇．2019．制度扭曲与中国城乡收入差距：一个综合分解框架 [J]．财贸经济，(3)：130-146．

孙华臣，卢华，毕军．2014．城乡收入差距演变特征：基于"半城镇化"现象的解释 [J]．财政研究，(11)：50-53．

孙华臣，王安．2007-04-25．推进农业转移人口市民化 [N]．光明日报．

孙永强，巫和懋．2012．出口结构、城市化与城乡居民收入差距 [J]．世界经济，(9)：105-120．

陶然，刘明兴．2007．中国城乡收入差距，地方政府开支及财政自主 [J]．世界经济文汇，(2)：1-21．

田新民，王少国，杨永恒．2009．城乡收入差距变动及其对经济效率的影响 [J]．经济研究，(7)：107-118．

万广华．2013．城镇化与不均等：分析方法和中国案例 [J]．经济研究，(5)：73-86．

万海远，李实．2013．户籍歧视对城乡收入差距的影响 [J]．经济研究，(9)：43-55．

万莹．2005．我国地方政府间税式支出竞争的博弈分析 [J]．财政研究，(8)：28-30．

汪伟全．2004．中国地方政府竞争：从产品、要素转向制度环境 [J]．南京社会科学，(7)：56-61．

王弟海．2012．健康人力资本、经济增长和贫困陷阱 [J]．经济研究，(6)：143-155．

王杰，刘斌．2014．环境规制与企业全要素生产率——基于中国工业企业数据的经验分析 [J]．中国工业经济，(3)：44-56．

王立勇，万东灿，杨雨婷，等．2013．我国收入差距对经济增长动态影响的经验研究——"U型"与"倒U型"特征的刻画 [J]．当代财经，(3)：16-24．

王少平，欧阳志刚．2007．我国城乡收入差距的度量及其对经济增长的效应 [J]．经济研究，(10)：44-55．

王少平，欧阳志刚．2008．中国城乡收入差距对实际经济增长的阈值效应 [J]．中国社会科学，(2)：54-66，205．

王文剑，仉建涛，覃成林. 2007. 财政分权、地方政府竞争与 FDI 的增长效应 [J]. 管理世界，(3)：13－22.

王贤彬，徐现祥. 2010. 地方官员晋升竞争与经济增长 [J]. 经济科学，(6)：42－58.

王小鲁，樊纲. 2005. 中国收入差距的走势和影响因素分析 [J]. 经济研究，(10)：24－36.

王孝松，李博，翟光宇. 2015. 引资竞争与地方政府环境规制 [J]. 国际贸易问题，(8)：51－61.

王修华，邱兆祥. 2011. 农村金融发展对城乡收入差距的影响机理与实证研究 [J]. 经济学动态，(2)：71－75.

王延中，龙玉其，江翠萍，等. 2016. 中国社会保障收入再分配效应研究——以社会保险为例 [J]. 经济研究，(2)：4－15.

王艺明，蔡翔. 2010. 财政支出结构与城乡收入差距——基于东、中、西部地区省级面板数据的经验分析 [J]. 财经科学，(8)：49－57.

王永钦，高鑫. 2016. 内生二元结构的政治经济学：公共品、劳动力市场与税率 [J]. 世界经济，(2)：3－22.

王永钦，张晏，章元，等. 2007. 中国的大国发展道路——论分权式改革的得失 [J]. 经济研究，(1)：4－16.

王志涛. 2006. 地区差距与地方政府的公共支出竞争 [J]. 社会科学辑刊，(3)：127－130.

王子成. 2012. 外出务工、汇款对农户家庭收入的影响——来自中国综合社会调查的证据 [J]. 中国农村经济，(4)：4－14.

魏浩，赵春明. 2012. 对外贸易对我国城乡收入差距影响的实证分析 [J]. 财贸经济，(1)：78－86.

吴群，李永乐. 2010. 财政分权、地方政府竞争与土地财政 [J]. 财贸经济，(7)：51－59.

吴振球，王建军. 2013. 地方政府竞争与经济增长方式转变：1998—2010——基于中国省级面板数据的经验研究 [J]. 经济学家，(1)：38－47.

萧鸣政，宫经理. 2011. 当前中国地方政府竞争行为分析 [J]. 中国行政管理，(2)：76－80.

肖容，李阳阳．2013．经济增长、城乡收入差距与碳排放的关系［J］．
　　西安财经学院学报，（1）：16-21．

肖兴志，彭宜钟，李少林．2012．中国最优产业结构：理论模型与定量
　　测算［J］．经济学（季刊），（1）：135-162．

谢冬水．2016．中国的人口城市化为什么滞后于空间城市化——基于中
　　国式分权的视角［J］．广东财经大学学报，（6）：91-101．

谢晓波．2006．地方政府竞争与区域经济协调发展——以中国转型经济
　　为背景的分析［D］．浙江大学博士学位论文．

熊映梧，吴国华，等．1990．论产业结构优化的适度经济增长［J］．经
　　济研究，（3）：3-11．

熊永莲，谢建国．2016．贸易开放、女性劳动收入与中国的生育率［J］．
　　财经科学，（4）：113-122．

闫威，肖笛．2008．税收竞争与地方公共品供给不足问题研究［J］．江
　　汉论坛，（7）：73-75．

阳立高，龚世豪，王铂，等．2018．人力资本、技术进步与制造业升级［J］．
　　中国软科学，（1）：138-148．

杨成钢．2018．人口质量红利、产业转型和中国经济社会可持续发展［J］．
　　东岳论丛，（1）：46-53．

杨海生，陈少凌，周永章．2008．地方政府竞争与环境政策——来自中
　　国省份数据的证据［J］．南方经济，（6）：15-30．

杨汝岱，朱诗娥．2007．公平与效率不可兼得吗？——基于居民边际消
　　费倾向的研究［J］．经济研究，（12）：46-58．

杨曦，彭水军．2017．碳关税可以有效解决碳泄漏和竞争力问题吗？——
　　基于异质性企业贸易模型的分析［J］．经济研究，（5）：60-74．

姚先国，赖普清．2004．中国劳资关系的城乡户籍差异［J］．经济研究，
　　（7）：82-90．

叶志强，陈习定，张顺明．2011．金融发展能减少城乡收入差距吗？——来
　　自中国的证据［J］．金融研究，（2）：42-56．

尹恒，龚六堂，邹恒甫．2005．收入分配不平等与经济增长：回到库兹
　　涅茨假说［J］．经济研究，（4）：17-22．

应瑞瑶，马少晔．2010．城乡收入差距的再检验［J］．江苏社会科学，

(5)：48 - 52.

应瑞瑶，马少晔. 2011. 劳动力流动、经济增长与城乡收入差距——基于 1993—2007 年重新估算的面板数据 [J]. 南京农业大学学报（社会科学版），(2)：63 - 71.

余官胜. 2009. 我国收入分配不公平对经济增长的倒 U 型影响——基于面板单位根和面板协整的实证研究 [J]. 中央财经大学学报，(11)：73 - 77.

喻微锋，吴刘杰. 2011. 地方政府行为、金融发展与城乡收入差距——基于省际面板数据的实证研究 [J]. 广东金融学院学报，(5)：12 - 22.

岳书敬，曾召友. 2005. 地方政府竞争与地方性公共物品的提供 [J]. 经济问题探索，(6)：102 - 104.

曾国安，胡晶晶. 2009. 论中国城市偏向的财政制度与城乡居民收入差距 [J]. 财政研究，(2)：36 - 39.

张成，陆旸，郭路，等. 2011. 环境规制强度和生产技术进步 [J]. 经济研究，(2)：113 - 124.

张川川. 2015. 出口对就业、工资和收入不平等的影响——基于微观数据的证据 [J]. 经济学（季刊），(4)：1611 - 1630.

张宏翔，张明宗，熊波. 2014. 财政分权、政府竞争和地方公共卫生投入 [J]. 财政研究，(8)：33 - 37.

张继良，徐荣华，关冰. 2009. 城乡收入差距变动趋势及影响因素——江苏样本分析 [J]. 中国农村经济，(12)：32 - 43.

张建武，赵秋运，兰丽君. 2014. 地方政府竞争恶化了城乡收入差距吗？——基于 1995 - 2007 年省际面板数据的实证分析 [J]. 劳动经济研究，(3)：110 - 116.

张璟，沈坤荣. 2008. 地方政府干预、区域金融发展与中国经济增长方式转型——基于财政分权背景的实证研究 [J]. 南开经济研究，(6)：122 - 141.

张军. 2005. 中国经济发展：为增长而竞争 [J]. 世界经济文汇，(4)：101 - 105.

张军，吴桂英，张吉鹏. 2004. 中国省际物质资本存量估算：1952—2000 [J]. 经济研究，(10)：35 - 44.

张军，章元. 2003. 对中国资本存量 K 的再估计 [J]. 经济研究，(7)：35 - 43.

张抗私，王振波. 2014. 中国产业结构和就业结构的失衡及其政策含义 [J]. 经济与管理研究，(8)：45 - 53.

张启良，刘晓红，程敏. 2010. 我国城乡收入差距持续扩大的模型解释 [J]. 统计研究，(12)：51 - 56.

张晏. 2005. 标尺竞争在中国存在吗？——对我国地方政府公共支出相关性的研究 [Z]. 复旦大学工作论文.

张晏. 2007. 财政分权、FDI 竞争与地方政府行为 [J]. 世界经济文汇，(2)：22 - 36.

张义博，刘文忻. 2012. 人口流动、财政支出结构与城乡收入差距 [J]. 中国农村经济，(1)：16 - 30.

章奇，刘明兴，陶然，等. 2004. 中国的金融中介增长与城乡收入差距 [J]. 中国金融学，(11)：71 - 99.

章元，刘时菁，刘亮. 2011. 城乡收入差距、民工失业与中国犯罪率的上升 [J]. 经济研究，(2)：59 - 72.

赵会玉. 2010. 地方政府竞争与经济增长：基于市级面板数据的实证检验 [J]. 制度经济学研究，(1)：25 - 43.

赵祥. 2009. 地方政府竞争与 FDI 区位分布——基于我国省级面板数据的实证研究 [J]. 经济学家，(8)：53 - 61.

郑万吉，叶阿忠. 2015. 城乡收入差距、产业结构升级与经济增长——基于半参数空间面板 VAR 模型的研究 [J]. 经济学家，(10)：61 - 67.

钟粤俊，董志强. 2018. 更多兄弟姐妹是否降低个人教育成就？——来自中国家庭的微观证据 [J]. 财经研究，(2)：75 - 89.

周黎安. 2004. 晋升博弈中政府官员的激励与合作——兼论我国地方保护主义和重复建设问题长期存在的原因 [J]. 经济研究，(6)：33 - 40.

周黎安. 2007. 中国地方官员的晋升锦标赛模式研究 [J]. 经济研究，(7)：36 - 50.

周亚虹，宗庆庆，陈曦明. 2013. 财政分权体制下地市级政府教育支出的标尺竞争 [J]. 经济研究，(11)：127 - 139.

周业安. 2003. 地方政府竞争与经济增长 [J]. 中国人民大学学报，

（1）：97 – 103.

周业安, 冯兴元, 赵坚毅. 2004. 地方政府竞争与市场秩序的重构 [J]. 中国社会科学, (1)：56 – 65.

周业安, 宋紫峰. 2009. 中国地方政府竞争30年 [J]. 教学与研究, (11)：28 – 36.

周云波. 2009. 城市化、城乡差距以及全国居民总体收入差距的变动——收入差距倒U形假说的实证检验 [J]. 经济学（季刊）, (4)：1239 – 1256.

Acemoglu D. 2003a. Labor-and capital-augmenting technical change [J]. Journal of the European Economic Association, (1)：1 – 37.

Acemoglu D. 2003b. Patterns of skill premia [J]. The Review of Economic Studies, (2)：199 – 230.

Acemoglu D, Robinson J A. 2000. Why did the west extend the franchise? Democracy, inequality, and growth in historical perspective [J]. The Quarterly Journal of Economics, 115 (4)：1167 – 1199.

Aghion P, Caroli E, García-Peñalosa C. 1999. Inequality and economic growth: The perspective of the new growth theories [J]. Journal of Economic Literature, 37 (4)：1615 – 1660.

Alesina F D, Rodrik D. 1994. Distribution politics and economic growth [J]. Quarter Journal of Economics, 2：465 – 490.

Arellano M, Bover O. 1995. Another look at the instrumental variable estimation of error-components models [J]. Journal of Econometrics, 68 (1)：29 – 51.

Ayala L, Málaga A J. 2011. Pro-poor economic growth, inequality and fiscal policy: The case of Spanish regions [J]. Regional Studies, 45 (1)：103 – 121.

Baek J, Gweisah G. 2013. Does income inequality harm the environment?: Empirical evidence from the United States [J]. Energy Policy, 62 (5)：1434 – 1437.

Bai J. 1997. Estimating multiple breaks one at a time [J]. Econometric Theory, 13 (3)：315 – 352.

Barro R J. 1991. Economic growth in a cross-section of countries [J]. The

Quarterly Journal of Economics, 106: 407 – 443.

Barro R J. 2000. Inequality and growth in a panel of countries [J]. Journal of Economic Growth, 5 (1): 5 –32.

Barro R J, Sala-i-Martin X. 2003. Economic Growth [M]. 2nd ed. Cambridge: The MIT Press.

Becker G S, Lewis H G. 1973. On the interaction between the quantity and quality of children [J]. Journal of Political Economy, 81 (2): 279 –288.

Benjamin D, Brandt L, Giles J. 2011. Did higher inequality impede growth in rural China [J]. The Economic Journal, 121 (557): 1281 – 1309.

Blake J. 1981. Family size and the quality of children [J]. Demography, 18 (4): 421 –442.

Blanchard O, Shleifer A. 2001. Federalism with and without political centralization: China versus Russia [J]. IMF Staff Papers, 48 (1): 171 –179.

Boyce J K. 1994. Inequality as a cause of environmental degradation [J]. Ecological Economics, 11 (3): 169 –178.

Breton A. 1996. Competitive Governments: An Economic Theory of Politics and Public Finance [M]. Cambridge: Cambridge University Press.

Caner M. 2002. A note on least absolute deviation estimation of a threshold model [J]. Econometric Theory, 18 (3): 800 –814.

Caner M, Hansen B E. 2004. Instrumental variable estimation of a threshold model [J]. Econometric Theory, 20 (5): 813 –843.

Case A C, Rosen H S, Hines J R, Jr. 1993. Budget spillovers and fiscal policy interdependence: Evidence from the states [J]. Journal of Public Economics, 52 (3): 285 –307.

Chan K S. 1993. Consistency and limiting distribution of the least squares estimator of a threshold autoregressive model [J]. The Annals of Statistics, 21 (1): 520 –533.

Chong T. 1994. Consistency of change-point estimators when the number of change-points in structural change models is underspecified [R]. Working Paper, Chinese University of Hong Kong.

Chu C Y C, Xie Y, Yu R R. 2007. Effects of sibship structure revisited:

　　Evidence from intrafamily resource transfer in Taiwan ［J］. Sociology of
　　Education, 80 （2）: 91 – 113.

Clarke G R. 1995. More evidence on income distribution and growth ［J］.
　　Journal of Development Economics, 47 （2）: 403 – 427.

Clarke G R, Xu L C, Zou H F. 2003. Finance and income inequality: Test of
　　alternative theories ［J］. Annals of Economics and Finance, 14 – 2 （A）:
　　493 – 510.

Cox D. 1987. Motives for private income transfers ［J］. Journal of Political
　　Economy, 95 （3）: 508 – 546.

Deininger K, Squire L. 1998. New ways of looking at old issues: Inequality and
　　growth ［J］. Journal of Development Economics, 57 （2）: 259 – 287.

Dollar D, Kraay A. 2002. Growth is good for the poor ［J］. Journal of Econo-
　　mic Growth, 7 （3）: 195 – 225.

Downey D B. 1995. When bigger is not better: Family size, parental re-
　　sources and children's educational performance ［J］. American Sociologi-
　　cal Review, 60 （5）: 746 – 761.

Epple D, Zelenitz A. 1981. The implications of competition among jurisdic-
　　tions: Does tiebout need politics? ［J］. Journal of Political Economy,
　　89 （6）: 1197 – 1217.

Feld L P. 2005. Tax competition: How great is the challenge ［J］. Ekonomski
　　Pregled, 56 （56）: 723 – 758.

Flowers M R. 1988. Shared tax sources in a Leviathan model of federalism ［J］.
　　Public Finance Quarterly, 16 （1）: 67 – 77.

Forbes K J. 2000. A reassessment of the relationship between inequality and
　　growth ［J］. The American Economic Review, 90 （4）: 869 – 887.

Frank M W. 2005. Income inequality and economic growth in the U. S. : A
　　panel cointegration approach ［D］. Working Papers 0503, Sam Houston
　　State University Department of Economics and International Business.

Fredriksson P G, Millimet D L. 2002. Strategic interaction and the determina-
　　tion of environmental policy across U. S. states ［J］. Journal of Urban
　　Economics, 51 （1）: 101 – 122.

Galor O, Moav O. 2004. From physical to human capital accumulation: Inequality in the process of development [J]. Review of Economic Studies, 71 (4): 1001 – 1026.

Galor O, Zeira J. 1993. Income distribution and macroeconomics [J]. The Review of Economic Studies, 60: 35 – 52.

Greenwood J, Jovanovic B. 1990. Financial development, growth, and the distribution of income [J]. Journal of Political Economy, 98 (5): 1076 – 1107.

Hansen B E. 1999. Threshold effects in non-dynamic panels: Estimation, testing and inference [J]. Journal of Econometrics, 93 (2): 345 – 368.

Hansen B E. 2000. Sample splitting and threshold estimation [J]. Econometrica, 68 (3): 575 – 603.

Hausman R, Hwang J, Rodric D. 2007. What you export matters [J]. Journal of Economic Growth, 12: 1 – 25.

Heerink N, Mulatu A, Bulte E. 2001. Income inequality and the environment: Aggregation bias in environmental Kuznets curves [J]. Ecological Economics, 38 (3): 359 – 367.

Hodge A, Shankar S, Rao D S P, et al. 2011. Exploring the links between corruption and growth [J]. Review of Development Economics, 15 (3): 474 – 490.

Jin H, Qian Y, Weingast B R. 2005. Regional decentralization and fiscal incentives: Federalism, Chinese style [J]. Journal of Public Economics, 89 (9 ~ 10): 1719 – 1742.

Johnson N D, LaFountain C, Yamarik S. 2011. Corruption is bad for growth (even in the United States) [J]. Public Choice, 147 (3): 377 – 393.

Kaldor J. 1955. Alternative theories of distribution [J]. Review of Economic Studies, 23 (2): 83 – 100.

Kanbur R, Zhang X. 2005. Fifty years of regional inequality in China: A journey through central planning, reform and openness [J]. Review of Development Economics, 9 (1): 87 – 106.

Konisky D M. 2007. Regulatory competition and environmental enforcement: Is there a race to the bottom? [J]. American Journal of Political Science,

51 (4): 853 - 872.

Kostova T. 1996. Success of the Transnational Transfer of Organizational Practices Within Multinational Companies [M]. Minneapolis: Multinational Corporations, University of Minnesota.

Kremer S, Bick A, Nautz D. 2013. Inflation and growth: New evidence from a dynamic panel threshold analysis [J]. Empirical Economics, 44 (2): 861 - 878.

Krueger A O, Schiff M, Valdes A. 1991. The Political Economy of Agricultural Pricing Policy [M]. Baltimore: Johns Hopkins University Press.

Kuznets S. 1955. Economic growth and income inequality [J]. The American Economic Review, 45 (1): 1 - 28.

Ladd H F. 1992. Mimicking of local tax burdens among neighboring counties [J]. Public Finance Review, 20 (4): 450 - 467.

Lazear E P, Rosen S. 1981. Rank-order tournaments as optimum labor contracts [J]. The Journal of political Economy, 89 (5): 841 - 864.

Levy V. 1984. Cropping pattern, mechanization, child labor, and fertility behavior in a farming economy: Rural Egypt [J]. Economic Development and Cultural Change, 33 (4): 777 - 791.

Lewis W A. 1954. Economic development with unlimited supplies of labour [J]. The Manchester School, 22 (2): 139 - 191.

Li H, Squire L, Zou H F. 1998. Explaining international and intertemporal variations in income inequality [J]. The Economic Journal, 108 (446): 26 - 43.

Li H, Zhou L A. 2005. Political turnover and economic performance: The incentive role of personnel control in China [J]. Journal of Public Economics, 89 (9 ~ 10): 1743 - 1762.

Lin J Y, Chen B. 2011. Urbanization and urban-rural inequality in China: A new perspective from the government's development strategy [J]. Frontiers of Economics in China, 6 (1): 1 - 21.

Madiès T, Paty S, Rocaboy Y. 2004. Horizontal and vertical externalities: An overview of theoretical and empirical studies [J]. Urban Public Economics Review, 2: 63 – 93.

Melitz M J. 2003. The impact of trade on intra-industry reallocations and aggregate industry productivity [J]. Econometrica, 71 (6): 1695 – 1725.

Montinola G, Qian Y, Weingast B R. 1995. Federalism, Chinese style: The political basis for economic success in China [J]. World Politics, 48 (1): 50 – 81.

Nguyen B T, Albrecht J W, Vroman S B, et al. 2007. A quantile regression decomposition of urban-rural inequality in Vietnam [J]. Journal of Development Economics, 83 (2): 466 – 490.

Oates W. 1972. Fiscal Federalism [M]. New York: Harcourt Brace Jovanovich.

Oi J C. 1992. Fiscal reform and the economic foundations of local state corporatism in China [J]. World Politics, 45 (1): 99 – 126.

Padilla E, Serrano A. 2006. Inequality in CO_2 emissions across countries and its relationship with income inequality: A distributive approach [J]. Energy Policy, 34 (14): 1762 – 1772.

Panizza U. 2002. Income inequality and economic growth: Evidence from American data [J]. Journal of Economic Growth, 7 (1): 25 – 41.

Perotti R. 1996. Growth, income distribution, and democracy: What the data say [J]. Journal of Economic Growth, 1 (2): 149 – 187.

Persson T, Tabellini G. 1994. Is inequality harmful for growth? [J]. American Economic Review, 84 (3): 600 – 621.

Qian Y, Roland G. 1998. Federalism and the soft budget constraint [J]. The American Economic Review, 88 (5): 1143 – 1162.

Qian Y, Roland G, Xu C. 1999. Why is China different from Eastern Europe? Perspectives from organization theory [J]. European Economic Review, 43 (4 ~ 6): 1085 – 1094.

Qian Y, Weingast B R. 1996. China's transition to markets: Market-preserving federalism, Chinese style [J]. Journal of Policy Reform, 1 (2): 149 – 185.

Qian Y, Weingast B R. 1997. Federalism as a commitment to preserving market incentives [J]. The Journal of Economic Perspectives, 11 (4): 83 – 92.

Ravallion M, Heil M, Jalan J. 1997. A Less poor world, but a hotter one?

Carbon emissions, economic growth and income inequality [R]. Washington: World Bank.

Reis A B, Sequeira T N. 2007. Human capital and overinvestment in R&D [J]. Scandinavian Journal of Economics, 109 (3): 573 – 591.

Romalis J. 2004. Factor proportions and the structure of commodity trade [J]. American Economic Review, 1: 67 – 90.

Romer P M. 1989. Endogenous technological change [J]. Journal of Political Economy, 98 (5): 71 – 102.

Seo M H, Shin Y. 2016. Dynamic panels with threshold effect and endogeneity [J]. Journal of Econometrics, 195 (2): 169 – 186.

Shifa A B. 2013. The dual policy in the dual economy—The political economy of urban bias in dictatorial regimes [J]. Journal of Development Economics, 105 (5): 77 – 85.

Shin I. 2012. Income inequality and economic growth [J]. Economic Modelling, 29 (5): 2049 – 2057.

Shorrocks A F. 1980. The class of additively decomposable inequality measures [J]. Econometrica, 48 (3): 613 – 625.

Sicular T, Ximing Y, Gustafsson B, et al. 2007. The urban-rural income gap and inequality in China [J]. Review of Income and Wealth, 53 (1): 93 – 126.

Theil H. 1967. Economics and Information Theory [M]. Amsterdam: North – Holland.

Tiebout C M. 1956. A pure theory of local expenditures [J]. Journal of Political Economy, 64 (5): 416 – 424.

Torras M, Boyce J K. 1998. Income, inequality, and pollution: A reassessment of the environmental Kuznets curve [J]. Ecological Economics, 25 (2): 147 – 160.

Tsui K Y, Wang Y. 2004. Between separate stoves and a single menu: Fiscal decentralization in China [J]. The China Quarterly, 177: 71 – 90.

Voitchovsky S. 2005. Does the profile of income inequality matter for economic growth?: Distinguishing between the effeets of inequality in different parts of the in come distribution [J]. Journal of Economic Growth, 10 (3):

273 – 296.

Wan G. 2007. Understanding regional poverty and inequality trends in China: Methodological issues and empirical findings [J]. The Review of Income and Wealth, 53 (1): 25 – 34.

Wei S J, Wang T. 1997. The Siamese twins: Do state-owned banks favor state-owned enterprises in China? [J]. China Economic Review, 8 (1): 19 – 29.

Wheeler D. 2001. Racing to the bottom? Foreign investment and air pollution in developing countries [R]. Policy Research Working Paper Series 2524. The World bank.

Woo J. 2005. Growth, income distribution and fiscal policy volatility [J]. Journal of Development Economics, 96 (2): 289 – 313.

Woods N D. 2006. Interstate competition and environmental regulation: A test of the race-to-the-bottom thesis [J]. Social Science Quarterly, 87 (1): 174 – 189.

Yang D T. 1999. Urban-biased policies and rising income inequality in China [J]. American Economic Review, 89 (2): 306 – 310.

Zhang C, Zhao W. 2014. Panel estimation for income inequality and CO_2 emissions: A regional analysis in China [J]. Applied Energy, 136 (31): 382 – 392.

Zhang K H, Song S. 2003. Rural-urban migration and urbanization in China: Evidence from time-series and cross-section analyses [J]. China Economic Review, 14 (4): 386 – 400.

Zhou L. 2002. Career concerns, incentive contracts, and contract renegotiation in the Chinese political economy [D]. PhD. Dissertation of Stanford University.

Zodrow G R, Mieszkowski P. 1986. Pigou, Tiebout, property taxation, and the underprovision of local public goods [J]. Journal of Urban Economics, 19 (3): 356 – 370.

后　记

　　本书从项目立项、深入研究到结题出版，得到了许多领导同事和团队成员的大力支持与帮助，尤其要感谢焦勇、杨真、孙瑞琪、薛启航、张埔杰等青年才俊的辛苦付出，正是你们的一路同行给了我持续研究的动力，同时感谢社会科学文献出版社田康、陈凤玲老师的辛勤劳动。

　　本书的出版也是新的起点，未来将以此为基础继续开展共同富裕领域的理论与实践研究，争取早日取得新的成果。

图书在版编目（CIP）数据

中国城乡收入差距演变机制 / 孙华臣著. -- 北京：
社会科学文献出版社，2022.1
国家社科基金后期资助项目
ISBN 978 - 7 - 5201 - 9753 - 3

Ⅰ.①中… Ⅱ.①孙… Ⅲ.①居民收入 - 收入差距 -
城乡差别 - 研究 - 中国 Ⅳ.①F126.2
中国版本图书馆 CIP 数据核字（2022）第 022645 号

国家社科基金后期资助项目
中国城乡收入差距演变机制

著　　者 / 孙华臣

出 版 人 / 王利民
组稿编辑 / 陈凤玲
责任编辑 / 田　康
责任印制 / 王京美

出　　版 / 社会科学文献出版社·经济与管理分社（010）59367226
　　　　　地址：北京市北三环中路甲 29 号院华龙大厦　邮编：100029
　　　　　网址：www.ssap.com.cn
发　　行 / 社会科学文献出版社（010）59367028
印　　装 / 三河市龙林印务有限公司

规　　格 / 开　本：787mm × 1092mm　1/16
　　　　　印　张：16.5　字　数：259 千字
版　　次 / 2022 年 1 月第 1 版　2022 年 1 月第 1 次印刷
书　　号 / ISBN 978 - 7 - 5201 - 9753 - 3
定　　价 / 98.00 元

读者服务电话：4008918866